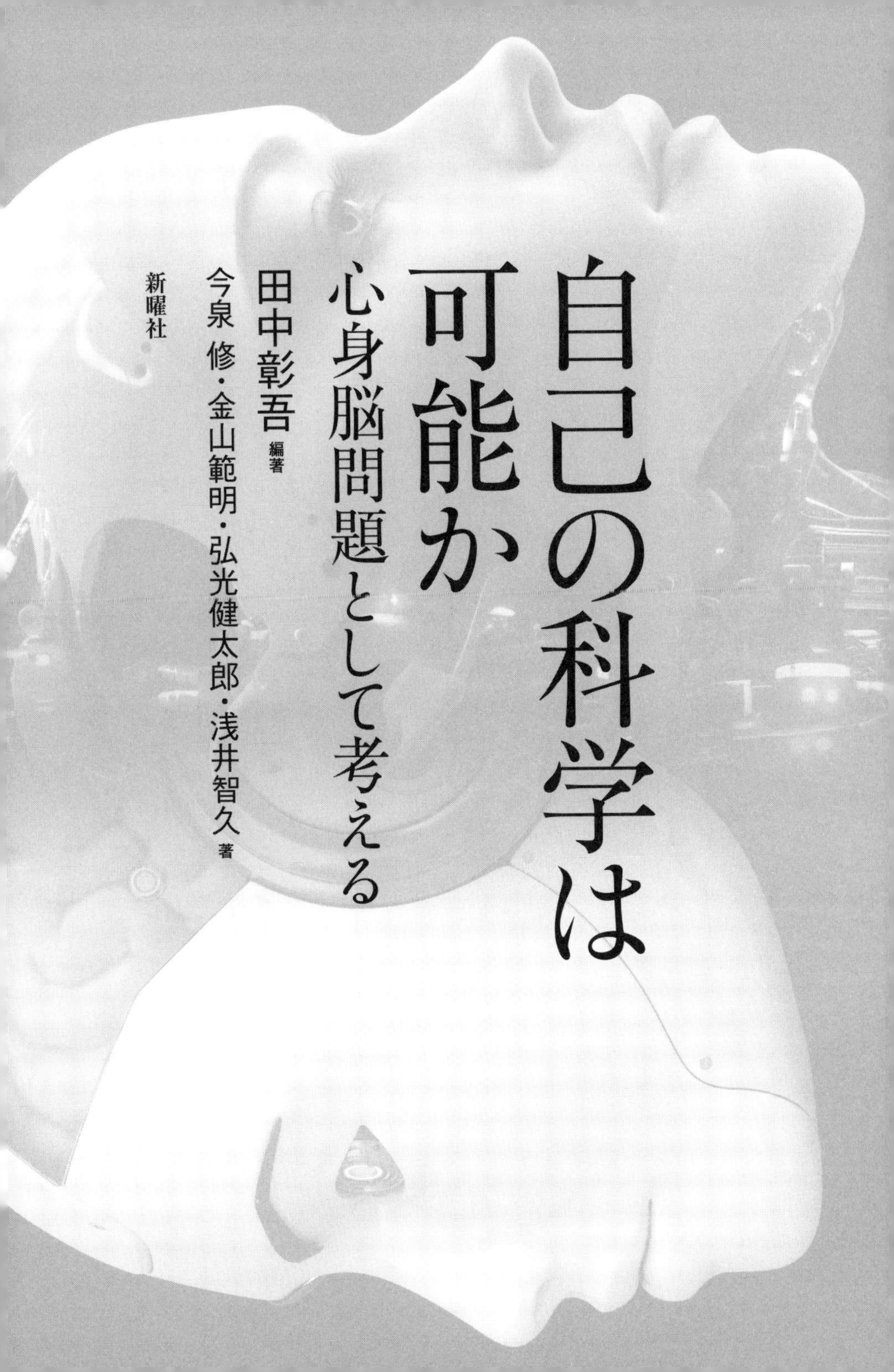

自己の科学は可能か

心身脳問題として考える

田中彰吾 編著

今泉 修・金山範明・弘光健太郎・浅井智久 著

新曜社

装幀＝重実生哉

自己の科学は可能か——心身脳問題として考える　目次

序——脳と身体とこの私

田中彰吾

『攻殻機動隊』（士郎正宗 作）というSF作品をご存知の読者は多いだろう。原作漫画に始まり、アニメ映画、テレビアニメ、実写版とさまざまな形式で公開されてきた人気作品である。科学技術が高度に発達した近未来の日本を舞台にしたSFで、そこでは脳にデバイスを接続する「電脳化」や、四肢を電動化するサイボーグ技術である「義体化」といった技術が広く普及している。これらはインターネットにも接続されており、電脳化された脳内の記憶がネットワーク経由でハッキングされたりもする。

主人公として描かれる草薙素子《くさなぎもとこ》のあり方はとても興味深い。彼女は、脊髄の一部と脳が保存されているものの、それ以外の全身が義体化されたサイボーグである。物語の設定上、脳が保存されていて義体化以前の記憶を持ち合わせていることになっている。だから、自分がもともと何者なのかということを知っているし、それを物語の主要な場面でわざわざ問いかけることもない。作品では、彼女が公安9課の捜査官として現場で辣腕を振るう様子がドラマチックに描かれている。

だが、物語の合間に彼女が立ち止まって考えてしまうシーンもわずかながら挿入されており、これがとても印象深いのである。一九九一年に刊行された原作漫画には、たとえば図0－1のような一コマを見つけることができる。捜査官として働く現在の自分は電脳と義体によって作られた模擬人格ではないかと訝っているシーンである。

私たちは普段、自分が自分であることの根拠は記憶にあると漠然と考えている。実際、物心ついた頃から今日まで

図0-1　『攻殻機動隊』（1991）より

私時々「自分はもう死んじゃってて今の私は義体と電脳で構成された模擬人格なんじゃないか？」って思う事あるわ
…
こわい〜〜〜やめて〜〜〜!!

手前が主人公の草薙素子。©士郎正宗／講談社

生きてきた記憶（自伝的記憶）をたどると、そこに連続性が感じられるため、「私は同じ私であり続けている」というアイデンティティ（同一性。私が変わることなく同じ私であり続けている事態を指す）を見出すことができる。このような自伝的記憶は、もちろん脳ときわめて深い関連を持っている。

　では、記憶痕跡が脳に保存されており、脳だけを取り出して別の人工身体に移植できるとしたら、その状態でも「私は同じ私であり続けている」と感じることはできるのだろうか？　この問いこそ、草薙がふと抱いてしまう疑問のなかに隠されているものである。また、同じような設定で構成されているSF作品に対して私たちが潜在的に抱く疑問でもある。

　すべての記憶を「義体」という別の身体に移植できるとの想定をリアルに検討してみよう。そのとき、私は昨日までと同じ姿形をしていない。目に入る自分の体型は昨日までの体型とは違っている。鏡の前に立っても、そこに映る顔は昨日まで「私の顔」として認知していたものではない。耳から聞こえる自分の声にしても、今までなじみのあった「いつもの声」とは大きく異なるのである。端的に言って、私が「本物」として認識していた「私の身体」はもはやそこには存在しない。

　私は新しく手に入れた義体で世界を経験し始める。義体化した私を、家族や友人や職場の同僚たちは「昨日までと同じ私」として認識してくれるだろうか。同じ記憶が移植されているから私は昨日までの同じ私なのだと言明して、それで納得して受け入れてくれる人が何人いるだろう。もちろん、社会に広くこの種の技術が普及しているかどうかで周囲の反応も違ってくるのだろうが、そもそも社会に普及するには、最初に「義体化した人」が人びとによって広く受容されることが必要になる。

さらに問題は続く。私は新たに義体化した姿で世界を経験し、その経験にしだいになじんでいくことになるだろう。草薙素子の場合で言えば、義体化したことで公安9課の捜査官として常人離れした活躍をすることが可能になっている。私もまた、義体化することで初めて獲得するさまざまな振る舞い方に適応していくことになるだろう。草薙のように新しい職業に就いて首尾よく働いているかもしれないし、以前の「肉体」ではできなかった新しいスポーツに挑戦しているかもしれない。

だが、こうして新しい身体のもとで新たな経験を重ねていくと、私にとってはその身体のもとでの経験が一貫性のある自伝的記憶をじょじょに形成していくことになる。それに、義体がもとの身体と違えば違うほど、義体で得た経験はまったく質が異なるものになるだろう。このとき、頭の中では以前の私と今の私が「同じ私」だということを理解しているとしても、両者が連続しているということを実感するのは次第に困難になる。知的に整理するなら、以前の身体で経験した人間関係や仕事と、現在の義体で経験している人間関係と仕事は、「同じ私」の経験である。どちらも「本当の私」の経験であるには違いない。しかし、仕事の内容も違っているし、周囲が認知する私の人物像も大きく違っているのである。

先の一コマで、草薙素子はこうつぶやいていた。

私時々「自分はもう死んじゃってて今の私は義体と電脳で構成された模擬人格なんじゃないか?」って思う事あるわ

草薙は本物の身体に脳が収まっていた幼少時の記憶にアイデンティティを見出している。作品では、六歳の頃に航空機事故に巻き込まれ、生き延びるうえで全身を義体化したという過去の出来事が示唆されている。草薙にとっては、両親との思い出をふんだんに含んだ懐かしい昔の記憶が「本当の私」を構成している。だから、今の自分は「もう死んじゃってて」、「模擬人格なんじゃないか」という思いに襲われるのである。

だが、これとは逆の思いに囚われることもあるだろう。現在の自分は公安9課の捜査官として活躍する「草薙素子という私」としての経験を重ね、その経験が織りなす自伝的記憶をすでに豊富に持っている。しかもその私は、誰の目にも強く印象に残るようなドラマを日々生きているのである。こうなると、むしろ義体化する以前の記憶が背景に退いて、かつての私のほうが別人格だったように思えてくるだろう。つまり、生身の身体を持っていた私は一度死んで、いわば草薙素子として生まれ変わったのだ、と。

記憶と身体と「本当の私」。この三者はどのような関係にあるのだろうか？　身体が本物だったときの記憶が「本当の私」なら、義体で経験される私はただの「模擬人格」ということになる。逆に、義体での経験が圧倒的な感情とともに経験されて次々とドラマチックな記憶を生み出していくなら、むしろ義体のもとでの記憶のほうが過去に取って代わり、「本当の私」ということになるだろう。だが、どちらも「今ここ」の私に統合されているのなら、両方とも「本当の私」ということになるのかもしれない。またそうだとすると、何が本当で何が本当でないのか、両者を区別する基準はどこにあるのか、という問いも生じてくる。

＊

本書は『自己の科学は可能か』と題する。副題には「心身脳問題として考える」と付してある。記憶と身体と「本当の私」の関係は本書を読み進めるうちに理解していただくことにして、タイトルに込められた含意と本書の構成について、ここで述べておこう。

一般に、人が感じる「自分らしさ」や「私が私であることの根拠」は、自伝的記憶に多くを負っている。いつ、どこで誕生し、どのような家族のもとで成長し、どのような学校に通い、どのような人間関係を形成し、どのような仕事をしながら、今までの人生を生きてきたのか。自伝的記憶に自分なりの視点から一貫性を持たせ、いわば一種のストーリー（心理学ではこの種のストーリーを「ナラティヴ」と呼ぶ）として理解することで、人はアイデンティティを維持している。このような自己のあり方を、現在の自己研究では「ナラティブ・セルフ」と呼んでいる。

ナラティブ・セルフを構成する記憶が、脳内の情報処理過程と深い関連性があることは言うまでもない。記憶研究に多大な貢献をなした患者ＨＭ（本名ヘンリー・モレゾン）の例はよく知られている。彼は持病であるてんかんの治療のため、海馬を含む内側側頭葉を切除する手術を受けたところ、術後に重度の記憶障害を発症した。障害は、手術の一年前から手術までの出来事の忘却をともない（逆向性健忘）、手術後については、新たな出来事を短期的に記憶できても長期記憶として保持することは不可能になった（前向性健忘）。他方で、手術より一〇年以上前に遡る過去のエピソードはよく覚えていた。この事例は米国の医師ウィリアム・スコヴィルらによって一九五七年に最初に報告されたが（Scoville & Milner, 1957）、ＨＭによるその後の継続的な協力によって、短期記憶と長期記憶のメカニズムの違い、海馬が短期記憶を長期記憶に転換する際に重要な役割を果たしていることなどが明らかにされていった。

ＨＭのように脳を部分的に失えば、「自己」のあり方にも大きな変化が生じる。彼の場合は前向性健忘によって長期記憶を保存できないため、ナラティブ・セルフは手術を受けた時期以降、更新されることがなかった。保持されていた記憶は二六歳当時までのもので、なかでも十分によく覚えていたのは一七歳までだというから、青年期までの記憶から更新されないままのナラティブが彼の「自己」の中核を構成していただろう。

ＨＭのような事例をもっと極端な想定の下に置いてみよう。もしも人が自伝的記憶をすべて失ってしまったとしたら、そのとき「自己」もまた消えてしまうことになるのだろうか。たとえば、交通事故で頭部を激しく打って、一時的に過去の記憶を思い出せない状態に陥ってしまったとしたら、「自己」もまた消失するのだろうか。「ここはどこ？私は誰？」と問いかけるその人物に「自己」と呼ぶべきものは残されていないのだろうか。

このような場合、自伝的記憶が構成する自己とはやや異なる次元の自己が残ることになる。記憶のない身体だけを持ち合わせているとしても、そこには生命を維持しようとして行為する主体性が確実に残る。「私は誰？」と問いかけることができるのも一種の自己である。人は、動物として生存する機能を維持するだけでも、食べ物や飲み物を探索して摂取する行為を続けねばならない。また、それら必要な物体を探索するには、環境を適切に知覚する必要もある。つまり、記憶を失ったとしても、知覚と行為という身体レベルでの主体性は必ず残り、その主体性もまた「自己」と呼びうるのである。

現在の自己研究では、記憶のような時間的広がりがなくても残存するであろう最小の自己のことを「ミニマル・セルフ」と呼んでいる。ミニマル・セルフは、昨日までの私や明日からの私とはなんら関係がない。今ここで何らかの行為に従事していさえすれば、人は「何らかの目標に向かって行為しようとしている自分の意図」に気づいている。この気づきとともに成立しているものがミニマル・セルフである。

ミニマル・セルフには、「自分らしさ」や「性格傾向」や「物語性」といったものは何もない。食べ物を探している、他人に話しかけている、ボールを追いかけている、といった瞬間ごとの身体行為にともなう主体性しかない。それでも、人は主観的な意識とともに何かを経験しているとき、必ずそれが「私の経験」として与えられていることに気づいている。どんなに瞬間的な経験だったとしても、それを「他人の経験」と取り違えることはない。このような瞬間的な経験のもとでも、「私」は最小の（ミニマルな）しかたで与えられている。

記憶を消し去っても、行為する主体性の備わる「身体」がここで残存していることに注意しておこう。「自己」と呼ばれる現象を考えるさい、普通に考えるなら第一義的に重要なのは自伝的記憶であり、記憶が与えてくれる人格の連続性である。しかし、その記憶がことごとく失われてしまったとしても、そこになお行為する「身体」があり、そ

図0-2　心身脳問題としての自己

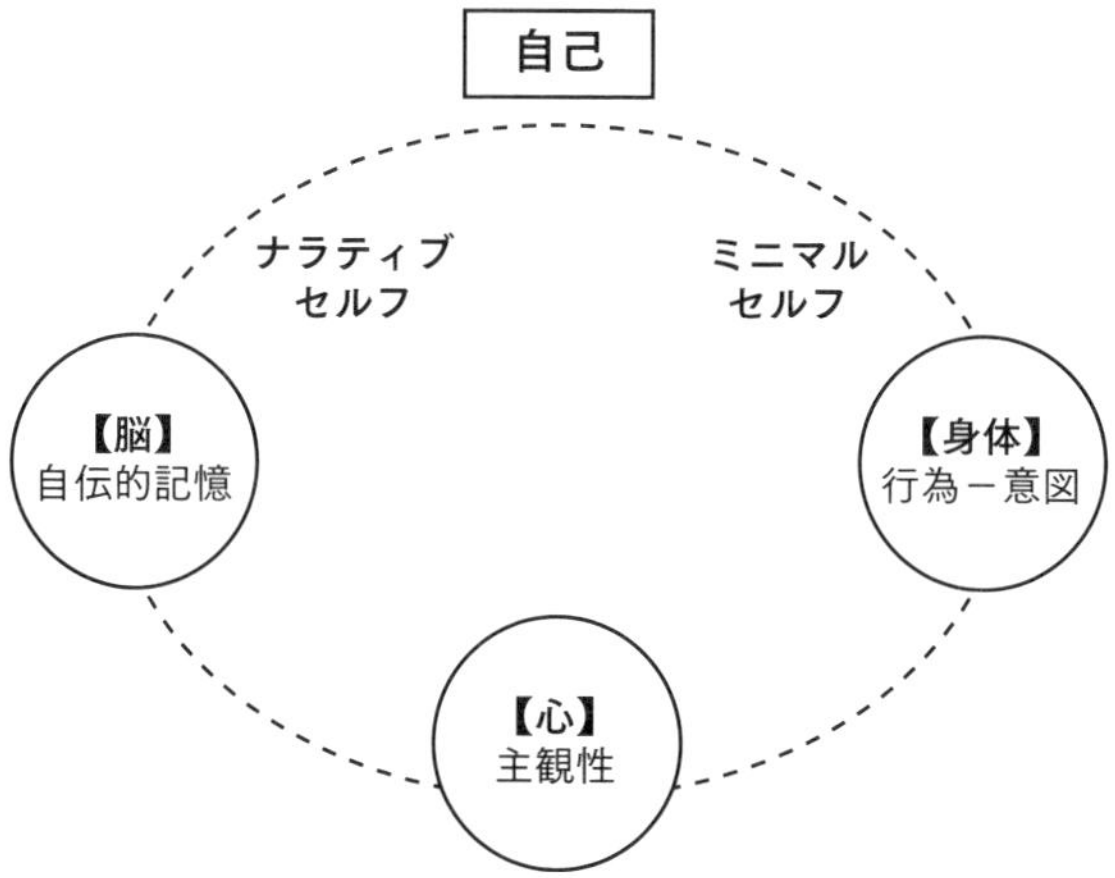

ここでは便宜上、脳と自伝的記憶を、身体と行為－意図を対応させたが、脳の機能が記憶のみに、また身体の機能が行為だけに限定されるわけではない。

の行為が主観的な意識とともに経験されていれば、最小限の「自己」は残っている。

記憶のように、脳との相関で考えるべき心的現象があり、行為のように、身体との相関で考えるべき自己の主体性がある。記憶は「脳と心」の関係を考えるうえでの重要な論点であり、行為にともなう意図は「身体と心」の関係を考えるうえで鍵になる論点である。つまり、「脳－心－身体」という三つ組みが織りなす問題系があり（図0－2）、その全体的な布置のもとで「自己」が解明されねばならないのである。本書を『自己の科学は可能か――心身脳問題として考える』と題した含意は以上の点にある。

本書は二部構成になっており、第Ⅰ部では各執筆者による独立した章を収め、第Ⅱ部（第6章）では執筆者五名全員によるディスカッションを収録している。第Ⅰ部各章の概要は次の通りである。

第1章「自己研究の体系的な深化のために」（田中彰吾）は、ミニマル・セルフからナラティブ・セルフまで、身体性の観点と物語性の観点をできるだけ連続的にとらえながら、自己研究の全体像を体系的に示そうとした論考である。

第2章「身体性と物語性の架け橋」（今泉 修）は、所有感と主体感をめぐる近年の認知科学の動向を紐解きながらミニマル・セルフ研究をレビューしたうえで、それを今後のナラティブ・セルフ研究につなげる可能性を模索した論考である。

第3章「自己の証明を脳内に見つける苦闘とその失敗」(金山範明)は、著者自身の研究史を回想しながら、人格、記憶、身体、顔というテーマが自己研究にとって持つ意義を解説し、自己を研究するとはどういうことかを考察したものである。

第4章「自己は本当に脳が作り出すのか」(弘光健太郎)は、自己の存立にとって脳が持つ重要性を一方で認めつつ、脳内の神経過程だけに還元できない「一人称視点」が脳と身体の絡み合いによって自己を成立させる様子に迫っている。

第5章「『かたち』と『わたし』——現実からの脱身体化と抽象空間での具象化」(浅井智久)は、従来の心身論と心脳論を「心身脳問題」という三体問題として整理し、心・身体・脳という三者の関係に「運動」という観点から迫ることで「自己」を解明しようとする試みである。

最後に本書のタイトルについて一言補足しておこう。「自己の科学」と呼びうるものは現在すでに成立しているので、『自己の科学は可能か』という本書のタイトルはやや過剰に聞こえるかもしれない。だが、第II部のディスカッションをお読みいただければ、読者にもこのタイトルの意図が十分に伝わるものと思っている。本書の最後までお付き合いいただければ幸いである。

I　自己研究の現在地

第1章

自己研究の体系的な深化のために

田中彰吾

About this Chapter **自己を科学する**

「自己」についての書物なのだから、筆者自らの話をするところから始めよう。私には、一方でとても強く「自己」を感じると同時に、他方で無限の彼方に「自己」が消え去りそうになるのを感じた瞬間がある。たとえば、これ以上ないくらい音楽の演奏にのめり込んだ瞬間、深酒して酔いが巡りめぐって眩暈のなかに落ちていった瞬間、かけがえのない身内が死んで息ができないくらい号泣した瞬間、満天の星を見上げながら宇宙に吸い込まれそうに感じた瞬間、青一色の海中でダイビングしながら浮かびも沈みもしなかった瞬間、永遠に続きそうなダンスに酔いしれた瞬間、力いっぱい自転車を漕いでいるうちに風と一体になれそうに感じた瞬間――。

こうした経験がどのくらい読者の共感を呼ぶものかはわからない。だが、私自身はこの種の経験を重ねるうちに「自己」というものを正面から問いたくなった経緯がある。「自己」について学問的に明らかにしたい、できれば、たんに哲学の問いとして取り組むだけでなく、科学の問題として解明したい。そう思って研究を続けてきた。私とは異なる背景を持っていても、研究者であってもなくても、本書を手にとっている読者はきっと、何らかのしかたで「自己とは何か」という問いに関心を持っているに違いない。そんな読者に向けて、今後の見通しも含めて自己研究の大まかな見取り図を伝えることが本章の役割である。

哲学の問いとしては、「自己」というテーマは古代ギリシアのソクラテスまで遡る。アポロン神殿に刻まれていたとされる「汝自身を知れ」という格言をめぐって、ソクラテスは「自己自身の無知を自覚せよ」という解釈を与えた。この解釈に異を挟むつもりはないが、哲学的な対話の文脈に「自己」という問いが落とし込まれると、「あなた」や「私」のように、一人ひとり異なる個別の自己に焦点が当てられる。つまり、「自己」が哲学の問いとして取り上げられる場合、しばしば個別の実存が問題の焦点にされるのである。

序文でも述べた通り、個別の自己はそれぞれに異なる自伝的記憶という「内容」を持ち合わせている。各自で異なる内容だけを問題にしていては、個別の「あなた」や「私」だけが焦点化されるため、「自己」は科学にとっての研究対象にならない。むしろ、科学的な問題としてこれを取り上げるには、個別の実存という違いを超えて共通する「形式」に着目する必要がある。そのような形式を見出すことができれば、客観的なアプローチで科学的に「自己」に迫っていくことが可能になる。ここでの哲学的な考察はむしろ、科学的に問題を取り上げることを可能にする「形式」を見出す作業に振り向けられるべきであろう。

現代における自己研究は、自己の「形式」に着目し、哲学と科学が交差する局面で進められてきている。序文で紹介した「ミニマル・セルフ」と「ナラティブ・セルフ」という概念は、まさに、一人ひとり異なる内容を備えた自己が共通に備えている「形式」に着目している。「私」という個別の人物を構成する自伝的記憶は「あなた」の記憶とは随分違っている。しかしそれが一定のストーリー性を備えたナラティブになっている、という点だけに注目すれば「ナラティブ・セルフ」という共通の形式を持っている。また、「私」も「あなた」も瞬間ごとに多種多様な行為にたずさわっていてそこに内容上の共通性はないが、その行為を「私の行為」として経験しているという点で「ミニマル・セルフ」という共通の形式を備えている。

以下、この章では、「今ここ」で生じている体験にともなう基礎的な自己感であるミニマル・セルフを検討するところから始め、人生全体のストーリーを物語る複雑な自己概念であるナラティブ・セルフに至るまで、「自己」という現象に体形的に迫っていくための観点を順番に論じる。なお、筆者は現象学（フッサールに始まる現代哲学の一部門）に依拠して自己の科学を捉えているため、以下でも必要な範囲で現象学の用語に言及しながら議論を進めることになる。

1 「今ここ」を生きる私＝前反省的な自己感

暗黙の次元に目を向ける

ありふれた素朴な場面の記述から始めてみよう。マグカップに手を伸ばしてコーヒーを飲む……　コーヒーの入ったマグカップを持って部屋に戻る……　淹れたてのコーヒーの香りを確かめる……　できたコーヒーをマグカップに注ぐ……　コーヒー粉と水をセットしてコーヒーメーカーのスイッチを入れる……　コーヒーが飲みたくなってキッチンに行く……。これは、いま私が実際におこなったことをふり返り、過去に遡りながら時系列に沿って書き出してみたものだ。

どのような場面を例にとってもいいのだが、人の経験はこのように、途切れることのない一連の流れとして生じつつ、「今ここ」の経験に至っている。その流れをごく短時間のまとまりとして見ると「マグカップに手を伸ばしてコーヒーを飲む」という一つの行為を取り出すことができる。前後の一連の行為と同じように、コーヒーを飲むという行為は、もちろん「私」がそうしようと意図して遂行している行為である。

しかし、当の私自身がそのことをはっきりと自覚しているかというと、そういうわけでもない。ただ漫然と「私が行為している」という暗黙の気づきとともに、マグカップに手を伸ばし、コーヒーを飲んでいる。この暗黙の気づきを指して、現象学ではしばしば「前反省的（pre-reflective）」という形容詞を用いる（たとえばギャラガー＆ザハヴィ、2011: 66以下）。自己の経験を明瞭な意識とともにふり返る作用を「反省」と呼ぶとすると、そうした明瞭な意識が作用し始める以前の段階で、暗黙のうちに生じている意識作用という意味で「前反省的」と呼ぶのである。

注目してほしいのは、前反省的な気づきという微細な意識作用にも、それに付随して「自己」が生じていることである。マグカップをつかんでコーヒーを飲む。その行為をどんなに漫然と遂行しているとしても、それが「自己の行為である」ということに私はまさに前反省的に気づいている。コーヒーを飲む行為は、決して他人の経験として起こっているわけでもなければ、まったく意識なしに行為する夢遊病のような状態で起こっているわけでもない。それはあくまで「私の経験」として生じている。

反省作用の検討は後回しにして、まずは前反省的な次元を取り上げよう。前反省的な気づきはとても漠然としている。しかし、およそあらゆる経験にともなっている。言い換えると、人が何らかの経験をしているとき、経験主体はそれが「私の経験」として生じていることに暗に気づいているのである。今この文章を書いている私にとっても、文章を書くという経験はまさに「私の経験」として起こっている。当たり前すぎて的確な言葉にするのがかえって難しいが、この、あらゆる経験にともなう**「私の」という感じ**こそ、もっとも始原的な自己と呼びうるものだろう。哲学者のダン・ザハヴィがこの点を的確に要約している。

> **経験とは別の何か**として、あるいは**経験の上にある何か**として、自己を考える必要はない。また、自己と経験の関係を、**所有という外的関係**として考える必要もない。この、前反省的な私のものという感じ（sense of mineness）に、ミニマルな、あるいは核心的な自己の感覚を認めることもできるのである。（Zahavi, 2005: 125 強調は引用者）

経験それ自体のうちに「私の」という感じがつねにすでに織り込まれているのだから、経験とは別の何かとして自己を考える必要はない。「自己」という概念がはっきりした輪郭をもった実体を連想させるのであれば、「私の」という感じに織り込まれている自己のことを「自己感（sense of self）」と呼べばいいだろう。いずれにしても、人が何かを経験しているとき、その経験には反省以前の気づきがともなっている。そして、その気づきが「この経験は私の経験である」という感じとともに自己感を構成しているわけである（図1－1）。

図1-1　前反省的な自己感

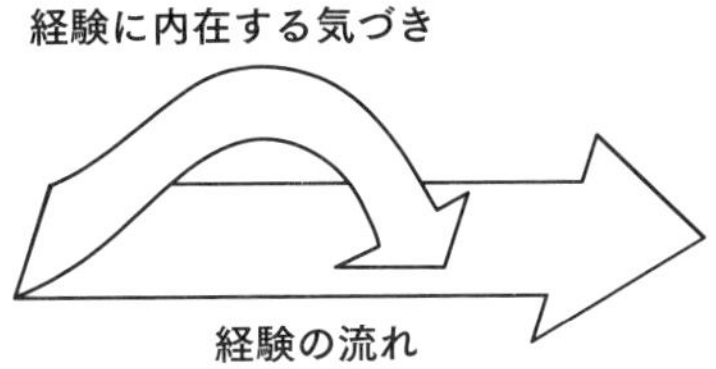

ミニマル・セルフとは何か

経験にともなう前反省的な自己感は、もっとも単純かつ最小の自己という意味で「ミニマル・セルフ（minimal self）」と呼ばれている。哲学者のショーン・ギャラガーは、自己研究の文脈でしばしば引用される二〇〇〇年の論文「自己の哲学的概念——認知科学にとっての含意（Philosophical conceptions of the self: Implications for cognitive science）」で、ミニマル・セルフの構成要素を二つに区別している（ギャラガーは本書全体にわたって何度も登場するので手短に紹介しておくと、現象学を出発点にして現代の心理学・認知科学に哲学的な示唆を与える研究を行っている人物である）。一つは、経験それ自体に織り込まれた「**私の**」という感じのことで、彼はこれを「所有感（sense of ownership）」と言い換えた。経験に備わる「私のもの」という性質、つまり私の所有性という観点に着目した概念である。

もう一つは、行為にともなう「**私が**」という感じである。マグカップをつかんでコーヒーを飲む。私は、これが「私の経験」として生じているだけではなくて、「私が引き起こした行為」であることも暗黙に自覚している。どれほど漫然と行為しているとしても、私がこの自覚を失うことはない。このように、前反省的なレベルで生じている、「ある行為を引き起こしているもしくは生み出しているのは私であるという感じ」(Gallagher, 2000: 15) のことをギャラガーは所有感とは区別して「主体感 (sense of agency)」とした。簡単に言うと、自分が行為の主体として振る舞っている感じのことである。

所有感と主体感を区別すべき理由は、不随意に引き起こされる反射を例にとるとよくわかる。たとえば、膝頭の真下を勢いよく他人に手刀で切るようにたたかれると、足が前に跳ね上がる (膝蓋腱反射)。このような反射運動について、私は自分で引き起こしたとは決して感じない。つまり反射の経験には主体感がともなわない。にもかかわらず、私は膝蓋腱反射の経験を他人の経験と取り違えたりしない。というのも、自分が引き起こしたのではない反射の経験であったとしても、私はそれを依然として「私の経験」と感じているからである。つまり、主体感が消えても所有感は残る場合があるということなのである。このため、前反省的な自己感は、所有感と主体感に区別して考える必要がある。

ギャラガーの論文が先に強調した自己の「形式」に着目していることは明らかだろう。誰がどのような行為をしているとしても、そこには「私の経験」という所有感と、「私が起こしている行為」という主体感が必ずともなう。どんな行為であるかという具体的な「内容」はいわば何でもいいのである。この種の議論は科学的アプローチと相性がよい。実際この論文は、当時すでに進展していた運動制御の研究を参照し、自己研究を認知神経科学と接合することを視野に入れていた。人の運動制御メカニズムについては、生体内部 (とくに小脳) に備わるとされる「逆モデル」および「順モデル」から説明することが一般的である (両者は合わせて「内部モデル」と呼ばれる)。両モデルが、身体運動における所有感と主体感の生成に対応するというのが彼の見立てだった (内部モデルと自己の関連は第5章2節も参照)。

論文に掲載された図を参照して説明しよう (図1−2)。逆モデルは、ある行為を遂行して特定の結果を得たい場合に、結果から逆算してどのような運動指令を出せばよいかを計算する内部モデルである。たとえば、マグカップをつ

図1-2　内部モデルとミニマル・セルフ（Gallagher, 2000）

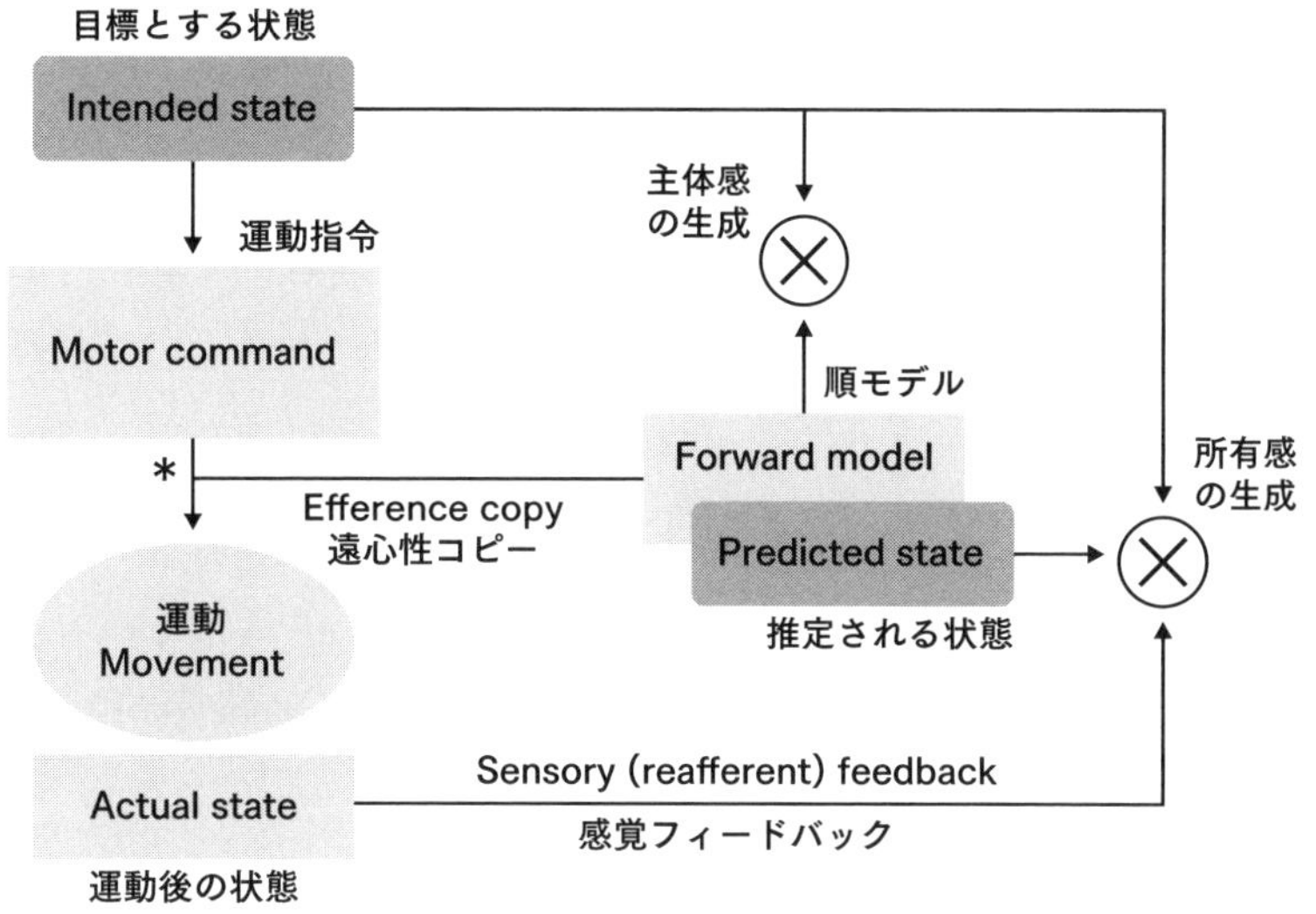

かんでコーヒーを飲む場合、マグカップの位置と現在の手の位置を比べ、どの方向に向かってどのくらい手を動かせばよいか推定する（図中央の「推定される状態（predicted state）」）。そして、実際に指令に沿って身体を動かすと、運動後の身体の状態を反映する固有感覚がフィードバックされる（図下の「感覚フィードバック（sensory feedback）」の矢印）。このフィードバックは、「運動した後の身体の状態」を告知するものであるため、運動指令と感覚フィードバックが一致していれば、「この運動は**私の運動**として生じた」という感じが所有感として生成する（図右中央の×印）。つまり、自己の意図を反映した運動が実現しているとの感覚が帰ってくるため、「私の運動が起きている」という所有感が生じるということである。

また、順モデルは、いま実行しつつある運動指令がどのような運動結果（感覚フィードバック）を引き起こすかを予測する内部モデルである（図中央の「順モデル（forward model）」）。私はどの方向に向かってどのくらい手を動かせば、実際にマグカップをつかむことができるかを予測しつつ手を動かしている。私はもともと「マグカップをつかむ」という意図（図左上の「目標とする状態（intended state）」）をもって身体運動を開始するのだが、この意図に対して、現実にこのように動けばマグカップをつかめるだろうとの運動結果の予測が順モデルによって与えられ、予測に沿って手が動いていく。そして、両者の一致を通じて、「この運動は私が引き起こしている」という主体感が生成する（図上の×印）。

このように、哲学的な概念を整理しつつ、それを科学的研究のモデルに接合した点でギャラガーの議論は優れていた。つまり、中枢神経の内部メカニズムに沿って「自己」という現象を解明するための重要な手がかりを与えたのである。とはいえ、この論文が発表された二〇〇〇年以降、ミニマル・セルフについての認知神経科学的研究は、必ずしも彼の見立て通りに進展したわけではない。

所有感と主体感の実験科学

まず、所有感については、運動研究とは異なる文脈で、一九九八年に報告された「ラバーハンド錯覚」（Botvinick & Cohen, 1998）が有力な実験パラダイムとして用いられるようになっていった。ラバーハンド錯覚は、ゴムの手が自分の手になったかのような所有感の錯覚を生じさせる。実験参加者本人にはゴムの手だけを見せ、本物の手は見えない状態にして、ゴムの手と本物の手の指を一本ずつ同じタイミングでなでていくと、参加者はゴムの手の上に触覚を感じるとともに、あたかもゴムの手が自分の手になったかのような所有感を抱く（第2章1節も参照）。

この現象が示唆しているのは、多感覚統合（複数のモダリティ（様相）に由来する感覚の脳内での統合）を通じて所有感が生成している可能性が高いということである。実験状況での参加者は、ゴムの手がなでられるのを注視しているうちに、目で見ている「そこ」で私が触れられているように感じ始める。つまり、視覚優位なしかたで触覚空間が再編される視覚–触覚の多感覚統合を通じて、所有感が派生するということなのである。しかも、このとき、なでる刺激を非同期にしたり、ゴムの手の向きを本物の手と逆向きにしたりすると錯覚の強度は大幅に減じる（Ehrsson et al., 2004）。本物の身体と時間的・空間的に整合性のある感覚入力があるとき、「私の身体」という感じがゴムの手にも拡張する。

ラバーハンド錯覚に対応して活動する脳の領野は、①視覚入力と触覚入力の双方に反応するバイモーダルニューロンが存在するとみられる頭頂間溝（Rizzolatti et al., 1981; Kanayama et al., 2017）、②感覚情報にもとづいて運動の企画や準備を司るとされる運動前野（Ehrsson et al., 2004）、をはじめとする部位である。前者は理論的に見ても視覚と触覚の統合に関与していることが推測できるが、興味深いのは後者であろう。運動前野は、他者の行為を見た時に、あたかも自分が同じ行為を遂行したかのような反応を示すミラーニューロンの位置する部位である。このことからすると、ゴムの手に派生する所有感の錯覚を反映して、自己の身体と他者の身体の境界が一時的に揺らいだ状態にあることを脳が表現しているようにも思われる。

一方、主体感のほうは運動行為にかかわる概念のため、内部モデルに沿って解明できそうな点が多い。主体感の障害については、統合失調症の症状の一つとしてみられる「させられ体験（他者によって身体が動かされると患者本人が主観的に感じる経験）」がしばしば引き合いに出される。させられ体験は、自己の身体が動いているものの、自分が動かしているという自覚がない状態である（田中，2017: 40以下）。患者は「自己の身体が動いている」という認知を保っているため、身体の所有感は残っているが主体感だけが選択的に損傷している状態だと考えられる。

先の内部モデルに沿って言うと、患者がマグカップをつかんでコーヒーを飲もうと意図したとしても、(a)その意図を正確に翻訳する運動指令（図左上の「運動指令（motor command）」）が生成しなかったとすると（たとえばペンをつかんで文字を書くという間違った指令が生成したとすると）、順モデルを経由して「私がこの運動を引き起こしている」とは感じないだろう。あるいは、(b)遠心性コピー（図中央の「遠心性コピー（efference copy）」。運動結果の予測に用いられる運動指令のコピー）が生成しなかったとすると、自己の身体が直後にどう変化するか推定できないまま、運動にともなう感覚フィードバックだけが戻ってくる。そのためマグカップをつかむ身体運動が勝手に生じているかのように感じられ、逆モデルを経由して「この運動は私が引き起こした」とは感じられないだろう。させられ体験における主体感の障害を参照してわかるのは、意図、運動指令、遠心性コピー、身体運動、運動後の感覚フィードバック、これらすべてが内部モデルにおいて調和を保った状態で比較照合されるときに、正常な主体感が成立しているということである(Blakemore et al., 2003)。

ただし、中核的なポイントだけを抜き出すなら、主体感は、行為を起こそうとする自発的な意図に対して、それに応じる結果(の感覚的フィードバック)がともなうときに生じると言うこともできる。たとえば、スイッチを押すとライトが点灯するような場合である。この点を検討する実験パラダイムとして、神経科学者のパトリック・ハガードらが考案した「インテンショナル・バインディング」(意図によって二つの事象が結びつけられること、意味は後述する)が広く利用されてきた(Haggard et al., 2002)。

彼らの最初の実験では、自発的な意志で手を動かしてキー押しを経験するグループと、TMS(経頭蓋磁気刺激：磁気刺激を脳に与えて特定の領野を活性化する方法)を用いて運動野を刺激することで不随意に手を動かしてキー押しを経験するグループが比較されている。どちらの条件でもキー押しの二五〇ミリ秒後に音が聞こえる設定になっているが、実験用の特殊な時計を利用していつ音が鳴ったか参加者に報告させると、随意運動をしたグループでは、キー押しから音が聞こえるまでの時間が二五〇ミリ秒より短く報告された。

つまり、行為の意図(インテンション)を持つことで、行為とその結果の知覚までの時間差が、より短く結びつけられる(バインディング)傾向がみられることが明らかにされた。主体感がある場合とない場合との差異を、行動実験によって定量的に評価することができるようになったのである(インテンショナル・バインディングの評価をめぐっては論争もあるので、第2章3節も参照すること)。

さて、このような経緯で「ミニマル・セルフ」に焦点を当てて、実証的かつ科学的に自己を研究する試みが二〇〇〇年頃から急速に進展してきた。行動実験のパラダイムを脳計測に結びつけることで、それ以前にはできなかったようなしかたで「自己の科学」が可能になったのである。ただ、そうはいっても、こうした試みだけで自己の全貌が解明できるわけではない。

2　経験をふり返る私＝反省的自己

実験手順に潜む問題

ラバーハンド錯覚やインテンショナル・バインディングの実験手順に潜む問題点を考えることで、議論をさらに展開してみよう。ラバーハンド錯覚では、ゴムの手があたかも自分の手であるかのような所有感の錯覚が生じるが、主観的に経験される錯覚の程度は質問紙を用いて事後的に確認される。したがって、実験進行中に派生している所有感そのものに必ずしも迫れているわけではなく、錯覚経験を後になってふり返り、その内容を本人が評価していることになる。

だが、もともとミニマル・セルフという概念そのものが、そのつど進行中の経験にともなう前反省的な自己感に立脚していたことを思い起こそう。あらゆる経験にともなう「私の」という性質は、ザハヴィが言うように「経験とは別の何か」や「経験の上にある何か」ではなかったはずである。ラバーハンド錯覚の実験がおこなわれている最中、ゴムの手に自然な所有感が生じているとすれば、それは、手の経験をめぐる前反省的な所有感の一種と言ってもいいだろう。しかし、質問紙を通じて吟味される時点で、錯覚そのものはひとまとまりの経験としてふり返りの対象、すなわち**反省するという意識作用**の対象になっている。

この点はインテンショナル・バインディング実験でも基本的には同じである。自分の意図でボタンを押す場合もそうでない場合も、実験参加者は音が鳴るのを聞いた時に時計の針がどこを指しているかを報告しなければならない。これでは、私たちが普段そうしているように、漫然と行為している状態にともなう暗黙かつ前反省的な主体感それ自体を取り出すことは難しい。「いま音が鳴った」という経験を明示的にふり返る、すなわち反省するという作用がやはり実験設定のなかに含まれていることになる。

ただし、そうはいっても、実験パラダイムがそもそも的外れであるということではない。ラバーハンド錯覚に一定の所有感が、インテンショナル・バインディングに一定の主体感が含まれることは事実である。そうではなくて、測定方法のなかに実験参加者がみずからの経験をふり返るという「反省」の手続きが含まれているため、肝心の「前反省的な自己感」それ自体に迫るうえで限界があるということなのである。

近年の研究では、前反省的な所有感や主体感を「感じ（sense）」、反省とともにふり返られた経験を所有感や主体感にともなう「判断（judgment）」として、より正確に概念化して区別する傾向もみられる（Ben David & Ataria, 2021）。また、前反省的な自己感を正確にとらえるべく、参加者の言語報告を必要としない、非言語的な生理指標を探索する試みもみられる（たとえばDavid et al., 2011）。

反省という意識作用が構成する自己

いずれにせよ、以上を踏まえてこの節で問いたいのは、従来の研究に意義があるかないかではなく、前反省的な「自己感」は反省が生じることでどのように変化するか、という点にある。一般に「反省（reflection）」とは——英語のreflectionに「反射」という意味があることからもわかるように——自己に生じたひとまとまりの経験を自己の意識に映しつつふり返る作用のことである。筆者が哲学的方法として依拠する現象学では、反省の作用を方法上きわめて重視している（フッサール、1979, 1984）。反省は、暗黙のうちに過ぎ去る私たちの経験を自覚的にふり返り、その本質を見てとるための最も基礎的な方法だからである。前節で言及したザハヴィやギャラガーが「前反省的な自己感」を明確に概念化することができたのも、反省するとはどういうことかを現象学者として彼らが熟知しているからに他ならない。反省する作用とともに、一瞬前までの経験が前反省的に生じていた（これを現象学では「生きられた（lived）」と形容する）様子が鋭く自覚されるのである。

さて、話を自己との関係に戻すと、前反省的な自己感は、反省が加わることによって明確な**自己意識**（self-consciousness）へと変化する。冒頭で記述したコーヒーを飲む場面のように、一連の行為が滑らかに続いている場合、人は暗黙にその経験を生きている状態にとどまっている。しかし、ある行為に失敗して経験がそこで途切れるとき、失敗の瞬間に至る一連の流れをふり返って反省するのである。あるいは逆に、これから何か重要な出来事が生じそうなとき、人は周囲の世界を注意深く知覚しながら、到来しつつある経験を待ち構えている。これもまた、前反省的な経験にたんに身を委ねている状態とは違って、反省的な意識作用とともに経験の流れに介入している状態である。このような場面では、前反省的な自己感と比べて、より明瞭な自己意識が出現している。

たとえば、自転車に乗って山道を下る経験を考えてみよう。カーブを曲がり損ねて転倒すると、たんに擦り傷が痛いだけではなく、転倒に至る一連の経験の流れが自然に想起されて「山道を下る途中で転倒した私」の姿がはっきりと像を結ぶ。また、再び山道を下り始めた後も、こんどは転倒しないように以前より注意深く対応しようとするに違いない。このとき、私はたんに流れに身を任せて自転車を運転しているのではなく、転倒しないように細心の注意を払いつつ、進行中の行為に「私が自転車を操作する」という意識とともに介入しながら運転をおこなっている。こうしてみると、反省は、ただ暗黙のうちに流れているだけだった経験に介入し、「**それ以前**」の経験の流れを取り出す場面や、「**それ以後**」の経験に備えている場面で固有の機能を果たしていることがわかる。

草創期の心理学者であり哲学者でもあったウィリアム・ジェームズは、自己には二つの側面があることを指摘し、両者を「知る者としての自己」と「知られる者としての自己」として区別している（ジェームズ、1992）。つまり、反省とともに立ち上がる自己意識は、自己に生じる経験について認知する意識作用とともに成立しており、認知する側の自己と認知される側の自己から構成されるということなのである。前反省的自己は、経験の流れのなかに、その経験についての気づきが織り込まれていることで自然に構成されていたため、いわば一階建てだった（図1－1参照）。これに対して、反省的自己は、経験の流れに織り込まれた自己感と、その時間的な流れを遮るようにメタ・レベルで

図1-3　反省的自己の二階建て構造

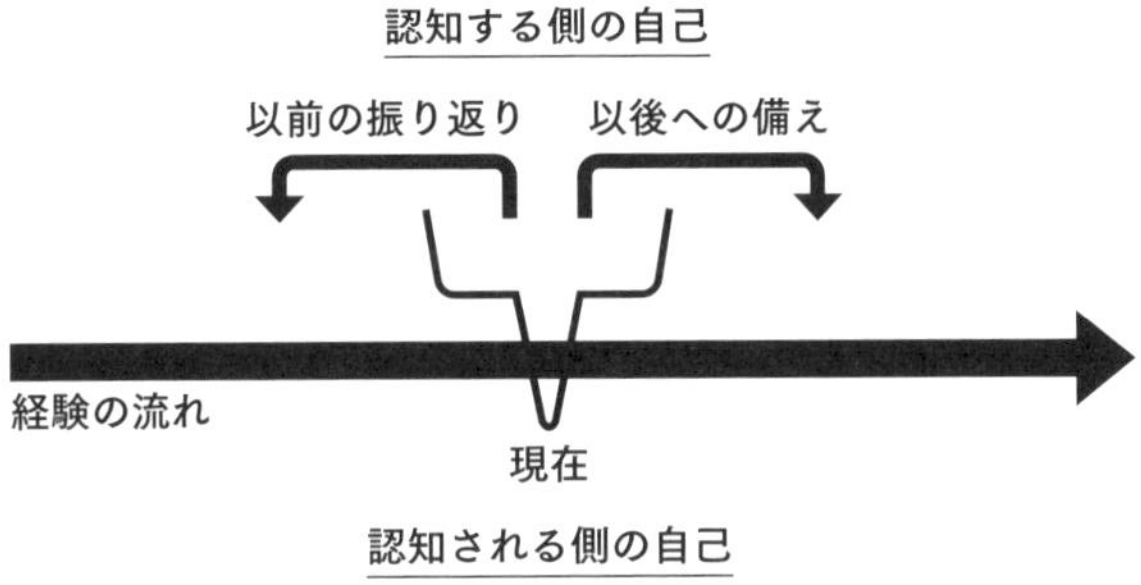

認識している自己とに分かれる点で二階建てになっている（図1－3参照）。ジェームズは、認識する側の自己を「知る主体」としての自己という意味で「主我（I）」、認識される側の自己を「知られる客体」としての自己という意味で「客我（Me）」と呼んでいる。

身体性から反省的自己に迫る

現象学的な観点からここで論じておきたいのは、――前反省的な自己感を解明する手がかりが身体の所有感や運動行為にあったように――主我と客我に二重化した反省的自己もまた、身体に着目することで解明の手がかりを得られるということである（Tanaka, 2019a）。私は自らの身体を通じて世界を知覚し、また自らの身体を通じて行為する。つまり身体は、私＝主我（I）がまさに受肉して世界に現れたものである。しかし一方で、同じ私の身体は、それを眺めたり触ったりすることができる客体としても現れるのであって、客我（Me）としての一面も備えている。

現象学的身体論の先駆者だったモーリス・メルロ＝ポンティ（2015）は、まさにこのような自己の身体に備わる主体かつ客体という両義性に着目して、「反省」という経験について論じている。人が自己の身体に触れるとき、その接触面では「二重感覚」と呼ばれる両義的な感覚が生じる。たとえば、左手で右手の甲をなでると、左手の指先に右手のすべすべとした感じが生じるが、触れられた右手の側でも左手の指先のじんわりとした温かさを感じることができる。つまり、左手は触れる主体でありながら、逆に右手によって触れ返される客体にもなるのである。こうして、自己の身体に触れるとき、触れる側でも触れられる側でも触覚が生じるため、この経験は「二重感覚」と呼ばれる。メルロ＝ポンティは二重感覚の身体的経験のなかに、反省という意識作用に発展するものの原型を見出している。関連箇所を引用しておこう。

私の左手にとって、私の右手は骨と筋肉のまとまりなのだが、私はこのまとまりの中に、敏捷で活発なもうひとつの右手が包まれたものまたは受肉したものを即座に感受する。そして私は対象を探索するべくその右手を動かすのである。身体は、ひとつの認識機能を実行している最中に、外側から不意に自己自身をつかまえる。身体は、触れているものに触れようとしているのであり、「一種の反省」を素描しているのである。(Merleau-Ponty, 1945: 109、拙訳)

難解な文章に映るかもしれないが含意はそうでもない。私は左手で右手に触れるという経験をしている。ところがその経験のさなか、一瞬前まで骨と筋肉の塊でしかなかった右手によって、私は左手に触れ返す。これは、思考の最中に不意に反省が始まる経験の身体的原型である。人は過去の経験をふり返りながら反省をしているさい、自律的な連想の流れに没入し始めることがよくある。そのような瞬間、さらなる反省によって不意に我に返るという経験が生じる。この点で、反省は「思考するものを思考する」という二重化の契機を含んでいるのだが、メルロ＝ポンティによれば、この契機はもともと「触れるものに触れる」という自己身体に備わる二重感覚によって身体レベルで先取りして与えられているのである。

この構造を拡大して考えてみよう。自己の身体が主体と客体、主我と客我に二重化して経験されることがここでの焦点である。触覚の場合よりも分かりにくいが、同じことは聴覚のモダリティでも生じている。他者と会話している場面を考えてみよう。私はみずから発話して声を出していると同時に、その声をみずからの耳で聴いている。この場

図1-4　反省の身体的基盤

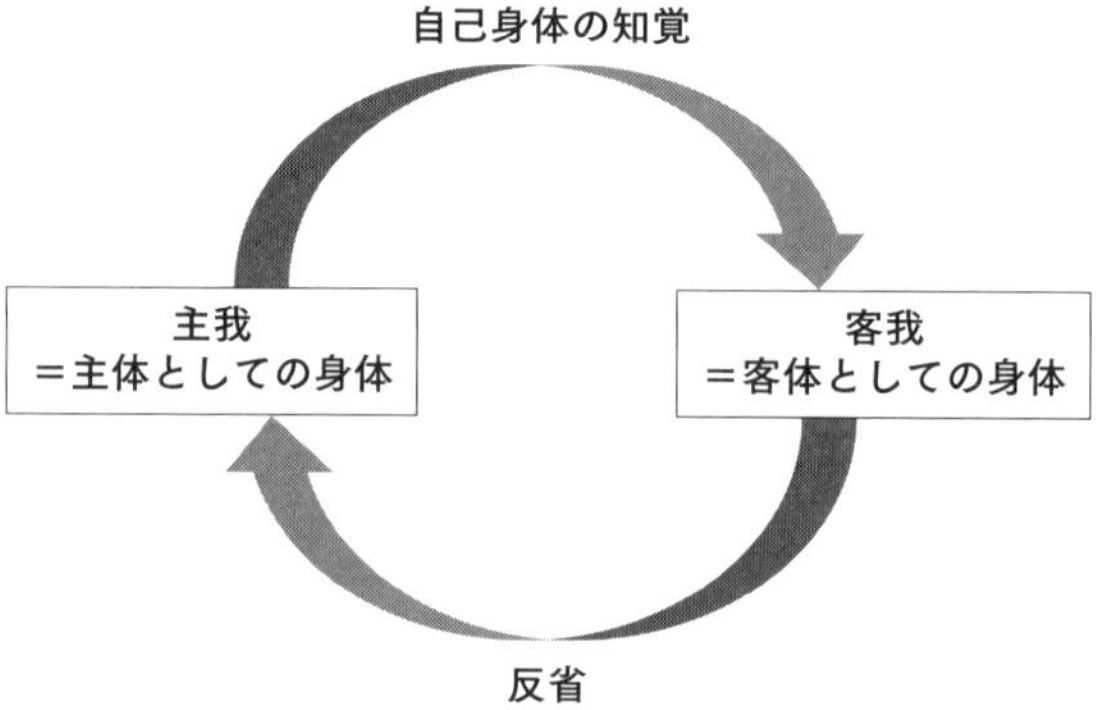

面で、発話するという行為に着目すれば、私は自己の身体（口腔）を通じて「発声する主体」であると同時に、その声は私の耳を通じて「聴かれる客体」である。だが、聴くという知覚に着目すれば、私は自己の身体（耳）を通じて「聴く主体」であると同時に、発声された私の声は「聴かれる客体」として経験されている（図1－4）。

つまり、声を介して「話す－聴く」という関係は主体になったり客体になったり、両義的な転換を繰り返すのである。発話している場面では、どちらかというと「話す」という行為に人は没入しやすい。しかし言い間違いをしたとたん、不意に「聴く」という知覚の側に主体性が移り、発話している自己はその間違いを聴きとられる客体の側に転換する。右手に触れる主体だった左手が、不意に右手によって触れられる客体に転換するのと同じ構造をここに見ることができる。これはまさに、**「話す－聴く」という関係**においても「反省」という意識作用が生じていることの現れである。

発達的観点からの補足

この点に関連して、ロシアの発達心理学者レフ・ヴィゴツキーの内言論（ヴィゴツキー、2001）に言及しておくのがよいだろう。ヴィゴツキーは、思考の発達を言語が内面化される過程としてとらえた。すなわち、発達過程にある幼児が最初に獲得するのは他人に話しかける言葉としての「外言」であり、外言を通じて他者との言語的相互作用を発展させてゆく。後に、これが自己を相手にする架空の内的な対話へと展開することで「内言」へと転化し、内言を用いる個人内での対話が「思考」へと発展すると指摘したのである。この指摘は、声が「主体かつ客体」「主我かつ客我」という反省的自己の二重性にとっての身体的基盤をもともと提供していることを考慮すれば、十分に納得のいくところであろう。

発達過程を考慮すれば、主我と客我の関係は、視覚のモダリティでも見出すことができる。私は自己の身体（眼）によって自己の身体を見ることができるからである。このとき、身体は「見る主体」と「見られる客体」として同時に現れている。もっとも、触覚において触れる主体が触れられる客体に転換したり、聴覚において話す主体が聴かれる客体に転換したりするのと同じように、見る主体が見られる客体に転換するということは生じない。例外的にそれに近づく場面があるとすれば、鏡に映った自己の眼球を見るという経験であろう。ただ、その場合も鏡の向こう側に回り込んでこちら側の眼球を見つめ返すような事態は生じていない。鏡の自分から「見られている」と感じることがあるとすれば、体外離脱体験にも通じるやや危うい経験のように思われる（視点と身体の問題については第4章2節を参照）。

おそらく、視覚の場合に自己の身体が「見られる客体」となる発達過程では「他者の眼」による媒介が必要である（田中、2017: 55以下）。聴覚の場合に他者との会話が最初にあってそれが内面化していくのと同じように、視覚の場合には他者に見られる経験が自己身体の二重化を手助けする。幼児は、自己の身体が他者の眼によって見られるものであることを生後七か月ごろにはすでに自覚しており、大声を出したりテーブルを叩いたりして音を出すことで周囲の視覚的注意を引き寄せようとする（Reddy, 2008）。ただし、他者の眼から見て自己身体がどのような姿で見えているのか知るようになるには、さらに時間がかかる。鏡像認知ができてマークテスト（鏡に映っているのが自分であることを認知できるかどうか試すテスト）をパスできるようになるのは生後一八〜二四か月ごろである（Amsterdam, 1972）。

ただし、発達的に見てこの段階まで到達すれば、仮想的に他人の視点に立って自己の身体の全体像を想像できる状態には至っていると考えられる。つまり、自己身体のイメージを介して、自己が「見る主体」であると同時に「見られる客体」でもあるような、視覚的な二重性を獲得するのである。視覚のモダリティにおいても、やはり反省的自己の身体的基盤を見出すことができる。視覚的な反省的自己は、当人の「身体イメージ」に結実していると言っていいだろう。

3　言語の獲得と世界の拡大

身体から言葉へ

では、このように自己身体が「主体と客体」または「主我と客我」に二重化することで反省的自己が生成した後、自己はどのように発展するのだろうか。ここで、反省という意識経験を独特のしかたで発展させる媒体である「言語」について考えておく必要がある。人は言葉を用いることで、過去の経験の記憶をたんに反省しふり返るだけではなく、それを一定の観点から整理して意味づけることができる。また、未来に向かっても、たんに進行中の行為に注意深く介入するようなしかたではなく、より長期的な時間的展望に立って将来の行動や人生全体について意味のある計画を立てることができる。言語という媒体の有無によって、自己のあり方に決定的な影響が生じるのである。

すでに紹介した通り、自己研究の文脈では、過去の記憶と未来の展望を一種のストーリーとして物語るところに生じる自己を「ナラティブ・セルフ(物語的自己)」と呼ぶ。自己のあり方を、所有感と主体感から構成されるミニマル・セルフと、時間的に拡張された様式を示すナラティブ・セルフの二つに区別したのは、先に紹介したギャラガーの二〇〇〇年の論文だった。本節では、ナラティブ・セルフについて考察する前段として、人が言葉を獲得する過程と、それによって人の認知する世界がどのように刷新されるかを考察しておこう。

他者とのやりとりにおいて情報を伝達する機能を持つ言語が、その学習を水路づけられるのは「自己－他者－対象」

という三項関係においてである。発達上は、生後九か月ごろに赤ちゃんと養育者が特定の対象に共同で注意を向ける「共同注意」が成立することで、この種の三項関係が安定的に機能するようになる（トマセロ、2013: 127以下）。赤ちゃんは、養育者、とくに母親の視線を追従することを通じて、他者の視覚的注意が向かっている先にある対象を認知することができるようになるのである。

現象学的には、自己と他者の主観性が出会う「間主観性」の経験がここで大きく進展していることに着目すべきだろう。発達心理学者のコールウィン・トレヴァーセンは、間主観性を一次的なものと二次的なものに区別することを提案している（Trevarthen & Hubley, 1978）。一次的間主観性は、赤ちゃんと養育者との二者間で成立している間主観性である。乳幼児は誕生直後から、養育者が発する声・動き・表情などを知覚しながら、それに呼応しつつ身体をリズミカルに動かしたり発声したりすることで養育者と相互作用する傾向を見せる。「いないいないばあ」が例としてはわかりやすいが、身体的相互作用を通じて、身体運動のリズムと情動的トーンが共有され、非言語情報を中心とする原会話としての音楽的コミュニケーションが展開する。これが一次的間主観性である。この次元は、言語の獲得によって消え去るわけではなく、成人のコミュニケーションにおいても非言語行動を通じて残存し続ける。

これに対して、自己と他者の相互作用が共通の状況に媒介されて進展する過程が二次的間主観性である。共同注意は、赤ちゃんと養育者とのあいだで、物への注意や、物が配置されている状況を共有することを可能にする。ここで、共通の対象に向かう共同注意が成立している状態で、発声を介した養育者と子の相互作用がその上に重ね合わされる場面を想像してみよう。養育者と子がともに見つめている対象（たとえば犬）があるとして、指さしに代えて「ワンワン」という音声が用いられるとき、有意味な言葉の使用が始まることになる。二次的間主観性が成立した段階で、実在する対象を指示する身体的相互作用が音声を介して意味を持つようになること。これは、言語の獲得にとって最初の重要な転換点である。身体性の観点から見た言語の獲得とは、対象を介した自他の相互作用が発声のみに対応して対象を指示する意味を付与される過程なのである（Fuchs, 2018: 192ff）。

もちろん、音声が指示できるのは犬やバナナのような個別の対象だけではない。一〇〜一一か月児はすでに、大人の一連の行動を見ながら意図的行為の一連のシーケンス（開始→目標→終了）を分節して知覚できるし、一五〜一八か月児にもなると、大人がしようとしている行為の目標と、それが達成できなかった場合についても理解できるようになる（Meltzoff, 1995）。つまり、個別の対象を知覚するだけでも、たんに他者の身体を知覚するのでもなく、何らかの意図をもって対象にはたらきかける**行為主体（エージェント）**として他者の身体を知覚しているのである。これが言語として表現されれば（といってもそれには生後三年程度の時間がかかるが）、「〇〇が〜で××する」というように、「ある行為主体が一定の状況で何らかの行為をする」という初歩的なナラティブ（語り）を形作ることになる。

言語と「精神」

このように、乳幼児が言語を獲得してナラティブを扱う能力は、現実に与えられた具体的環境の中に埋め込まれて発達してくる。したがって、言語の特徴としてしばしば指摘される、物理的に実在しない象徴的世界を記号で表現する機能（いわゆる象徴機能）だけを重視するのは適切ではない。言語は、身体化された行為にも、行為が実践される具体的な環境にも根ざしたしかたで獲得される。ただしその一方で、ナラティブを扱う能力を備えた自己が、それによって飛躍的に自己のあり方を複雑化させることも事実である。ここで発達から離れて、言語が自己にもたらすインパクトの大きさに言及しておこう。

ナラティブは人が言葉を使って構成する語りであり、学習過程で言語がそこに埋め込まれていた知覚的現実から決定的に離脱して、想像力を展開させる様式を一つ含んでいる。それは「反実仮想的思考（counterfactual thinking）」である。一般に言語は、「〜ではない」という否定系をその用法に含んでいることで、事実とは反対の状態、事実とは異なる状態、現実としては与えられていない状態、現実には存在しない状態など、知覚的現実には即していない状態を描写することを可能にする。いわば非現実的な虚偽の状態を想像において現出させるのが反実仮想である（Roese, 1997）。

この機能が人の想像力にもたらす変化はきわめて大きい。現実には特定の状況が生じていても、「もしもその状況が与えられていないとすれば」という仮定にもとづくあらゆる状況についての想像を可能にするからである。具体例はいくらでも挙げられる。「もしも今日晴れていなければ」「もしもこの電車に間に合っていなければ」といった、具体的な状況に結びついた想像もあるだろう。あるいは、「もしもこの国に生まれていなければ」「もしも私がこの両親の子どもではないとすれば」「もしも私がこの性別ではないとすれば」「もしも私が生まれていなかったとしたら」など、人生全体についてのナラティヴを書き換えるようなラディカルな観点をもたらす反実仮想もありうる。

そのため、反実仮想的思考は、哲学者のマックス・シェーラーが「世界開在性」と呼んだ性質を自己に付与することになる。シェーラーは、生物学者ヤーコプ・フォン・ユクスキュルの環世界論の影響も受けながら、生物が生きている「環世界」と人間が生きている「世界」との違いを「世界開在性」という概念で論じている（シェーラー、2012: 45以下）。ユクスキュルによると、生物はそれぞれの種に応じた環境を生きている。種ごとに異なった身体を持ち、それぞれの身体に備わった運動器で反応でき、感覚器で感知しうるような刺激の集合体としての環境において生きている。また、そうした身体によって適応できる環境に定着することが基本的な生存方略であって、特定の環境を離れることは生物にとってたいていの場合は死を意味する（陸に上がった魚は遅かれ早かれ死んでしまう）。つまり、「身のまわり」に与えられた世界に適応して生きるしかない点で、生物が生きているのは「環世界」にとどまっている。

人間ももちろん生物の一種ではあるので、種として持ち合わせた身体によって適応できる環境を外れて生存できるわけではない（陸に上がった魚と同じように、酸素のない惑星では生きられない）。しかし、人間はこのような環世界だけに拘束されて生きているわけではない。一般的な生物と違って、人間は身のまわりに与えられた環世界を全体として対象化することができる。シェーラーによると、これが「**精神**」の能力である。精神は、知性・情動・意志のすべての作用を包括的に備えている存在である。すなわち、種の身体と対になって現れるのが環世界だったとすると、「精神」と対になって現れるのが人間にとっての「世界」なのである。環境に埋め込まれた状態を脱して世界を総体としてとらえる精神を備えた特殊な生物、それが人間である。

人は反実仮想的思考を通じて、想像のなかで世界をさまざまに描き直すことになる。身のまわりでどのような出来事が生じているとしても、それが生じなかった場合、または現実とは違ったしかたで生じた場合についての想像ができるようになる。反実仮想は、「雨が降っていなければ出かけることができたのに」という身近なレベルの想像から、「私は生まれてこない可能性もあったはずなのにどうして生まれてきたのか」「世界は存在しないことも可能だったのに、どうしていまあるような姿で存在しているのか」という哲学的な想像までを含む。つまり、人の使う言葉は、「〜でない」という否定形をその用法に含んでいることで、自己と世界を総体として対象化し、存在論的な問いを発することを可能にするのである。シェーラーは世界と対になる人間の核心部分を「精神」と呼んだ。結局のところ、言語を獲得することで、反省的自己には、自己自身と世界について存在論的な問いを発する偉大な能力である「精神」が付け加わることになるのである。

4　物語ることと自己＝ナラティヴ・セルフ

物語的思考と自伝的記憶

これで、ナラティヴ・セルフについて考察できる局面までたどり着いた。周知の通り、ナラティヴはもともと「語り」「物語」を意味する言葉であり、心理学を始めとする人間科学の領域でこの言葉を学術用語として広めるうえで重要な役割を果たしたのはジェローム・ブルーナーだった。ブルーナーは、人間的思考には互いに還元できない二つの様式があるとし、一つを「論理・科学的様式（または範例的様式）」、もう一つを「物語的様式」として区別した（ブルーナー、1998: 15以下）。

論理・科学的様式は、事実を知り、カテゴリーに分類して理解し、事実の背後にある法則性を追求したり、カテゴリーに区別された事実間の論理的関係を整理したりすることをその特徴としている。一方、このような特徴に還元されることのない物語的様式は、個人が体験した複数の出来事をつないで筋立て、それを一定のストーリーとして意味を与えるところに特徴がある。つまり、対象から距離をとって客観的に確定できる事実ではなく、体験する個人がそこに内在する文脈を重視し、複数の体験を結んで信憑性のあるストーリーとして編み上げていくような思考を物語的様式と呼んだのである。

このような思考様式のもとで体験が整理されるとき、たんに事実的な記憶の積み重ねだけでナラティブおよびナラティブ・セルフが構成されるわけではないのは言うまでもない。物語的様式にもとづく思考は、人が日々体験するさまざまな出来事を数珠つなぎにしてそこに一定の筋立てを見出すことで、一貫性のある意味を見出すことに重点がある。筋立てに適合しない出来事は——それが筋立てを変更するほどの重大なインパクトを持たない限り——人生を構成するナラティブに組み込まれないまま忘れ去られていく。

また逆に、自伝的な枠組みのもとで整理されるエピソード記憶が、必ずしも「記録」のように正確ではないこともここから十分に理解できる。心理学者であるエリザベス・ロフタスの一連の研究を通じてよく知られるようになった通り、私たちのエピソード記憶には現実に生じていない出来事が虚偽記憶として紛れ込むことがある（ロフタス＆ケッチャム、2000）。このような虚偽記憶が入り込む余地があるのは、私たちの「自己」がもともと論理・科学的様式ではなく物語的様式のもとで枠づけられているからである。過去の経験を整理して自分なりに構成された物語のもとで、全体的なストーリーの流れと矛盾しない位置づけを持つのであれば、客観的な事実でなかったとしても信憑性を持ちうる「記憶」として自己を構成しうるのだろう（ナラティブ・セルフと自伝的記憶との関係については榎本、1999も参照）。

こう考えると、ナラティブ・セルフは、ときに虚偽の記憶さえ利用しながら、人生に生じるさまざまな出来事にストーリー性を与えることで作られる「自己」ということになるだろう。ただし、序文で『攻殻機動隊』に沿って示唆した通り、これがどの程度「本当の私」という感覚をもたらすかは、出来事を経験した「身体」にも依存するように見える。「私の身体」という所有感がないまま経験された出来事は「私の思い出」という自伝的記憶を形成しづらいだろう。これは、解離性障害などの精神疾患を見てもある程度は言えそうである（この点は第3章1節も参照）。

身体と記憶の連続性・非連続性についてのさらなる議論は今後の科学的研究を待たねばならない。だが、ここまでの考察から言えることもある。それは、「私の身体」を考えるうえで、身体の所有感、および反省作用をもたらす二重感覚が不可欠な要因だということである。身体は前反省的次元、反省的次元の双方で「自己」を構成している。これら二つの基礎的な「自己」が欠けたまま、出来事の記憶やナラティブだけが与えられても、草薙素子が「模擬人格」と呼んだ疑似的な自己にしか到達できないだろう。

物語の主人公としての自己

哲学者のポール・リクール（1996: 147以下）は「物語的自己同一性（ナラティブ・アイデンティティ）」という概念で、人生を語るナラティブがいかにして自己を構成するかを論じている。リクールによると、さまざまな出来事とともに推移する人生は必ずしも明確な構造を持ち合わせておらず、私たちは物語の助けを借りてそこに一貫性のある筋立て（プロット）を見出すことで人生を解釈する。そして、自らを登場人物とする物語の観点から一貫性をもって人生を理解できると、その筋立てに由来する**アイデンティティの感覚**を得るのである。いわば「ある物語の主人公としての私」という持続的な感覚である。彼は次のように述べている。

私の考えるところでは、ナラティブは、物語的自己同一性と人が呼びうるような、個人の持続的な性質を構築する。その物語における主人公の同一性を生み出す筋立て（プロット）に固有の、一種のダイナミックな同一性を構築するのである。（Ricoeur, 1991: 77）

私たちが参照できる物語には、悲劇もあれば喜劇もある。すべてが好循環するサクセスストーリーもあれば、避けがたい破滅的結末に進んでゆく物語、危機的状況を打開する物語、変わらない日常に小さな幸福を見出す物語など、自らの人生をそれに重ね合わせて解釈できそうなものは無数にある。重要なのは、私たちが自らの人生を理解するさい、ある時点から現在までをふり返って一定のストーリー性をそこに見出すことで、物語の主人公として「変わらない私」という自己同一性の感覚を得ていることである。このような感覚にもとづく自己こそナラティブ・セルフなのである。人生は一種の物語であり、自己はそのなかに登場する主人公として一定の役割を果たしている。ナラティブ・セルフは、人生物語の筋立てに備わる一貫性を源泉として、自己同一性を構築しているのである。

そして、悲劇であれ喜劇であれ、どのような物語を重ね合わせて人生を理解するにせよ、そこには、自己の人生を反省しつつふり返り、将来に向かって展望を思い描くという、経験を解釈する作業にともなう一定の時間的構造がある。以下では、ナラティブ・セルフを解明するさしあたりの理論的な試みとして、私たちがどのように自らの人生に時間的構造を与え、そこに筋立てを見出そうとするのか、筆者の見解を三点にまとめて述べておきたい。

第一に、ナラティブ・セルフは、「現在の自己」の存立にとって不可欠な「過去の出来事」との関係で成り立っている。物語的思考は、いま目の前にある現実を理解するうえで、過去の出来事とのあいだに何らかの有意味な関連を見出すことから始まる。本人が特定の筋立てに沿って「現在の自己」を解釈できるのは、「現在の私が〇〇として生きているのは、過去に××という出来事があったからだ」という関連性を現在と過去の間に見出すことができるからである。一例として、ある大学生による次のナラティブを参照してみよう（以下では二件の具体的なナラティブを取り上げるが、匿名性を保つため細部を改変してある）。

小学生の時、私はさまざまな習い事をしていた。サッカー、野球、ピアノ、絵画などである。しかし私はそのどれもが嫌でやる気がなく、すべて中途半端な状態だった。これらの経験は私にとって、何をやってもやりきれない中途半端な人間であると私に思わせた。…（略）…しかしこの私のなかの負の感情が「大学受験」という日本でのキャリア形成において重要なウェイトを占める行事へのやる気を出させる大きな原動力となった。何か一つでも自信をもってやり切ったといえる出来事が欲しいと思い私は全力で受験勉強に励んだ。…（略）…受験勉強では生まれて初めて全力で物事に打ち込んだときにのみ味わえる達成感を得ることができた。そして、今こうしてこの大学で学んでいるのである。

ここには典型的な「一念発起」という筋立てを見てとることができる。この大学（都心にある有名大学である）で学んでいる現在の「私」は、幼い頃からずっと続いていた中途半端さを振り切るべく受験勉強に打ち込み、それによって成功を勝ちとって現在に至った、ということが語られている。この学生にとって「現在の自己」は、小学生時代の習い事の体験がなかったとしても、受験勉強に打ち込んだ体験がなかったとしても、的確には語り得ないものになっている。

このように、ナラティブ・セルフは、それがなければ現在の自己が今ある姿ではあり得なかったような過去の出来事との関係において成立している。ここには明らかに、現在の自己をめぐる反実仮想的思考が含まれている。過去の特定の出来事や体験がなければ現在の私は違った姿になっていただろうという反実仮想ができるからこそ、私たちは現在の自己を一貫した筋立てのもとに意味づけることができるのである。

将来の自己像と現在を生きる動機

第二に、ナラティブ・セルフは、一定の筋立てのもとで「現在の自己」の延長線上に思い描かれる「将来の自己」を含む。当然のことながら、私たちが生きている現実は、それをどのように物語るとしても一編の小説のように完結した姿では与えられない。死を迎えて本人が語り得なくなる時点まで、自己を語るナラティブは結末を迎えることなく進行形で展開していくことになる（これは、小説や昔話のようにエンディングが最初から与えられているものと実人生との違いでもある）。したがって、ナラティブ・セルフは将来へと向かって変化する可能性をつねに含んでおり、「現在の自己」にはつねに「将来の自己」の萌芽が含まれる。言い換えると、ナラティブ・セルフは現実の自己だけでなく、将来そうなる可能性のある自己をそこに含んでいる。次もある大学生によるナラティブの例である。

私は幼少期から、世間一般での「女の子」のイメージから外れた子だった。お人形遊びやお絵描きなどにはほとんど興味を示さず、もっぱら男の子と戦闘ごっこや虫捕りをして遊んでいた覚えがある。…（略）…そんな子だったからであろうか、よく「女の子なんだからもっとおしとやかに遊びなさい」などと叱られることが大変多かった。…（略）…そんな私が、初めて「女の子」という眼鏡をはずして周囲から見てもらえた場所が、六年間過ごした中学・高等学校だった。自分の個性をそのまま受け入れてもらえる喜びや楽しさを、私は六年間で存分に味わうことができた。…（略）…そんな私は、これからも「女の子」らしくない私でいたい。しかし世間の目は厳しく、社会に出てからも「女の子」らしさを要求され、私の個性はなかなか認められないだろう。私は、周囲の人間に自分を認めさせるためには、実力で黙らせるのが一番だと考えている。それゆえ今は、自分の得意分野であるＩＴや情報の資格の勉強をして、将来社会に出てから実力で戦えるようにしていこうと努力しているのである。

この事例に一貫して流れているのは「女の子らしさより自分らしさ」というナラティブである。ここでは、型通りの「女の子」のイメージにはまらない自分を否定された経験と肯定された経験がともに想起され、中学・高校時代に自分らしさとして肯定された経験が「現在の自己」を作ったことが語られている。そして、このナラティブが現在の自己を理解するところで終わっていないことに留意しておこう。将来に向けて「自分らしさ」を保って生きるにはどうすればいいのか、ということが本人のなかで問われ、「実力で黙らせるのが一番」という答えが与えられる。そこで、これから実現すべき「将来の自己」は、自分の得意分野である情報系の専門知識に磨きをかけた姿であることが語られている。

もちろん、将来の自己はいまだ実現されてはいないし、本当に実現されるかどうかも不透明である。しかし、ナラティブ・セルフを考える場合の論点はそこにあるのではない。過去の自伝的記憶との関係で「現在の自己」を適切な筋立てのもとで語ることができると、将来あるべき姿としての自己について明確に構想することができる、という点にあるのである。このようなナラティブの機能は次の論点におのずとつながる。

第三に、ナラティブ・セルフは、過去の想起と未来の展望を経て「現在の自己」に生きる動機を与える。前述の事例によく表れている通り、ナラティブは「将来の自己」を実現するために、現在を生きる動機を与える機能を持つ。ナラティブが一貫性のあるしかたで将来像を強く規定するものであるほど、語りの本人にとって「理想自己」(そうなりたいと願うような理想の自己)を実現しようとする強い動機を与えるものになる。また、悲劇のように否定的だが一貫した見通しを与えるものである場合、本人を一種の破局に向かって動機づけることになる。他方、ナラティブの筋立てが柔軟で将来の展開を強く規定しないものである場合は、緩やかに将来の自己の姿を予見させるにとどまり、具体的な行動に向かって本人を駆り立てることはないだろう。

こうしてみると、ナラティブは決して、私たちが「時間の矢」としてイメージするような過去→現在→未来という直線的な構造を持っていないことが明らかになる。むしろ、図1－5にまとめた通り、ナラティブの出発点は「現在の自己」が過去のもろもろの体験や出来事をどのようにふり返り、それとの関係でどう現在を位置づけるかということにある。反実仮想的思考とともに、「このような体験がなければ現在の私は存在しなかったはずだ」というしかたで現在の自己の由来を理解することが、物語的自己同一性を実感する最初の場面である(図の①②)。

また、人が日々生きる現実は物語作品とは違って、決してエンディングまで完結した姿で与えられることはない。そのため、自己の人生を語るナラティブは必ず未来についてのさまざまな展望を含むものになる。また、そこで思い

図1-5　ナラティブ・セルフの時間的構造

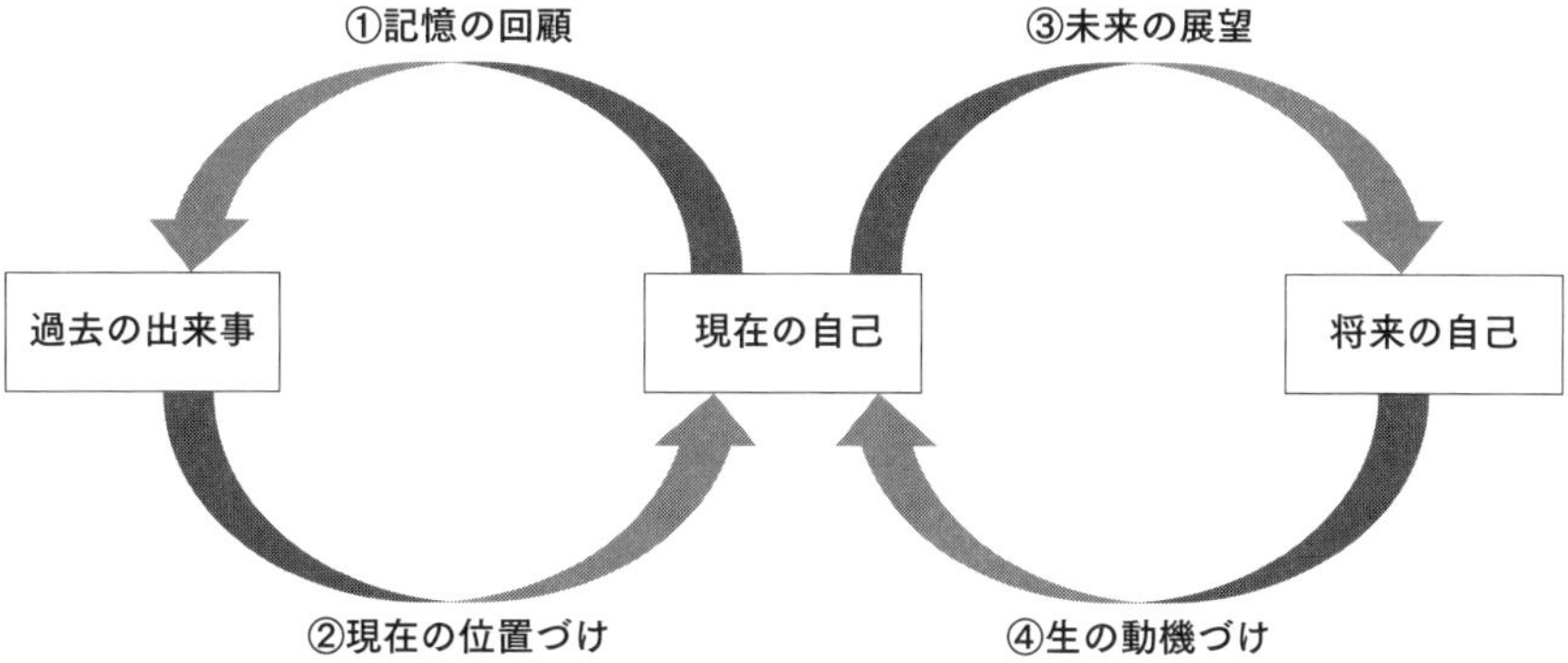

描かれる「将来の自己」へと向かいつつある途上の存在として「現在の自己」をあらためて理解させ、いま生きることに方向性と動機づけを与えるのである（図の③④）。ナラティブ・セルフは、現在→過去→現在→未来→現在と、図のように8の字に循環する時間的構造を備えている。

なお、時間性の構造だけでなく、他者という契機もナラティブ・セルフを考えるうえできわめて重要であることを最後に補足しておこう。「ナラティブ・セルフ」として発現するような、人生物語が構成する自己のあり方は、人生で出会った重要な他者との対話の経験から多大な影響を受けている。前節で見た通り、言語の獲得が他者との関係抜きでありえない以上、自己の人生をめぐる語りもまた、その語りを表出できる相手先である重要な他者との対話を通じて形成されていくものである。家族との団らん、友人との語らい、同僚との話し合いなど、思わぬしかたで人生をめぐる語りが表出する場面はいろいろとある。ヒューバート・ハーマンスとハリー・ケンペンは、ナラティブ・セルフが本質的に対話的構造を内に含んでいることを強調して、「対話的自己」と呼んでいるほどである（ハーマンス&ケンペン、2006）。

いずれにせよ、ナラティブ・セルフを理解するとき、個体モデルを暗に前提としてしまうと、過去の出来事についての記憶や将来に向かっての展望だけが、それを語る本人のナラティブを構成しているかのように受けとられがちになる。しかし、そもそも自分自身についての語りから始まるナラティブが、自己の人生を方向づけるだけの重要な意義を持つようになるのは、それを語る過程で重要な**他者によって承認される**プロセスを含んでいるからに他ならない。ナラティブは「語り」であり、明示的に他者に向かって語られる場面があるかどうかにかかわらず、語りの宛先として潜在的な他者との関係をそこに織り込んでいる。他者を巻き込むだけの潜在力を備えた物語だからこそ、ナラティブを語る当人の生を未来に向かって動機づける力を持つのである。この点で、ナラティブ・セルフは、たんに時間的に拡張した自己というわけではなく、顕在的・潜在的に他者との複雑な相互作用を通じて構成される社会的な存在なのである。

5 自己の未完結性について

本章では、ミニマル・セルフから反省的自己を経てナラティブ・セルフに至るまで、順番に深化あるいは向上する自己の階梯を検討してきた。ここまで考察を進めた段階でふり返ると、それぞれのレベルでの自己が未完結になっていることで、かえって次の段階へと進んでいかざるを得ないような「自己の階層構造」をここに見出すことができると思われる。

ミニマル・セルフは、「今ここ」の任意の経験に付随している自己感であり、一見したところきわめて頑健なものに見えた。いつ、どこで、どのような経験をしているとしても、それが主観的な経験として成立している限り、そこには「私の経験」という所有感が必ず付随しているからである。ただしこの頑健性は、私たちがたんに習慣化した行為を暗黙のうちに遂行している場面において保たれているだけであって、行為にひとたび失敗すると「反省」という意識作用を即座に呼び込むことになる。

そして、反省とともに明確な自己意識が展開し始めると、前反省的な自己感のほうはむしろ遠ざかり、あたかも最初から脆弱であやふやなものだったかのように見えてくる。果たして、反省という意識作用以前に「自己」と呼びうるような何かは存在したのだろうか。前反省的な自己感は、反省作用を通じて意識が自己自身をふり返るときに見出されるだけで、本当はそのような自己感などというものは存在しなかったのではないだろうか。そのように疑ってみたくなる。

だが、このような疑惑は、反省という意識作用そのものにも再び投げかけられることになるのである。前述した通り、反省という意識作用は、もともと身体的経験にその起源を持ち、身体がさまざまな感覚モダリティを通じて自己自身を対象として知覚できることと不可分な関係にあった。目を通じて自己身体を見る、耳を通じて自己身体（声）を聞く、手を通じて自己身体に触れるといった経験は、反省という意識作用を可能にする再帰的構造（自己が自己自身に折り返す構造）を備えている。身体の再帰的構造が、「私が私自身を意識する」という反省作業を可能にするのである。

とはいえ、言葉を媒介しない反省という意識作用は実在するのだろうか。身体が自らに折り返して対象化することができるとしても、言葉を使って自分で自分のことを「私」と名指すことができないような意識に「自己」と呼びうるものが果たして宿っているのだろうか。たとえば、タコのように手足が長ければ、あるいはゾウのように鼻が長ければ、触覚的に自己身体に触れるということは十分に可能なはずだが、果たしてそうした生物に明確な自己意識が宿ると言っていいのだろうか。むしろ、言葉があることで初めて、反省という再帰的構造に明瞭な内容が与えられ、「私」と呼びうるものが成立するのではないだろうか。そのように疑ってみることができる。

身体性の次元のみで成立する反省的自己は、それがいまだ言語によって媒介されていない限り、決して物語性を帯びることはできないだろう。ナラティブの次元から見れば、身体レベルで成立している反省は十分な時間的広がりを備えていない。そのような反省的自己は、記憶を統合するだけの十分な強度を持たないはずである。タコもゾウも、「自己」という漠然とした反省的意識を持ちうるのかもしれない。だが、そうした自己には言語によって構造化されたナラティブがともなわない。端的に言って、動物の自己には「今日まで生きてきた私」もなければ「死ぬまで生きていく私」もない。

では、ナラティブ・セルフまでたどり着いたら、それで自己の階梯は完結したことになるのだろうか。おそらくそうではないだろう。ナラティブ・セルフは時間的に拡張した自己である以上、「時間性」という制約を背負っている。特に、人生の時間性を根源で規定している「死」は、誰にとっても決して十分に語りえない限界のようなものとして現れる。死という限界が露呈するとき、むしろ一切の「自己」が消えて「**無自己**（no-self）」（仏教的な言い方をすれば「無我」）になるような経験こそ、ナラティブ・セルフを解消するとともに完成させるものであるように思われる。

筆者が冒頭で記述したいくつかの経験も、じつは「自己」が消失して「無自己」に解消されそうな場面だったのではないかと思う。演奏にひたすらのめり込むとか、宇宙の美しさに吸い込まれるとか、風と一体になるといった経験は、一方で自己の主体感をこれ以上ないほど強めるものでありながら、行為の主体性を世界全体に拡張して感じさせることで、かえってあらゆるものとの一体感のなかで「自己」を消失させる（Tanaka, 2019b）。だから、私が私であることが完成すると、かえって私は無限の彼方へと消え去って「無自己」になるような経験が生じるのである。

言ってみれば、これが「自己」なるものの運命なのかもしれない。「自己の階層構造」は、最終的に自己が自己自身を消去して「無自己」に至ることで自己を完成させるというパラドックスを孕んでいる。個別にどのような内容を持つ「私」も、ミニマルやナラティブのようにさまざまな形式で存在する「私」も、「無自己」に至ることで解消されるとともに、自らがなくなることで完成する。哲学者ウィトゲンシュタインの言葉を借りるなら、自己とは、それを登り切って無自己に至ることで投げ捨てるべき梯子のようなものなのである。

第2章 身体性と物語性の架け橋

今泉 修

About this Chapter **自己の科学を補完する**

自室でじっとして誰かの旅行記を読んだり旅行情報サイトを見たりするよりも、その地へ自ら足を運んで旅をしたほうが、後から振り返る際にありありと思い出されることがある。自分が起こした行為や、自分が実際に見たり聞いたりした経験には、それらを強く鮮明に記憶に残すために必要となる手がかりがあるのかもしれない。それは楽しさや興奮といった感情に関するものかもしれないが、行為や経験が自己に由来するかどうかといった自己性に関するものであるとも考えられる。

ここでいう行為や経験の自己性とは何か？　歩いてどこかの場所にたどり着くシーンを想定してみると、「この景色を目の当たりにしているのは他でもない私だ」といった経験が自分のものである感じ、「この手足は私の手足だ」といった身体が自分のものである感じ、そして、「両手足を動かしてここまで歩いてきたのは私だ」という行為の主体が自分である感じ、を想定することができるだろう。このような身体や身体を動かすことで生じる「自己」の感覚は、近年の心理学や神経科学の領域で研究されており、ぼんやりとした「自己」という意識がどのような仕組みから成り立つのかが明らかになりつつある。他方で、「私はこういう人物だ」とか「私は昔から変わらない」といった自己概念や自伝的記憶もまた自己を構成する要素である。このように、語られる対象としての時間的な広がりをもつ自己は、前述したような身体運動や知覚的体験に生じる自己とどのような関係にあるのだろうか。

この問いに答える今後の研究を展開していくための手がかりとなる論考を目指して、本章では、まず、これまでの自己にまつわる認知科学を概観しながら、方法的限界とそれを克服するための観点を示したい。そして、運動的行為における秒単位の時間知覚とそのとき生じる行為の主体感との関係について論じ、それがより長時間単位の時間知覚や記憶、時間的な広がりをもつ自己に展開していく可能性を構想する。

1　自己の認知科学の方法的限界

ミニマル・セルフを実験する

自己とは何かと問われて、明快に答えることは容易ではないだろう。人間科学においても自己の定義は複数存在しており、自分で自分をどうとらえているかという自己概念を「自己」と定義することもあれば、鏡に映った自分の姿を自分であると認識することができるかどうかで定義することもある。ショーン・ギャラガーの理論に端を発し、最近の認知科学においては、自己を、身体運動や多感覚情報処理という次元に還元したミニマル・セルフという側面からとらえて、実証的に検討することが試みられてきた（Gallagher, 2000）。この枠組みにおいては、私たちが自己を経験するとき、過去・現在・未来のように時間的に連続したナラティブ・セルフ（自己概念や自伝的記憶などから構成された語られる対象としての自己）としてだけでなく、時間的な広がりがなく今この瞬間に経験される所有感や主体感として立ち現れる、と考える（ミニマル・セルフとナラティブ・セルフの概念的整理についてはそれぞれ第1章1節と4節も参照のこと）。具体的には、「いま私がこの経験をしている」という経験の所有感や、「この手は私の身体の一部だ」という身体の所有感、そして「この運動的行為を起こしている主体は私だ」という行為の主体感を指す。まずは、所有感と主体感の仕組みを明らかにしてきた実験心理学的研究を概観したい。

たとえば身体所有感の実証的研究は、マシュー・ボトヴィニックらによるラバーハンド錯覚という身体所有感の錯覚の発見から始まった（Botvinick & Cohen, 1998）。この現象を用いた実験によって、感覚入力のどのような要因が私たちの身体所有感を生じさせているかが探求されてきた。ラバーハンド錯覚を生じさせる実験手続きを説明しよう。まず実験参加者は着席して、実験参加者の正面の机上に置かれた偽の手（ゴム製の手を用いて発見されたことからラバーハンド錯覚と呼ぶ）を眺める。この時、実験参加者の手を、偽の手から一五センチメートルほど間隔を空けて置き、衝立てによって実験参加者自身は偽の手だけが見える状態になる。そして実験者は、偽の手と実験参加者の手を、同時に、繰り返し筆でなぞっていく。すると実験参加者は、数十秒から数分後に、「偽の手が私の手のように感じられた」「偽の手が筆で触れられている箇所から、私が筆に触れられている感覚を得た」といった報告をすることが多い。このことは身体所有感を自分の手ではなく偽の手から得ていることを示唆する。ゴム手袋に紙を詰めたものなど簡単な材料を用意できれば、読者にもラバーハンド錯覚の実験手続きを体験することができるので、試してみてほしい。

ラバーハンド錯覚においては、視覚入力（筆で触れられている外観）を偽の手から得て、触覚入力（筆で皮膚が触れられること）を実験参加者の手から得ている。しかしこれらの視触覚入力は、異なる位置から生じている。脳内では、この不一致を解消するために、視覚入力に重きを置きながら視触覚入力を統合し、そして偽の手から身体所有感を得ると考えられている。このことは同時に、私たちが日常的に自覚することなく得ている身体所有感が、視覚や触覚といったさまざまな種類の感覚情報をとりまとめた結果生じるものであることを示唆する。ボトヴィニックらの研究以降、ミニマル・セルフを構成する所有感というものがどのような仕組みから生じるかについて、心理学的・神経科学的な研究が急増し、現在では認知科学の主要トピックの一つになっている。ラバーハンド錯覚の派生版として、仮想現実において実験参加者の手の動きに連動するアバターを用いたバーチャルハンド錯覚、そして手だけでなく身体まるごとの所有感が移行してしまう、全身の模型を用いたフルボディ錯覚もある。

ミニマル・セルフのもう一方の構成要素である主体感もまた、伝統的な研究方法がいくつかあり、その生成メカニズムが研究されてきた。私たちは身体を運動させるときに、脳内ではまず運動を企図し、そしてその運動を筋骨格系に実現させるべく運動指令を生成する。この運動指令は同時に、その運動の結果として各身体部位がどのような位置におかれるか、また外界からどのような感覚入力が返ってくるかを自動的に予測する。ここでいう「運動の結果」は感覚フィードバックとも呼ばれ、視覚・聴覚・体性感覚など各種モダリティを含んでいる。たとえば、あなたが手を開閉しようとするとき、手が開閉している様子が見える視覚入力が予測されるし、開閉運動に伴った手指の筋活動も体性感覚入力として予測される。もしも衝立であなたの開閉している手を覆い、その衝立ての上に異なる動きをする他者の手を重ねたなら、あなたは手を開閉しているのに全く異なる手の動きが見えるものだから、何だか奇妙な感じがするだろう。このとき、自分の手を自分で動かしている感覚すなわち主体感が弱まっていると考えられる。あなたの手を開閉するための運動指令が予測した外観と実際の外観とが整合しないからである。興味深いことに、この手法を取り入れた研究（Daprati et al., 1997）は、重ね合わせた他者の手が自分の手と同じ動きをしているとき、他者の手の動きを自分の手の動きとして行為主体を誤帰属することがある。すなわち予測と実際との一致が主体感の生成に必要であるということは、同時に、その要件を満たせば他者の動きでさえ自己に帰属され、主体感が生じうることを意味する。

ナラティブ・セルフに迫る試み

こうした研究方法の確立によって、ミニマル・セルフすなわち所有感と主体感の認知科学的研究が進んできたが、もう一方の自己の重要な要素であるナラティブ・セルフの研究はあまり進んでいない。あらためてナラティブ・セルフとは何であるかを整理すると、時間的な広がりをもった、連続的で、語られる対象となるような自己のことを指す。「半年前に両親と群馬県を旅行した」といった自己に関するエピソード記憶を自伝的記憶と呼ぶが、自伝的記憶が累積することで、「私はこういう人物だ」という自己概念が形成されていく。このように、現在の自己を起点にして回顧される過去の自己、そして、予期・想像される未来の自己の総体がナラティブ・セルフであると考えられる。また、自己をどう回顧・予期するかという側面だけでなく、自己を特徴づける行動や思考の特性すなわちパーソナリティという側面もまた、ナラティブ・セルフと見なすことができる。

最近では、ミニマル・セルフがナラティブ・セルフへと影響を及ぼすことを示す研究が始まりつつある。自分が誰かの身体に乗り移るようなボディ・スワッピングがSF作品で描写されることがある。あなたが、もしも架空の人物の身体、あるいは友人の身体でもいい、他者に乗り移れるとしたら、どのような体験を得るだろうか。一つの素朴な仮説は、乗り移った先の身体で得られる体験が、あなた自身のパーソナリティ、たとえば思考や態度を変えるというものである。こうした仮説を検証するべく、テレビゲームにおいて、プレイヤーが第三人称的視点から操作するアバターのパーソナリティがプレイヤー自身に転移するという実験結果（たとえば、悪者を操作した後にプレイヤーも意地悪な行動をとりやすくなる）が報告されたこともある（Yoon & Vargas, 2014）。しかし、その他者の身体を第一人称的視点から自分の身体であるかのように体験することがどのように自分のパーソナリティに働きかけるかについては、身体所有感を操作したラバーハンド錯覚やフルボディ錯覚を応用したほうが、より直接的に検討することができそうだ。それを実現したものとして、他人種の身体を経験した場合に、その人種への偏見が減るかどうかを検討した例がある(Maister et al., 2013)。この研究では、白人の実験参加者が暗い色をした偽の手を用いてラバーハンド錯覚を体験した。すなわち、黒人に似た身体に対して一時的かつ錯覚的な身体所有感を経験したのである。このラバーハンド錯覚の前後に、潜在連合テストという、実験参加者が自覚できない潜在的な態度を測定する実験方法によって、実験参加者が黒人に対してどれほど肯定的な態度を有するかを測定した。その結果、暗い色の偽の手に強い所有感を経験した実験参加者は、黒人に対する態度が肯定的な方向へ変化した。事物や人物への態度は、自己がどのような身体を通じてどのような経験をするかにもとづいて形成されるのかもしれない。

突き詰めれば、他者のパーソナリティが自分のパーソナリティへと滲み出てくることさえあるだろう。フルボディ錯覚を用いて、実験参加者が友人の身体に錯覚的な身体所有感を得ると、実験参加者の「私はこういう人物だ」という自己概念が、その友人がもつ自己概念に似るように変化していくことが知られている（Tacikowski et al., 2020b）。この実験では、まずゴーグル型モニターを装着した実験参加者は第一人称視点から自分の身体を見下ろす。しかしモニターには同じ視点から撮影した友人の身体が映っている。このとき、ラバーハンド錯覚と同様に、自分と友人の身体が同時に触れられ続けると、友人の身体の外観という視覚入力と自己身体への触覚入力との不一致を解消するかのように、友人の身体が自己身体であるように感じられてくる。つまり、自己概念は、「私の」身体を通じた経験から形成されるのであろう。ここでいう「私の」身体は、視触覚入力の実験的操作によって、他者の身体にすり替わりうる。ところで、前述の研究の発展として、フルボディ錯覚で異性の身体を自己身体として経験すると、性自認や性への先入観が中性的あるいは中立的に偏ることも明らかにされている（Tacikowski et al., 2020a）。仮にこうした研究成果が一般化可能であるならば、人為的に自己概念を他者に寄せることや、他者への理解を深めることに役立つかもしれない。性だけでなくさまざまな心理的・身体的特性への偏見や差別が残っているが、仮想現実技術を用いた介入法の開発へと展望が開けていくように思われる。しかしこうした知見の蓄積や技術の進歩は同時に、悪意ある人格改変にも応用されかねないため、倫理的配慮に関する議論も必要になる。

本節では、身体所有感と主体感の実証的研究ならびに身体所有感がナラティブ・セルフを形成する可能性を示唆する研究について概観してきた。しかし、これらの研究には方法的な限界もあることを指摘したい。ラバーハンド錯覚やフルボディ錯覚は、数十秒から数分間の視触覚刺激によって生じる身体所有感の錯覚であるが、その効果は一時的なものである。実際に、ラバーハンド錯覚は筆による視触覚刺激を停止した五分後には消失するという報告がある

（Abdulkarim et al., 2021）。したがって、たとえ他者の身体部位や全身を自己のものとして一時的に体験し、態度や自己概念が変容しようとも、それが長期的に持続するとは考えにくい。これらの錯覚を繰り返し経験することで他者身体の経験が学習されて、その効果が持続するようになるかどうか、また、態度や自己概念の長期的な変化につながるかどうかは、今後の研究が待たれるところである。

2　時間知覚と主体感――短時間スケールの自己

インテンショナル・バインディングという時間知覚の歪み

瞬間的・身体的に経験される自己としてのミニマル・セルフに対して、ナラティブ・セルフは時間的に連続した自己概念や自伝的記憶を含むものとした。時間的に連続であるとはどういうことだろうか。まず「私はどういう人物か」を想像してみてほしい。多くの場合、「（このような出来事があったから）私はこういう人物だ」とか「（このような場面で私はこうするだろうから）私はこういう人物だ」のように想起するのではないか。つまり、過去に自分に起きたことや自分が経験したことの集積としての自伝的記憶、および自伝的記憶を想起した結果が「自己」と呼べるものを描写すると考えられる。さらに、自伝的記憶や自己概念を駆使して未来の行動を想像することもまた、未来に向かって展望される対象としての「自己」を描写する。過去の自分を想起することと未来の自分を想像することは、自己を思い描くという点で共通しているし、これらの心的機能を働かせている間に類似した脳領域が活動することが脳機能画像研究からわかっている（Schacter et al., 2007）。つまり、主観的な時間軸に並ぶ過去－現在－未来という流れのなかに自己が表現されていること、そして自伝的記憶がその起点として貢献していることは、ナラティブ・セルフを構造的に理解するための示唆を与えてくれる。本節では、まずは主観的時間のうち短い時間長や時点（タイミング）の知覚について、自己を研究するうえで重要と考えられる現象を概観する。そして自己のうち特にミニマル・セルフを構成する主体感と時間知覚との関係を議論する。

実験心理学や認知神経科学において、身体を動かすことによる時間知覚の変調が従来研究されてきた。最初期のものとして、サッケード眼球運動（視野内の地点Aを注視している状態から、地点Bに向かって視線を瞬時に移動させること）の直後に、時間が実際よりも長く感じられるクロノスタシス現象が知られている（Morrone et al., 2005）。この現象を容易に体験することができる。あなたの周囲にアナログ時計があれば、いま注視している視野内の地点Aからその秒針（地点B）に視線を速やかに移動させてほしい。

……いかがだったろうか。秒針はいつも通り一秒間を刻んでいたはずだが、秒針が止まったように、あるいは秒針が長くそこに停留しているように感じられたかもしれない。実験結果によれば、私たちの多くは秒針に視線を跳躍させた後、実際よりもやや長い時間を知覚しているそうだ。この例は、以降の議論とは直接的には関係しない現象だが、運動（この例では眼球運動）が時間知覚を調整することを実証した研究として、後続研究を刺激し、知見が蓄積されていくきっかけとなった。

次に紹介する現象が、本題のインテンショナル・バインディングである（Haggard et al., 2002）。インテンショナル・バインディングとは、能動的な身体運動と、その後に生じる感覚刺激との時間間隔が短く感じられることを指す。たとえば指でキーを押した後にピッと音が鳴る場面を想像してほしい（図2−1）。はじめに、インテンショナル・バインディングを発見する契機となった背景を述べておく。この現象を発見する二〇年前に、ベンジャミン・リベットらは、アナログ時計のような装置を用いた実験結果から人間の意志に関する興味深い報告をしている（Libet et al., 1983）。リベットらは、実験参加者に、回転し続ける秒針を見ながら任意の時点で手の指を屈曲させた。実験参加者に「指を動かそうと意図した際の秒針の位置」を回答させることで意志が生じた時点を測定した。この課題の遂行中に実験参加者の脳波も測定した結果、指の運動準備に関連する特徴的な脳波である運動準備電位が、運動を意図した時点より

図2-1　リベットの時計（左）とインテンショナル・バインディング（右）

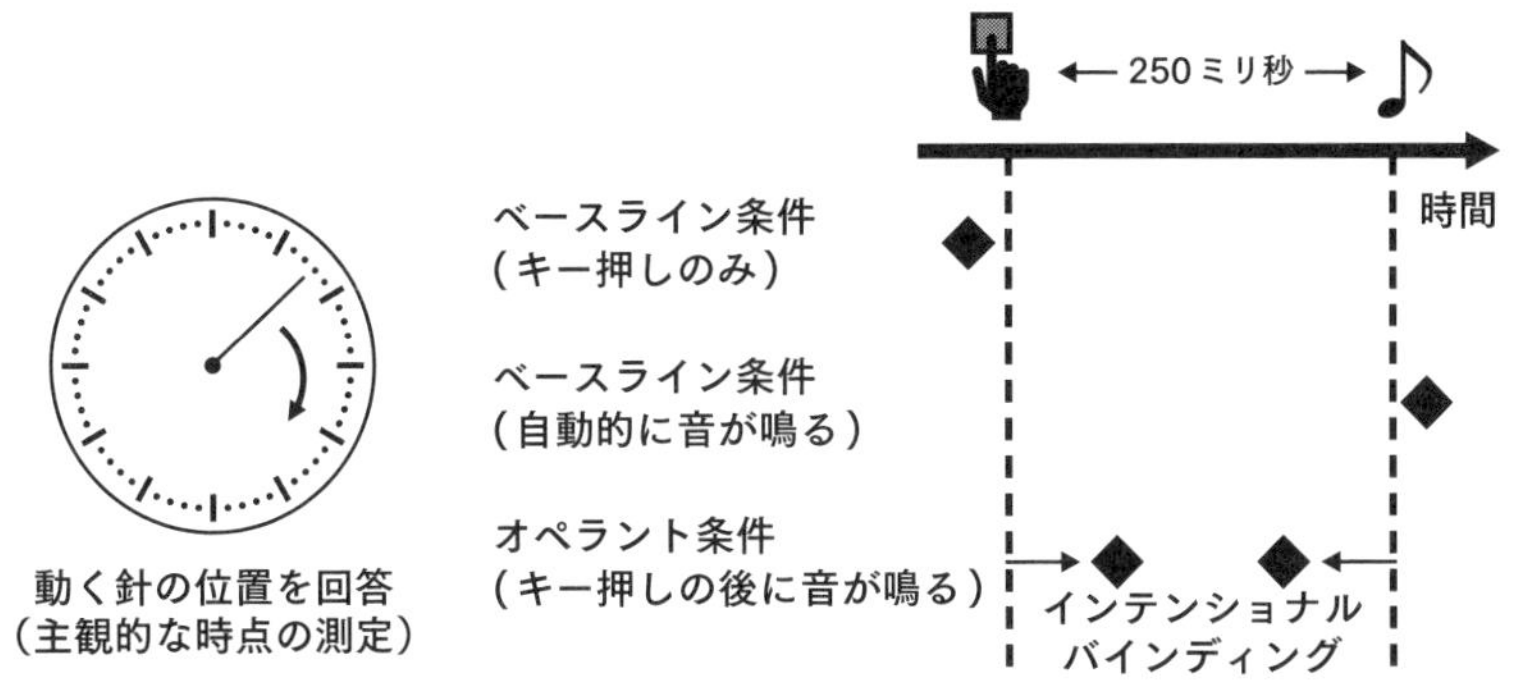

点線は実際の時点を、菱形は主観的な時点を表す。

も「前に」発生していた。自由に発せられたはずの意志よりも先に、脳が働いていたのである。このことから、自由意志とは何かについて問題を投げかけた重要な研究として知られている。

　パトリック・ハガードらはこの「リベットの時計」を実験に取り入れて、インテンショナル・バインディングを発見した（図2－1）。実験参加者はモニターに表示されたアナログ時計状の画像を観察する。実験参加者は任意の時点でキーを押す。キーを押した二五〇ミリ秒後に「ピッ」という短い単純音が鳴る。これをオペラント条件と呼ぶ。オペラントとは自発的な行動が生じる事態を意味する。その後、実験参加者は、キーを押した際の秒針の位置や、音が聞こえた際の秒針の位置を回答する。さらに、インテンショナル・バインディングを定量化するための基準値を求めるために、実験参加者は、キーを押しても音が鳴らない条件においてキー押下時の秒針の位置を回答し、また、キーを押さずに自動的に音が鳴る条件において音が聞こえた際の秒針の位置を回答した。これらをベースライン条件と呼ぶ。キー押下や音が生じた時点に関する回答が、実際の秒針の位置からどれほど誤差があったかを算出する。そして、オペラント条件とベースライン条件それぞれにおける誤差の差分を求めると、オペラント条件すなわち能動的なキー押下運動が音という感覚刺激を生じさせる場合に、運動の時点が時間的に後に感じられ、音の時点が時間的に前に感じられることが明らかになった。言い換えると、能動的運動と感覚刺激が互いに近づきあうように知覚されるのである。重要なことに、大脳の運動野に経頭蓋磁気刺激を与えることで生じる、意図しない受動的な指の運動によって音が鳴った場合には、インテンショナル・バインディングが生じないこともハガードらは確認しており、能動的な運動がインテンショナル・バインディングをもたらすことをさらに裏づけた。なお「リベットの時計」は実験参加者に視聴覚刺激への注意分割を求めるやや複雑で時間のかかる実験方法であるため、それよりも簡便な方法として、キー押下とその後の感覚刺激との時間間隔について、感じられた間隔を数値で回答してもらったり、感じられた間隔の分だけキーを押し続ける時間再生をしてもらったりすることもある。

インテンショナル・バインディングは、身体運動が能動的であり、かつその運動が何らかの感覚刺激を外界に生じさせる際に観測されることから、その時間知覚のバイアスが主体感と関連するかあるいは主体感を間接的に測定する指標になると考えられてきた。つまり、身体運動と感覚刺激が時間的に近づきあって感じられるほど主体感も強く生じている、と解釈されてきた。そしてインテンショナル・バインディングを指標とすることで、主体感を説明する認知的メカニズムや主体感を修飾する感情的・社会的要因についての研究が進んだだけでなく、主体感の神経基盤や、主体感の異常が一因と考えられる精神疾患（たとえば統合失調症）の理解も深められてきた（Haggard, 2017）。インテンショナル・バインディングは、さまざまな研究グループが異なる方法で実験をおこなってもなお再現されやすい、頑健な現象としても知られている。自然科学の一手法として、これほど魅力的なことはないだろう。そしてもう一つの利点は、潜在的指標という側面である。実験心理学においては、実験参加者に刺激を提示して、それによって生じた主観的経験を反省・回答してもらうことが主な方法の一つである（たとえば、画面上の図形が見えたかどうか、顔写真を魅力的に感じたかどうか、など）。このような反省を介して測定される指標を顕在的指標という。しかし顕在的指標は、実験参加者が仮説を察してしまったり、故意に望ましい回答をしようとしたりすることで実験参加者の内観に沿わない歪められた回答になる可能性がある。そこで、反省を要さずに、研究対象となる心や行動の一側面を測定すると考えられる潜在的指標が、心理学的研究において重宝されることがある。インテンショナル・バインディングの測定においては、実験参加者は秒針の位置を回答したり、キー押下と感覚刺激との時間間隔を推定したりするのみであり、「私が操った」といった主体感の反省や数値評定は求めない。そのため、インテンショナル・バインディングは、反省によるバイアスを回避しながら純粋に主体感を測定できる手法と見なされて、今日に至るまで活用されている。

主体感とインテンショナル・バインディングの関係

しかしインテンショナル・バインディングにまつわる批判や、ブラックボックスのような謎があることにも留意しなくてはいけない。まず、インテンショナル・バインディングが実は主体感と関連しないという批判がある。これまで主体感の潜在的指標として活用されていると述べてきたので読者を混乱させるかもしれない。批判の根拠として、能動的な身体運動がなくとも、つまり主体感が生じそうにない状況であっても、インテンショナル・バインディングが観測されたという報告もある（Buehner, 2012）。この実験では、実験参加者が感覚刺激をもたらすのではなく、実験参加者は代わりにキーを押してくれる装置を起動させるのみであり、装置が起動した約四秒後にその装置から伸びたアームがキーを押し、さらにその約九〇〇ミリ秒後に音が鳴った。このとき「装置による」キー押下と音との時間間隔もまた短く知覚されやすく、能動的な運動が音をもたらしていないにもかかわらずインテンショナル・バインディングと同等の効果が生じたのである。この実験結果から、必ずしも主体感をもたらすような能動的な身体運動を必要とせず、二つの事象（装置のアームがキーを押すことと、その結果として音が鳴ること）の間に因果性を知覚できさえすれば、インテンショナル・バインディングが生じるということが示唆される。この知見は、インテンショナル・バインディングが主体感の潜在的指標であるという見方およびそれに立脚した主体感研究の知見に対して痛烈な批判を浴びせるものであり、さらに後続の研究からも支持されている（Suzuki et al., 2019）。余談だが、古くから知られている心理的現象が、実はその機序がよくわかっていないものであったり、ときには他の研究者が同じ方法を用いて実験をしてもその結果が再現されないことがあったりする。インテンショナル・バインディングも、先に挙げたラバーハンド錯覚も

図2-2　内的時計仮説（左）と手がかり統合理論（右）

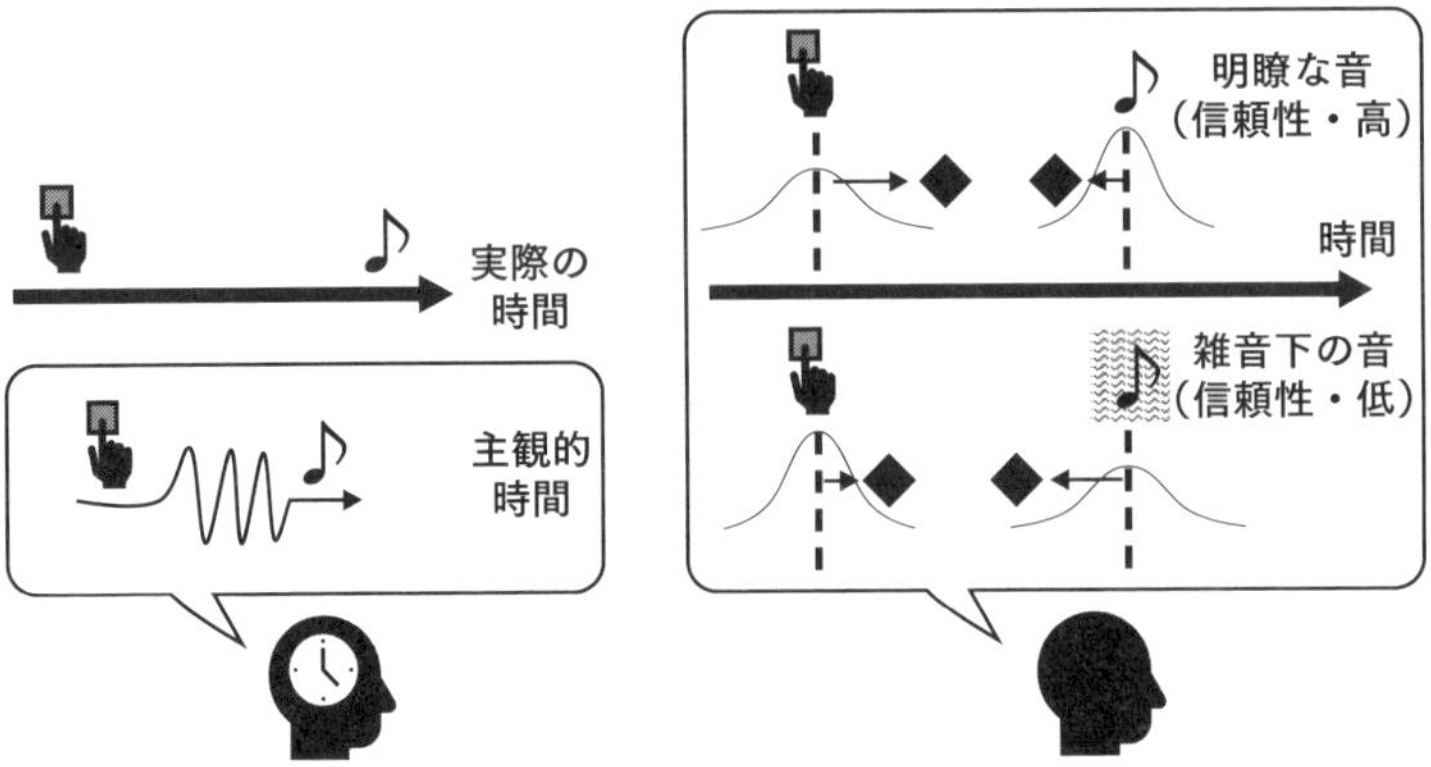

右図中の点線は実際の時点を、菱形は主観的な時点を表す。

(Lush, 2020)、近年ではそうした批判の対象になることがある。

　そこで、インテンショナル・バインディングという時間知覚のバイアスがどのようにして生じるかというメカニズムに関する問いと、インテンショナル・バインディングがどのように主体感と関わりうるかという問いに分けて考え直す必要があるようだ。まず前者については、二つの仮説が提案されている（図2−2）。第一の仮説は、身体運動とその結果の時点が近づきあって感じられることを踏まえて、キー押下運動を実行した直後からその結果としての感覚刺激を受けとるまでの間に、脳内の時間の処理が変わるというものである。従来、知覚される時間を規定する基盤として、私たちの脳神経系に「内的時計」という働きが想定されてきた。実際に脳内に時計のような部位があるわけではないが、脳神経系の複数の領域が、さながら時計のような働きを形成しているという考え方である。この内的時計は、ある時間の長さを経験する際に、注意を向ける対象や感情的な覚醒度などの心理的要因に左右されて、内的時計の処理速度が増減すると考える。たとえば内的時計が速いほど、所定の時間あたりにより多くの外界の情報を取り入れることができ、したがって取り入れた情報が多いほど体験される時間が長くなると考える。その証拠として、知覚される事象の数が増すほど、その間に感じられた時間長が長くなるという充実時程錯覚が知られている（たとえば早回し動画とスロー再生動画を見るとき、同じ一秒間の動画でも前者のほうが長く感じられる）。反対に、内的時計の処理速度が低くなれば、時間を短く感じると想定される。これにもとづけば、インテンショナル・バインディングにおいて身体運動とその結果との間が「短く」感じられる傾向は、内的時計の速度の低下で説明できると予想されたが、この予想は実験で否定されている（Fereday & Buehner, 2017）。

主観的な時間軸上の手がかりの束ね上げ

第二の仮説は、より支持のあるもので、手がかり統合理論と呼ばれる（Wolpe et al., 2013）。第一の仮説では運動実行から結果が生じるまでの内的時計の働きを要因として、いわば同時並行的な時間知覚のバイアスを想定していた。しかし手がかり統合理論では、運動実行とその結果が生じた後に、それらがいつ生じたかを回顧する際の「いつ」という時間情報の信頼性にもとづいて、時間知覚のバイアスを説明しようとする。まず、ここでいう信頼性とは何かを説明しよう。たとえば雑音のなかにかすかに聞こえた小さな「あ」という声を想像してほしい。そこで「声はいつ聞こえたか」と尋ねられたならば、雑音に埋もれて聞こえづらかったために回答が難しくなるだろう。このとき、声の時点に関する情報の信頼性が低いという。信頼性とは、何かに対する主観的あるいは知覚的な推定をするときに、推定がどれほど精確にできるかを表す度合いとも言える。リベットの時計課題を思い出してほしい。キー押下運動の時点と、音が聞こえた時点を推定する際に、それぞれの時点の推定の信頼性は、状況によってさまざまに変化する。一般に、相対的に信頼性の低い事象の時点が、信頼性が高い事象の時点に向かうように偏ると考えられている（図２－２）。たとえば、もしもキー押下運動の信頼性が相対的に低ければ、運動の時点が時間的に遅れて（音のほうに向かって）知覚される。身体運動と感覚刺激という二つの手がかりを、時間情報の信頼性にもとづいて、主観的な時間軸上で統合しようとする働きであることを前提とする。この手がかり統合理論を支持する実証的研究は散見され、有力な説と言えるだろう。より重要なことに、インテンショナル・バインディングという時間知覚のバイアスが、運動実行や感覚刺激の入力が済んだ後に、二つの事象の時間情報を回顧することで束ね上げるような現象であることが示唆される。

インテンショナル・バインディングがどのように主体感と関連するかについては、前述したように、能動的な身体運動を伴わない場合でもインテンショナル・バインディングが生じうることから、無関連だと結論する批判的研究もある。しかし筆者は、インテンショナル・バインディングが生じる場面において、同時に「その音を鳴らしたのは私だ」という実感を得ているかどうかを確認せずに、そうした反論で片づけるのは尚早であるように考えた。筆者らの研究では（Imaizumi & Tanno, 2019）、実験参加者がキー押下運動をした後に、聴覚刺激または視覚刺激が提示され、実験参加者に運動と感覚刺激との時間間隔を推定させ、さらに「自分が感覚刺激をもたらした感じがするか」という質問に一点から九点の間で数値評定を求めた（主体感の顕在的指標）。また、運動と感覚刺激との実際の時間間隔を、短いものから長いものまでさまざまに変動させることで、インテンショナル・バインディングの程度や主体感評定値を変動させた。このような試行を数十回繰り返し、分析してみると、インテンショナル・バインディングが生じる場合に、顕在的に感じられた主体感が増すことがわかった（正の個人内相関関係が認められた）。次なる問いは、インテンショナル・バインディングが生じるから主体感を得るという因果関係なのか、その逆か、はたまた単なる相関関係なのか、というものであった。そこで筆者は、前述の実験結果を材料に、因果関係を統計的に推定する方法で分析をおこなった。すると、インテンショナル・バインディングの強弱が主体感評定値の高低を規定するというモデルがもっともらしいことが示唆された。この分析結果の正確性や妥当性はまだ第三者による査読を通過していないため、解釈には注意が必要だ。しかし、もし正しいならば、この分析結果はインテンショナル・バインディングによって運動と感覚刺激との時間間隔が近づき、回顧的に束ねられたように知覚された場合に、「私がもたらした」という主体感を得ることを示している。

物理的な時間の流れというものがあるとして、私たちがそれをどのように感じたり反省したりするかの総体は、主観的な時間軸に表現することができる。そしてインテンショナル・バインディングという時間知覚のバイアスは、運動的行為や感覚刺激の時点を回顧する際に、主観的時間軸上に立ち現れてくる。このバイアスに並行あるいは随伴して運動的行為の主体感を得ていると考えられる。これまで主体感の潜在的指標と見なされてきたインテンショナル・バインディングは、単なる指標というよりも、行為者に顕在的な主体感を経験させるための心理的基盤であるように思われる。だからこそ、必ずしも身体運動がなくても、二つの事象の間に因果性があり主体感が生じてもよいような状況下においては、特例的にインテンショナル・バインディングが生じ、その結果として、錯覚的な主体感（Wegner, 2003）を得ることがあるのかもしれない。

3　記憶と物語とミニマル・セルフ――長時間スケールの自己

自伝的記憶とミニマル・セルフ

ここまで秒単位の時間知覚と主体感を話題にしてきたが、ここからは主体感と所有感を含めたミニマル・セルフを、ナラティブ・セルフへとつなげていくような、長時間スケールに広げた議論をしたい。ミニマル・セルフは、理論的には、時間的な連続のない瞬間的に経験されるものとされてきた。しかし、ここまで述べてきたような近年の実証的研究を踏まえ、また、ナラティブ・セルフとの接点の検討を展開していくために、ミニマル・セルフの時間的拡張性を想定した検討が必要である。

昨年の自分を想起したり、来年の自分を想像したりするとき、何かの行為をしている自分がいる場面として思い浮かぶだろう。たとえば「あの場所へ行った」や「あの会社で働いているだろう」のように。自己概念や自己に関わる展望的な想像を含んだナラティブ・セルフを構築するには、見たり聴いたりした知覚的経験だけでなく、自己が身体を動かし行為したことも含んだ自伝的記憶が必要だと考えられる。自己の過去について検索や想起をするために自伝的記憶が保持されている必要があるだけでなく、未来の想像や行為の企図をするための素材としても、過去の経験お

図2-3　ミニマル・セルフとナラティブ・セルフの関係

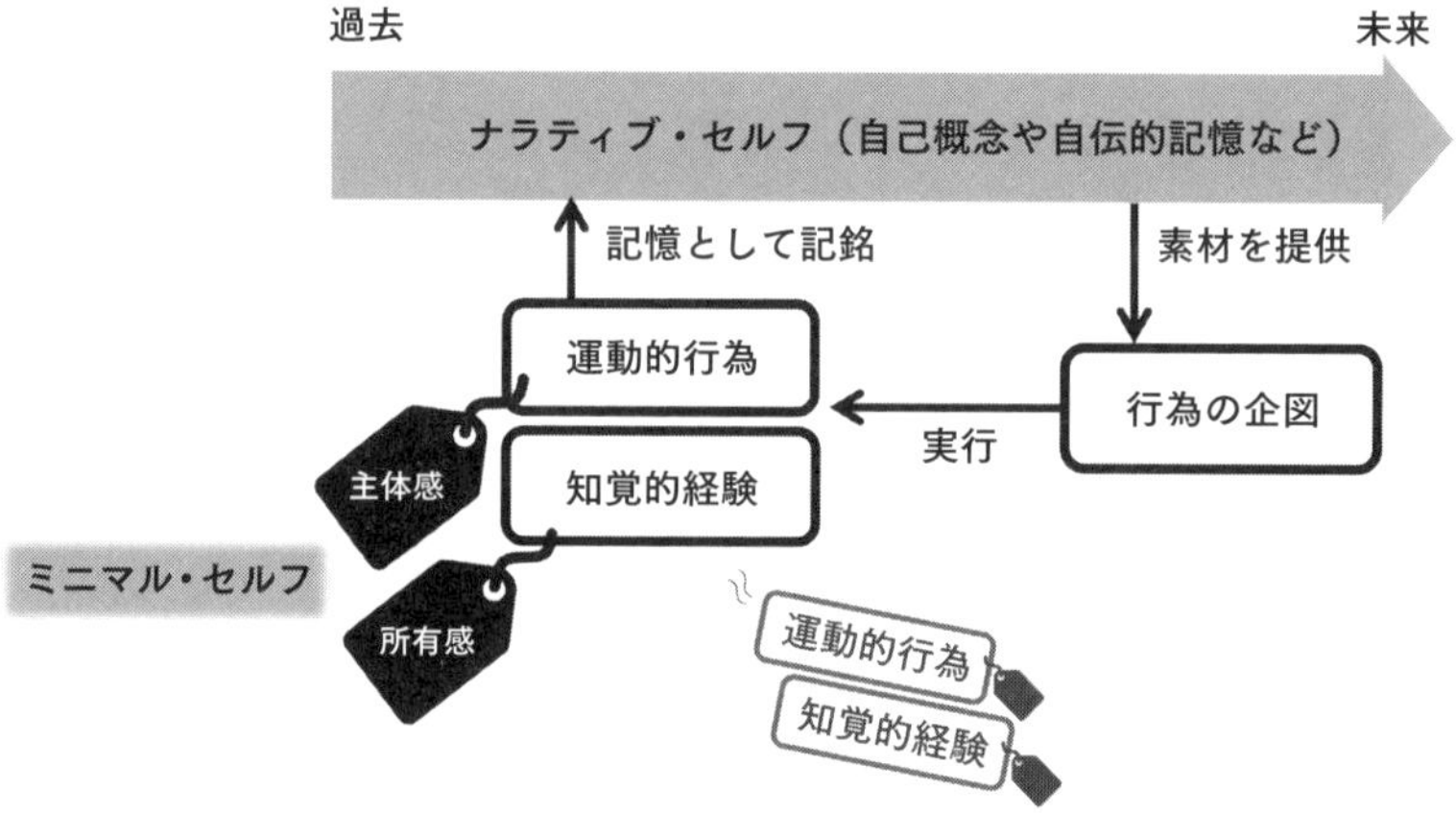

よびその蓄積としての知識が貢献する（図2－3）。たとえば、本を返却するという行為を企図するためには、自分がその本を借りたことを覚えておかなくてはならない。この考え方は、過去の想起と未来の想像の背後に共通した神経基盤があるという知見からも支持される（Schacter et al., 2007）。

したがって、ナラティブ・セルフを形成する要因の一つとして、自己が経験したことや自己が行為した内容を保持する自伝的記憶の蓄積が考えられる。そして、実は自伝的記憶にミニマル・セルフが寄与することが明らかになりつつある。自らの感覚器官で外界を感じとった知覚的経験や、自らおこなった運動的行為の内容は、一時的に短期記憶に保持される。その後、一部の短期記憶は長期記憶に転送・記銘され、長い間保持できるようになる。この長期記憶の記銘について、自己の身体を通じて知覚的経験を得ることが必要であると示唆されている。これを明らかにした研究を説明するために、まず体外離脱実験の説明が必要である。自己身体の外観を体外から見る「体外離脱体験」を実験的に生じさせることが可能である（Ehrsson, 2007）。実験参加者はゴーグル型モニターを装着して着席し、背後からビデオカメラで撮影された実験参加者の後ろ姿をモニターから観察する。体外から自己を観察しているような状態を模している。ここで実験者は、ビデオカメラのレンズの直下と、実験参加者の胸部を同時に触れる刺激をしばらく繰り返す。すると、ビデオカメラの位置に自己の位置あるいは自己の視点が転移したような感覚を得るようになる（なにごとにも個人差はつきもので、なかには錯覚が生じない者もいる）。この錯覚では、何かに所有感が移行するわけではないので、偽の手に所有感が移行するラバーハンド錯覚とは似て非なる現象とされる。この体外離脱実験を応用して、知覚的経験を自己身体の外から得る際に、記憶にどのような影響が生じるかを検討した例がある（Bergouignan et al., 2014）。実験参加者は、ゴーグル型モニターを装着して前述のような刺激を受けながら、面接官と対話した（面接官は実験の協力者、いわゆるサクラであった）。一方の実験参加者群は、自らの視点からの映像を見ながら面接官と対話した。他方の群は、体外から自己を眺めるような視点の映像を見ながら対話し、すなわち対話中の知覚的経験を体外から得た。この対話セッションの約一週間後に、対話の内容を想起させる課題をおこなったところ、その成績は、体外から見た条件の実験参加者群において著しく低下したという。自己身体、特に、自己視点から経験することが自伝的記憶の記銘に必要であることが示された。なおこの効果は、境界性パーソナリティ障害や心的外傷後ストレス障害などにみられる、自己と身体が切り離されたような感覚やライフイベントの想起の困難を含めた解離性健忘症状に類似している。所有感がともなう「自己の」身体を通じた知覚的経験こそが、自伝的記憶の一部として取り入れられるのであろう。

次に、行為にまつわる自伝的記憶と主体感との関連を見てみよう。古くから認知心理学の分野においては実演効果（enactment effect）が知られている（Cohen, 1989）。受動的に見聞きした行為文（たとえばモニターに提示された「腕を組む」という文）よりも、それを自ら実演する、つまり実際に自分で腕を組みながらその行為文を読む場合のほうが、後にその行為文を再認する課題をした際の成績が向上するという効果である。この効果の説明としては、実演するために必要な脳内の運動指令が記憶の記銘を促進させたり、実演によって行為の自己関連づけが強まることで記憶促進に寄与したりすると説明されている。いずれの説明も、身体運動それ自体が記憶の記銘に影響することを暗示するが、身体運動やその結果が自己に帰属されやすい場合、すなわち主体感が生じやすい場合に記憶が記銘されやすくなることを示した研究がある（Sugimori & Asai, 2015）。この研究では、実験参加者はさまざまな手の動き（たとえばチョキやパーの形をつくる動き）を教示され、それを真似して手を実際に動かした。このとき、実験参加者の手の映像が撮影され、眼前のモニターに提示された。ある条件では、そのままの映像が提示されたが（いわゆる生中継）、他の条件では手の方向が反転したり、手の動きと映像との間に著しい遅延が挿入されたりした。方向の反転や遅延は、感覚フィードバックの予測と実際との間に誤差を生むため、自らが手を動かしている感じすなわち主体感が損なわれる。興味深いことに、こうした主体感が損なわれるような条件で実行した手の動きは、後におこなった再認課題において、再認されにくかった（あまり長期記憶に保持されていなかった）。つまり自己の運動的行為が長期記憶として記銘されるためにはその行為に主体感が伴う必要があることが示された。なおこうした傾向は、キー押下に応じて単語がモニターに表示されるような課題において、その単語を記銘させるような場合でも再現されることから（Hon & Yeo, 2021）、自己がどのように身体を動かしたかについての記憶だけでなく、自己の行為がもたらした外界の事象に関する記憶にも敷衍できるようだ。

記憶と語りの連続性

これまで概観してきたように、私たちが見聞きした知覚的経験を記憶するには身体所有感が伴う必要があり、私たちが起こした運動的行為およびその結果を記憶するには主体感が伴う必要があるようだ（なお行為の記憶に身体所有感が貢献する可能性もあるが、これについては今後の研究を待ちたい）。このようにして、いわば「自己」ラベルが付された知覚的経験や運動的行為が、優先的に自伝的記憶を形成していくのだろう（図2－3参照）。

そうして形成・蓄積された自伝的記憶は、時間的に連続して順序立ったものとして私たちの心内に表現される必要がある。あなたが友人と会ったり仕事をしたり試験を受けたりした記憶たちの時間順序が、もしも実際とは無関係にばらばらであったなら、おそらく自己を自己らしいものとは思えないはずであり、それはナラティブ・セルフの崩壊

図2-4　主観的時間軸に沿って運動的行為とその結果を束ねる

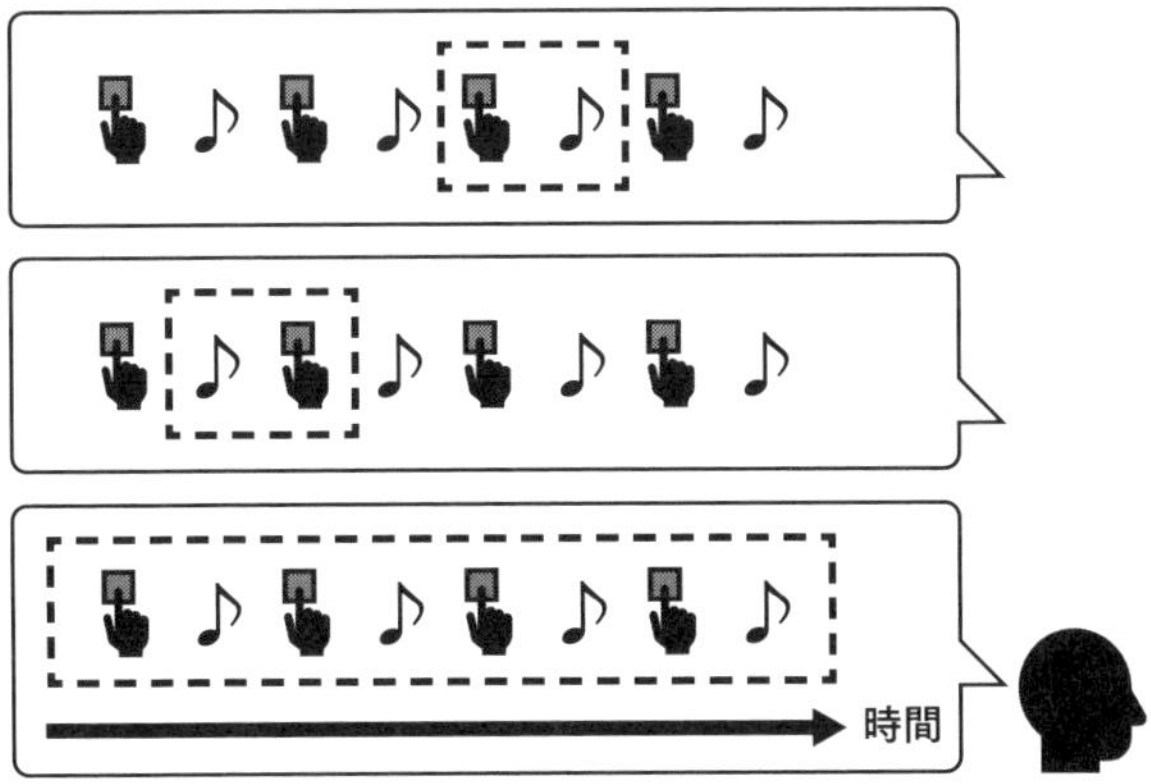

束ねる対象は、何を推定・想起するかに応じて切り替わる。点線で囲った運動的行為とその結果との時間間隔や持続時間長が短く知覚される。

とも言える。自伝的記憶における記憶対象の間の時間順序や心理的時間距離（事象の間がどれほど離れていると感じられるか）を、実際に即するように整える働きもまた、ナラティブ・セルフを維持するために認知機能が担う重要な役割であろう。これは自己斉一性や自己連続性とも呼ばれる概念であるが、これらを維持するために、無数の知覚的経験や運動的行為のそれぞれにおいて、現象学的自己（ミニマル・セルフと読み替えても差し支えないだろう）が宿る必要があると考えられてきた（Prebble et al., 2013）。この考えを実証する研究が今後蓄積されていく必要があるが、筆者は、インテンショナル・バインディングがヒントを与えると考えている。インテンショナル・バインディングは、主観的な時間軸のうえで、自己が能動的におこなった運動的行為とその結果とを近づけあい、束ねるような役を果たすのではないか（図2－4）。ときに能動的な運動的行為がなくとも、そこに因果性が認められる限りは二つの事象が束ねられる（Buehner, 2012）。ある研究では（Yabe et al., 2017）、キー押下運動とその前後のそれぞれに音を鳴らし、リベット時計課題によって、運動や音の主観的な時点を測定した。インテンショナル・バインディングは身体運動とその後の感覚刺激との間に生じるものと考えられてきたが、興味深いことに、運動の「前に」鳴った音の時点を回答させると、その時点が「後続する運動に」近づくように知覚されるという。このことは、主観的時間軸上で、必ずしも運動－結果という順に限らず、注意の向いた複数の対象を束ねるような働きとしてインテンショナル・バインディングが柔軟に生じることを示唆している。ここでいう「対象」とは、複数の運動的行為や感覚刺激が数珠つなぎであってもよい。すなわち、実験参加者がキー押下運動と音の聴取を交互に反復して経験する状況では、その反復の全体的な持続時間もまた、インテンショナル・バインディングのように、短く知覚される（Imaizumi et al., 2019）。そして、その反復のなかに含まれる単一の運動－結果ペアの時間間隔を推定させると、全体的な持続時間の推定値とは独立に、異なる傾向がみられる。つまり、推定や想起をしようとする対象に、選択的にインテンショナル・バインディングのような時間間隔の短縮効果が生じると考えられる。私たちの主観的時間軸の上に散りばめられた数々の運動的行為や知覚的経験は、はじめはばらばらで整然としていないものであっても、それらを連続して一貫したものとして束ね、整頓していくような働きがあるのかもしれない。そして、そうした心的機能が、自己の物語（ナラティブ）を形成することに貢献するのかもしれない。

ここまで述べた構想は、統合失調症患者からの研究知見が間接的に支持している。統合失調症の陽性症状として幻覚や妄想を呈することがある。たとえば幻聴は、自己に由来した発話であるにもかかわらず、それを自己に帰属できないことで、他者による発話すなわち幻聴として認識されるという。脳内の感覚運動系における予測機能の異常によって発話における主体感が損なわれることに起因すると考えられている。この仮説は発話主体の帰属実験でも検証されており（Asai & Tanno, 2013）、また関連する現象として、インテンショナル・バインディングが健常者に比べて異常に亢進するという知見もある（Haggard, 2017）。さらに、これは陽性症状に限らない統合失調症患者一般の特徴だが、自伝的記憶に困難が生じることもある（Preble et al., 2013）。そして、患者に、人生のある時点における出来事を自由に想起・回答してもらい、その想起された内容や一貫性について、所定の基準に基づいて複数の分析者が得点化する。このようにして量的に分析すると、統合失調症者の自己語りの一貫性が健常者に比べて著しく低下しているという（Raffard et al., 2010）。これは筆者の憶測だが、統合失調症患者においては主体感およびインテンショナル・バインディングを生じさせる機構に異常があり、それゆえに自己の知覚的経験や運動的行為を自伝的記憶に保持したり、自己語りの一貫性を保ったりすることが困難になるのかもしれない。

本節の議論に関連するものとして、すでに自伝的記憶と自己意識との関連を展望する系統的レビュー論文が出版されている（Prebble et al., 2013）。残念ながら、これ以降に当該領域を開拓するような実証的研究は十分には増えていないようである。しかし研究の萌芽はすでに出そろっているように思われる。ここまで述べてきたように、自己身体や視点を通じた知覚的経験、そして主体感を伴った運動的行為とその結果が自伝的記憶や自己語りになっていくことを仮説立てることができる。今後は記憶と物語をキーワードとしたミニマル・セルフ研究、そしてミニマル・セルフとナラティブ・セルフを橋渡しする研究を、心理学・哲学・神経科学など幅広い分野の研究者が共に推進していくことが期待される。

4　言語と自己——ミニマルとナラティブの接点

言語と認知

最終節では、語りにおける言語使用と自己との関連を議論したい。ここではもはやミニマル・セルフの基盤となる身体や運動は直接的には登場しないが、それでもなおミニマル・セルフとナラティブ・セルフの接点を研究するうえで欠かせない視点を提供できると考えている。

ナラティブ・セルフは、それが反映されるものとして、自己に関する語りを含意する。語りにおいて、音声を発さない内言であろうと、言語の使用は必然である。私たちは母語による日常会話においては、意図的に言語に注意を向けて使用することは少ないだろう。たとえば、何気なく友人にあいさつするとき、どれほど言葉を選ぶだろうか。ただし、何気なく選ばれる言葉であっても話者の思考が反映される。ここでいう「思考」には、問題解決からぼんやりと空想に耽ることまでさまざまな次元の思考が含まれるし、自己にまつわる記憶や知識や態度も含まれると言ってよいだろう。したがって、言語を用いて何かを語る時に、自己が自己をどのようにとらえているか、そして自己の行為(あるいは主体感)や身体や知覚(あるいは所有感)をどのようにとらえているかが言葉遣いに現れる可能性がある。この意味で、ミニマル・セルフは語り(ナラティブ)に滲み出るのではないかと筆者は考えている。前節で議論した語りの内容やその一貫性ではなく、ここでは、語りに用いられる言葉遣い(語彙や文法)を検討してみたい。

認知言語学や文化心理学では、言語使用と外界の知覚との関係を説いた言語相対説(サピア・ウォーフ仮説)が、少なからぬ研究者に影響を与えてきた。言語相対説では、使用する言語における語彙に沿うように、外界を知覚したり分類したりすると考える。すなわち、話者は、語彙の数だけ、外界を複数のカテゴリに区別して知覚していると考える。ここでは色を例にとってみよう。同じ色であってもその色を記述するために用いられる語の種類は文化圏によって異なる。たとえばロシア語には、日本語にはない、青の色みの微妙な差異を区別するための複数の固有名詞がある。たとえばgoluboyは明るめの青を、siniyは暗めの青を意味する。言語相対説に則れば、微妙な違いを区別できる固有な色名を有するならば、その話者は色の微かな差異も弁別できると予想される。実際に、ロシア語話者は、微かに明るさが異なる青色をした二つの図形のどちらが、基準となる第三の色図形と同等であるかを高速に判断させる課題において、そのような色名を有さない言語(たとえば英語)の話者に比べて高い成績を残すことがわかっている(Winawer et al., 2007)。

言語に滲み出すミニマル・セルフ

言語相対説には直接関係しないが、使用する言語の文法によってミニマル・セルフに関連する認識が異なることも示唆されている。ここでは行為者性(agency)という、対象がどれほど行為者たる性質を有するか(たとえば、ある人物が意図的に行為したかどうか）という概念を扱う。なお自己が行為者であるかどうかという感覚を指す主体感（sense of agency）とは似て非なることに注意されたい。日本語話者が故意なく壺を割ってしまった男性を見かけた場合、「壺が割れた」といった自動詞の文を用いることが多いということが言語学的分析と心理学的実験から明らかになっている（Fausey et al., 2010）。たとえば「壺が割れた（The jar was broken.）」という文は、壺を割った者（行為者）を明示していない。一方「彼が壺を割った（He broke the jar.）」という他動詞を含む文では、壺を割った行為者が明示されているが、日本語では英語に比べると他動詞文を用いることが相対的に少ない傾向にある。興味深いことに、英語話者は他動詞を含む文を用いて、行為者を明示する傾向が強いという。このような行為者性にまつわる言語使用の違いは、行為者たりえる人物にどれほど注意を向けてどれほど記憶に記銘されるかにも影響するという。すなわち英語話者は、日常場面の映像を観察したあと、日本語話者に比べて、より行為者に関する記憶を保持していたという（Fausey et al., 2010）。英語が、行為者を明示するような言語であることに起因すると解釈することができる。使用言語の特徴による影響なのか、使用言語に調整された話者の認知機能による影響なのか、どちらが原因であるかは明らかでないことに注意が必要だが、少なくとも言えることは、私たちが注意を割かず何気なく発話している内容に、話者の認識、たとえば行為者性の知覚などミニマル・セルフに関する認識が反映されているかもしれない。

最後に紹介する例は、ある個人が得る主体感の性質が発話に現れうることを示唆している。鍵をかけたかどうかが気になって確認しに戻る、という経験のある読者もいるかもしれない。ときどき生じるくらいなら問題にならないが、こうした確認行動が過剰になったり、手を何度洗っても気が済まなかったりするような強迫的行動に至ると、それは強迫性障害の症状の一つとみなされるようになる。過剰な確認行動において、主体感が損なわれているという見方がある。強迫的行動では、本人の意志とは無関係に行為の衝動が生じており、それにもとづく行為を止められなくなっている。つまりこの状況では、自己で行為の企図や実行を制御できていないことになり、したがって主体感が弱まっていることが予想される（なお主体感を生成するための脳内感覚運動系の予測機能が阻害されているという知見もある）。強迫性障害患者における阻害された主体感は、インテンショナル・バインディングなどの確立された実験課題で検証されてきた。さらに、言語使用に着目した興味深い研究がある（Oren et al., 2016）。実験では、強迫性傾向の高いまたは低い健常者を実験参加者として、数種類の日常場面の写真を提示し、その場面について文章で記述させた。その結果、強迫性傾向の高い実験参加者は、文章中に受動態を用いやすく、語る文章のなかに行為主体が含まれにくい傾向が認められた。たとえば、行為主体を含む文「祖父がくすぐる少年が写っている」に対して、含まない文「くすぐられている少年が写っている」のように回答しやすいという。このことは、実験参加者の希薄な主体感あるいは行為主体という観念の希薄な表象が、語の選択あるいは発話に現れることを示唆する。こうした言語使用の傾向が、強迫性障害以外の統合失調症でも認められるのか、また、所有感はどのように言語使用に影響するかなど、今後の検討が待たれる。最も重要な示唆は、話者のミニマル・セルフが言葉遣いに反映されうることだ。そして語られる対象としてのナラティブ・セルフは必然的に言語から構成されることを踏まえると、「言語」の研究が二つのセルフの架け橋となりうると筆者は考えている。

最後にひとこと述べたい。インテンショナル・バインディングのような短時間スケールの時間知覚が、ミニマル・セルフの構成要素である主体感と関連しうる。スケールをより長時間にすると、ナラティブ・セルフを構成する自伝的記憶や語りが登場する。そして、自伝的記憶はミニマル・セルフを要件とするかもしれず、語りに用いられる言語はミニマル・セルフを反映するかもしれない。主観的な時間軸の上でミニマル・セルフとナラティブ・セルフが連続しているかのようである。いまは何かを結論づけることは難しく、二つのセルフの間に細い綱が一本張られたにすぎない。しかし本章で概観したように、堅牢な橋を架けるための材料は出そろいつつある。過去を受け継ぎ「自己」の解明を志す、現在と未来の研究者に期待したい。

第3章

自己の証明を脳内に見つける苦闘とその失敗

金山範明

About this Chapter **自己を研究するということ**

「自己とは何か？」という研究命題はいつの時代も、多くの研究者のこころをとらえて離さなかった。その歴史が非常に長く、多岐にわたり、そしてそれぞれ深いことはこれまでの章で示してきた。この章では、少しメタな視点に立って「自己を研究する」ということに、どんな意味があるのか、というややシニカルな方向から論じてみることにした。

向かう結論を先に示すと、「自己を研究すること」とはそれ自体が「自己の認証方法」を見つけるためにもがく、その行為なのではないか。認証（authentication）という言葉を使ったのは、同一性の確認（identification）でも第三者による身元確認（certification）でもない、二者間認証のことを指したかったためだ。あるアプリ・サービスにログインするために、そのアプリと自分の間で一定のルールに基づいて決めたIDとパスワードの組み合わせがあり、その秘密をこっそり打ち明けることで自分はその相手に受け入れられる。こういう意味での認証である。

私たちが社会のなかで誰かをだれかであると認識するのにも本当は同様の方式をとっていると考えられる。顔・

声・IDカード・思い出など、普段その人が持っているその人固有の情報を見せてもらえれば同じ人だと認識できる。人間社会では圧倒的に顔を使う場合が多いが、あまりにも頻度が多いため、普段はそれが「二者間認証」であるとも思っていないだろう。一方で、頼りにしている認証情報、つまりここでは「顔」が、完全にコピー可能になれば、社会でおこなわれている二者間認証は破綻することになる。とても脆い方法だ。

そして自分で自分を認証するということを考えた場合も、結局のところ同じことになる。鏡の前に立った時に、そこに「いつもの自分の顔」がなければ、それが自分であるかを疑うだろう。顔も見えない、声も出せない、自分の関連情報に一切アクセスできなくなったとき、自分はどうやって自分であることを証明できるだろうか。この認証の脆さに明確にかおぼろげにか、気がついたときに、人は「自己とは何か」を研究したくなるのではないだろうか？

トランボ「ジョニーは戦争に行った」――感覚情報と自己意識

同じ外観（視覚による検出）、同じ声色（聴覚による検出）、同じ記憶（を保持していると証明できる何らかの媒体）が対象から発せられることを確認できれば、同一人物であると認証する。これと同様の原理で、自分で自分を認証するとすれば、それは頻度があまりにも高すぎて、通常意識すらしなくてもおかしくない。自分であるということを保証してくれる情報を繰り返し自分に提示することができれば、自分は自分として存在できる。毎日鏡を見る体験、自分の身体を意志通りに動かせる体験、自分の身体が傷ついたときにきちんと痛いと感じる体験、こうした蓄積によって、つねに自分は自分に認証された状態で「自分」を生きることができる。

しかしこうした当たり前が奪われた場合、どうなってしまうのか。

ダルトン・トランボは「ジョニーは戦争に行った」（一九三九年）という小説で、戦争で悲惨なことに、目と鼻と口と耳という感覚器官、両手足という運動器官、すべてを失った青年、ジョニーを描いた。そしてそんな状態でも、（実際にそれが起こりうるかは不明だが）恐ろしいことに彼は「意識を保つことができた」。感覚・運動系の機能をほぼすべて奪われたジョニーは、自分を客観的に確認する術をその時点で失ったことになる。自分の顔を見るための目がない、自分の声を聞くための耳がない、自分の運動制御可能性を確認するための四肢がない、からだ。当然他人からそれを受けとる方法も奪われている。小説版では必死に生きていこうとするジョニーが描かれている一方で、映画版では現実と夢の区別がつかなくなり、だんだんと自己意識すら減滅していっているような描かれ方をしている。生きていくうえでの自己認知の重要性を考えると、後者のほうが現実的だと思ってしまう。

健常な状態であれば私たちははっきりとした自己意識を持つが、それは自己身体の知覚（鏡で自分を見る）、自己身体運動の成功（自分が動かそうと思った方向に腕が動く）、といった体験に支えられているからだ。ジョニーのように、これが失われれば、連続的な自己認証システムが作動しなくなる可能性がある。そしてこのとき、自己認識の修正を余儀なくされることは想像に難くない。修正の方法は二つある。自己認識を歪めるか、入ってくる情報を歪ませるか、である。歪める、というとネガティブな印象があるが、前者は成長や加齢に伴う自己像変容ととらえれば理解しやすい。あるいは自己顔の認知に限って言えば、化粧によって見違えるような相貌になった場合でも、「化粧とは自分の顔の外観を変化させるために顔面に異物を塗布する行為であって、それらを落とせば元の顔に戻る」という物語によって、相貌変化の理由づけと「元の自己」に戻る可能性が十分に理解されているので受け入れられる。

もう一つは、認証方式を変えてしまうということである。たとえば先ほどのジョニーの例のように、痛ましく元の相貌を著しく損なうけがをしてしまった場合、顔という認証の仕方はそれ以降使えないことになる。ここにも「自分の顔は爆発に巻き込まれて失われてしまったので、相貌が変化し、元に戻すことはかなわないが、その所有主体は変わらない」という物語が補って初めて、自己の認証を変更（顔の同一性を無視）してもよい、という許可が下りる。もしこの、十分に自分を納得させられる物語、が与えられなかった場合、何を頼りに自己の連続性を担保すればいいのか。

カフカ「変身」――認証の失敗と自己の変容

フランツ・カフカの著作で、「変身」(一九一五年)というタイトルの小説の主人公グレゴール・ザムザは、「ある朝ふと目が覚めると、ベッドの上で虫の姿になっていて」急激に自己の認証材料を失った。身体が薄気味の悪い虫になってしまったことは、彼から急激に社会を奪った。誰も彼をよく見てくれない。彼のアクションを理解しようとしてくれない。交流を持とうとしてくれない。彼は物語後半では、虫としての自我さえ芽生え始めたかのようにふるまう。カフカの作品は「不条理文学」とも呼ばれるように、とっぴなその出来事に対して、納得のいく説明は、作中の主人公にも、読者にも一切与えられない。まさにザムザが自分の連続性を受け入れる「物語」がまったく欠落している。

このように私たちの自己は物語に規定されている側面が多分にある。グレゴール・ザムザが失ってしまったような社会的な相互作用、たとえば「雑踏のなかふと見かけた知り合いに声をかけると、まさに思い通りの知り合いであって、久しぶりに思い出話ができた」などのイベントは、顔と身体をもったその人そのものだけで、日常のなかの自己認証の成功体験を提供してくれる。他者とのやりとりのなかで連続した同じ人物の物語が続いていることをつねに確認させてもらえる。

つまり自分という存在が他者の記憶に残らず、他者からフィードバックを得られなくなれば、自分の物語を紡いでいくのは自分しかいなくなる。あるいは信頼を寄せていた親密な他者が突然自分を自分として認識してくれなくなったとしたら、またそれがグレゴール・ザムザのように明確な理由になる物語なしに起こってしまったら、その時自己はどうなるのか。

1　多重人格で失われた自己を見つける（人格・記憶）

いつでも何をするにも一緒というわけではないが、妙に馬が合う、という人がたまにいる。彼とは中学校で出会ったため、学区内にお互いの実家がある。同じ高校に上がると、特になんの約束をしていなくとも、お互いの自転車通学の途中に接点が生じた。自分は誰もいない教室で予習をするのが効率がいいと思い、一方、彼は毎日部活の朝練に向かう、その午前七時の通学路。大体運転スピードの速い彼が自分に追いついてくる。自分の出発が遅れたら会うことはほとんどないが、それまで一日も休むことなく通学した三年間、高い確率でその出会いは起こっていた。その三年目の冬のある日、突然ぱったりと彼は現れなくなった。その接点を求めるように家をだいぶん早く出て、ゆっくり自転車をこいでも、これまで追いついてきたその自転車はある日を境に現れなくなった。大学入試の直前だった。

あらためて彼に会えたのは、大学に進学してからだ。頭の左半分が大きくくぼんだようになっていて、その時もう自分のことは一切彼の記憶から失われてしまっていた。それから半年以上たって、一緒に見舞いに行った何人かの友人の名前がぽつぽつと彼の口からこぼれはじめたあとも、自分の名前が彼の口から出てくることはついになかった。

相手の物語のなかに自分がいて、だから自分の物語のなかにも、しっかりと彼がいるものと考えていた。だが、彼に認証されていた自分は、それきり失われてしまった。

なぜ自分は彼の記憶からいなくなったのか、本当にいなくなったのか、どこかからまた現れてくることはあるのか。それが知りたくて、こころを研究することにした。彼の自己と、そのなかにいたはずの自分の自己は、なくなってしまったのか。納得のいく物語でつなぎとめなくては、自分の大事な部分がちぎれてなくなってしまうようだった。誰かが「あなたは思い出してもらえるほど彼にとって重要ではなかったんだ」と言ってくれれば、悲しくはあるが、それに納得して新たに自分の物語を始められたかもしれない。が、もちろんそんなことを言う心無い人はいない。もしこんな大学生がいるとしたら、「こころの研究」「自己の研究」を志すことで、自分自身を救うための物語を得られるのだろうか。

失われた記憶は戻ってくるのか

自己の構成要素に、「他者からの連続的な認証」があるとすれば、それが途切れてしまうことは、自己の要素が欠落するという事態を引き起こすことになるかもしれない。これを取り戻すためには、実際に相手の記憶を回復させてやるか、そうでなければ、その記憶の失われたメカニズムを理解して、自分の物語として統合してやることかもしれない。記憶のメカニズムによって、この現象をとらえたいと思った場合、まずは失われた・思い出せなくなった記憶とはどんなものなのか、に関する研究に触れることになる。

精神科医のジークムント・フロイトは、防衛機制という理論から人の精神疾患を紐解こうとした。これによれば、望まない記憶については抑圧され、能動的に思い出せなくなっているものの、記憶自体は消えていない可能性があることが示唆されている。この理論を実証するために、さまざまな記憶実験をおこなったカールストロムやアンダーソンらの研究は、失われたように見える記憶はまだどこかに残っているのではないかという希望を見せてくれる。特にアンダーソンらの研究（Anderson & Green, 2001）では、記憶課題において特定の内容を思い出さないようにすればするほど、それをしなかった内容に比べて、後の想起成績が低下することを示し、人には能動的に望まない記憶を抑制し、意識できないようにするという心理機能が備わっていることを示した。このことは、自分についてのエピソードも、その記憶貯蔵庫から、価値のあるものないものを選別して思い出したり思い出せなかったりしている可能性を示している。

この研究は、自分と友人との物語を再びつなぎなおしてくれるヒントがあるかもしれないと思えるものだった。一つは、思い出せない、ということは失われたとは限らないこと、もう一つは、友人にとって自分の記憶は思い出す価値のないものと選別されていたかもしれないこと。

解離性障害と状態依存記憶

後者を否定する材料を見つけるためには、記憶の抑圧は自分の意志に反して起こる可能性についても調べたくなってくる。その一例として、「解離性障害」に行き当たる。解離性障害は、主に幼少期トラウマによって本来は連続している記憶・人格・意識が不連続になっている状態を主な症状とする精神疾患である。四つの下位分類があり、そのうち三つ「解離性健忘」「解離性とん走」「解離性同一性障害」に記憶障害が含まれているため、記憶の疾患と言っても過言ではない。この解離性障害にみられる記憶障害においても、失われたと思われる記憶が戻ってくる可能性を期待させてくれるエピソードがある。「解離性同一性障害」に限って言えば、アメリカ精神医学会による『DSM－Ⅲ精神障害の分類と診断の手引』では「多重人格障害」とも呼ばれており、状況に応じて人格、パーソナリティが交代する、というものだ。こうした疾患はまさに二〇〇〇年代、強盗強姦事件で逮捕・起訴されたビリー・ミリガンが、自身を二四の人格を持つ多重人格障害だと主張した事例を詳述したノンフィクションが一九九九年に出版されベストセラーになっていることから、学術的でない場面でも大いに人の興味を引いていたことがうかがえる。またそれに二〇年ほど先立って、一六もの人格がころころと交代する「シビル」を描いた「失われた私」においても、劇的に記憶が入れ替わるという現象が描かれている。この著作は精神分析医が関与して作成された半ノンフィクションということから、あたかも科学的に信用できるものであるというように世間から認識されたようであった。

こうした土台があって、二〇〇〇年代はまさに、「解離性同一性障害」では、自己やその記憶は動的に変更される可能性がある、という一般的な理解が浸透していた可能性がある。しかしシビルについては、のちの二〇一一年にデビー・ネイサンというジャーナリストが、シビルの話はねつ造である可能性が高いことを緻密な取材から暴露したこともあって（こちらも科学的な反証ではないが）、現在では一〇以上もの人格が頻繁に交代するような多重人格の存在はあまり信用されていない。しかし物語の舞台を二〇〇〇年代と仮定すると、「記憶を失ってしまった友人」の記憶は、交代しているだけであって何かのきっかけで帰ってきてくれる、と期待することも可能だったかもしれない。

またそうした流行とは別に、二〇一三年に発行されて今でも利用されているDSM－5（二〇二二年三月に一部改訂されDSM－5－TRとなっている）にも、しっかりと解離性同一症・解離性同一性障害という疾患が残っている。記憶をドラマチックに行ったり来たりさせられるような多重人格はなくなったとしても、人格が交代したように見えてしまうほど重篤な記憶の障害を起こす患者はいて、これを科学的に解明することの意義は今でも消えていない。

解離性障害に対して、精神医学および心理学的な観点から科学的アプローチをこの時期に始めていたのが、フランク・パトナムであり、彼は一九九七年に彼の携わった多くの症例の報告とともに、解離性障害における記憶の問題について以下のような理論を展開した。

まず解離性障害が多く幼少期のトラウマティックストレス経験から引き起こされているとみられることから、パトナムは親子のアタッチメントの形成のあり方が解離性障害へのなりやすさに影響を与えると推定した。特に親が子の状態に対して一貫しない態度をとる場合、具体的には、たとえば泣いて助けが必要な状態の子に対して、親が脈絡なく突然攻撃的な態度をとるなどすると、子は状態間の自然な遷移の仕方を学ぶことができず、各状態が離散的になってしまう。この理論は離散的行動状態モデル（Discrete Behavioral State model）と呼ばれ、この状態になると各状態間の記憶（情報）が水密区画化（compartmentalization）されるため、状態間の情報共有に不全が起こり、やがて人格まで離散的になってしまったように見えるようになる（図3－1）。

この理論に基づけば、程度の差はあれども、正常な成人において同様の現象が起こる可能性があるとも考えられる。実際に、彼の発表している解離性障害のスクリーニングのための心理検査用質問紙には、「自分がどうしてそこにいるのかわからない」という「自己およびその記憶を一時的に失う」ような経験をした頻度を尋ねる質問がある。この

図3-1　離散的行動状態モデルの状態遷移の模式図

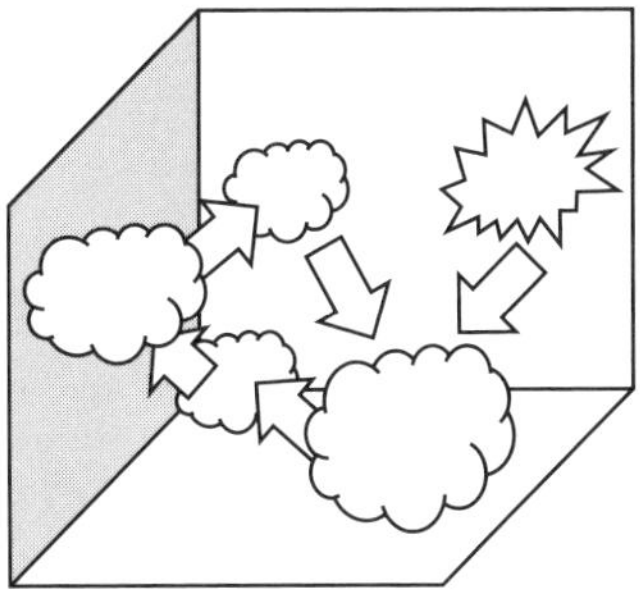

質問に回答する際には「酒や薬の影響を受けていない場合を除いて」という注意書きがあるが、これは逆に、それまでの記憶がすっかり抜けてしまう、という解離性障害の一症状は、健常人においてもアルコール摂取時には起こってもおかしくない、ということを表している。こうした記憶へのアクセス可能性の変化が、個人の状態ごとに起こってしまうことを認知心理学の領域では状態依存記憶(state-dependent memory)といい、パトナムの理論に合わせて言えば、その状態を「感情・気分」状態とした気分状態依存記憶(mood-dependent memory)こそが、まさに解離性同一性障害における記憶障害を作っていく一つの方法なのではないかと考えられる。ここまでたどっていくと、次に、状態依存記憶を当時精力的に研究してきたエリック・アイクらの研究群に行き当たる。

アイクらはパトナムが離散的行動状態モデルを発表する実に二〇年以上前から、記憶手がかりへのアクセスが各状態間で制限を受ける可能性を示唆してきた(Eich et al., 1975; Eich, 1980; Eich & Birnbaum, 1982)。しかしこの時、状態変更のために利用していたものがマリファナの服用であったことを考えると、当初の状態依存記憶が、一般的な健常人の正常な状態で起こるものとはとらえられない。一方で彼らの検討は、パトナムの著作発表と同時期になると、この状態を「感情状態」に置き換えても起こることを実証し始めていた(Eich, 1995 a,b; Eich et. al., 1994)。また、状況によって感情状態や行動傾向の全く異なる精神疾患である躁うつ病の説明原理としても、本理論を当てはめようとした研究もおこなっていた(Eich et. al., 1997)。

これらを総合すれば、やはり人の記憶はそれを思い出す手掛かりになる「自己の状態」によってアクセシビリティがダイナミックに変化するものであり、この変化の程度によっては人格が変わってしまった、と他人からみなされる可能性さえあるのだということである。他者からそのようにみなされる、ということは、「自分の人格が変わった」という物語を継続的に受けとり続ける状態になり、「自分は人格が交代する人間だ」と評価できる地盤が固まる。つまり、人格が交代しやすいという体験は、自分に関連する情報へのアクセシビリティが、感情状態ごとに変化してしまいやすいかどうか、で表すことができるはずだ。

当時これらを認知心理学的な手法で検討したのが以下に紹介する研究である。まず健常大学生八〇〇名以上に、解離性障害において体験しやすい特殊な状態を、どの程度日常的に体験するかを問う質問紙に回答してもらった。そのなかでそうした体験の頻度が高い学生と低い学生を、実験参加者として招き、感情状態依存記憶が起こりやすいかどうかを調べる記憶実験をおこなった。これによると、健常大学生でも、解離体験の頻度が高い個人において、感情状態依存記憶が起こりやすいことが明らかになった（金山・佐藤、2004; Kanayama et al., 2008）。

これによって、人は健常者であっても、そのときの状態によって自己に関連する記憶情報へのアクセシビリティが変化することが示された。またこのことは、解離性障害という精神疾患を健常人の心理メカニズムから一部説明可能かもしれないことを示唆し、精神疾患の了解可能性を高めるうえでも貢献があったと考えたい。一方でいえば、シビルやビリー・ミリガンのような例を説明できるものではなく、研究論文中の事例検討で問題になっているレベルの記憶障害と、のちに疑義が呈されるドラマティックに書籍で描かれた人格交代とがいかに異なるかを示すものであったとも考えられる。

しかしながら総じて、この時代の人びとの考えは、自分（人格）、そしてそれを支えるエピソードの記憶というものが、本人の主張によってなんとでも変更できてしまう危うさ、実体のなさ、そして記憶の喪失と回復を十分に解明できていなかった科学の未熟さによって、翻弄されていた可能性も高い。

このようにして、ある人が特定の人のみを思い出せないという状況は、その人を思い出すための手がかりへのアクセスが重要だということはわかった。実際に家族のことをよく思い出すのはもちろんのこと、部活の仲間をよく思い出すなど、過ごした時間と手がかり記憶の多さが、ある人に思い出してもらえる対象者かどうかに大きくかかわるのであって、大切な友人だと思っているかどうかには関係がない可能性もあるということだ。しかし結局のところ、一般的な心理メカニズムがわかって、可能性を認識したとして、友人から失われた自分の記憶が友人の頭のなかでどうなっているのか、という問題を解決するために直接役立つものにはならなかった。「個人がその状態にあるかどうかを計る方法」がわからなければ、先には進めない。

そして目を背けていた大きな問題がある。友人の症状は明らかに脳損傷から起こっていたということだ。解離性障害などの、明らかな脳障害のない精神疾患や、健常者に起こる記憶の思い出しやすさとは、明確に異なる。

これらどちらにも決着をつけるためには、脳計測を含めた研究に踏み込んでいく必要があった。

2　幽体離脱で遊離した自己を見つける（身体）

脳に原因を求める。脳の構造と機能で現象を説明できれば納得できる。と、そう強く妄信できるとしたら、それは、やりきれないこころの問題にあきらめをつけるための、一つの宗教になりつつあるかもしれない。もちろんあきらめるだけではない。希望をもって研究に取り組めば、基礎的な脳科学を基にして治療法や予防法など、さまざまな問題に対応する可能性を示すことはできるだろう。

脳科学の分野では、二〇〇二年にドナルド・ヘッブの『*The Organization of Behavior: A Neuropsychological Theory*』が再出版される。この書籍はもともと一九四九年に出版されたものであるが、記憶の痕跡をたどる実証研究が活発におこなわれるようになり、その理論が五〇年の歳月を経て見直され始めた。ヘッブ則（ヘブ則）やセルアセンブリ仮説と呼ばれるこの理論では、「人の記憶は、あるニューロン集団の同時発火が起こった時、その集団における発火の伝達、つまり特定ニューロン間のシナプス伝達効率が上がることで形成され、これが再発火することで思い出される」と考える。簡単に言うと、体験した時と同じニューロン群が発火することで体験を「思い出す」というものだ。

この書籍は一九五七年に日本でも出版されていたが、二〇一一年にあらためて「行動の機構 脳メカニズムから心理学へ」というタイトルで再出版されている。記憶の痕跡については、この翌年にノーベル賞受賞者の利根川進氏が、オプトジェネティクスを用いて特定のニューロン群の活性を制御し、記憶の痕跡が物理的な存在に還元できることを示しているが、このことは二〇〇四年に大学院に進学した大学生にとっては、まだ未来のことになる。

ともあれ、脳科学を志し、記憶の痕跡を脳に求めようと思った時、ヘッブ則（ヘブ則）を「忘れたものは、もう一度その関連ニューロン集団が発火すれば思い出せる」と解釈することで一つの道筋が開かれる。該当の場所さえ壊れていないのであれば、もう一度それらがつなぎ合わさることで、自分とその友人の間も、もう一度つながって、失われた自分の一部にも再会することができるのかもしれないと希望を持つことができるのだ。また二〇〇四年に記憶痕跡に関する脳科学研究を紐解くのならば、少し遡りながらも以下の文献にも出会うことができた。この文献では、ラットを環境Aにさらし、少しおいた後で同じ環境に戻した場合に、初めに環境Aにさらされたときに活性化した細胞の九〇パーセントが、二度目に環境Aにさらされたときにも活性化したが、環境Bに移動させた場合ではしなかったことを実証した（Guzowski et al., 1999）。まさに状態依存記憶が脳神経上に物理的に存在する証明とも言える。

状態間をつなぎとめる自己スキーマと離人症性障害

しかし健常な人間は一般的には、状態ごとに記憶を「忘れてしまう」ということはない。アクセシビリティが下がるとはいえ、人の記憶システムには状態間をつなぎとめるものがあって、これさえしっかりしていればどんな状態の記憶であっても引き出すことができるはずだ。「状態間をつなぎとめるもの」とは何か。概念でいえばそれはまさに「自己」であり、心理学領域においては、「セルフスキーマ」という名で、うつ病患者の記憶情報処理過程の説明理論としてすでに多くの研究がおこなわれていたものだった（Markus et al., 1977）。

しかし「概念」ではなく、物理的にそれを担保してくれるのは脳神経系を含むその人の身体しかない。たとえどんなに人格が多く発現し、自在に変化するのだとしても、それらが別々の肉体を持っている場合、私たちは「人格が交代した」とは思わない。ただ別の人が存在するだけだ。なぜ多重人格が異常だ、と言われてしまうのかと言えば、それらの人格が同じ身体を共有しているのに、情報のやりとりができなくなってしまうからだ。つまり、自分の記憶を失うという体験を引き起こすには、それをつなぎとめる「身体」という楔を引き抜く瞬間、あるいはその状態が、重要な要因としてあるのではないか。自分の身体のことを、自分のからだでは「ない」、と認識することができなくては、同じ身体内において、別の人格（記憶保持母体）が生まれないという想定だ。

ここで前述の解離性障害の四つの下位分類のなかで、記憶障害を要件としない最後の一つ、離人症性障害がカギになってくる。これは、身体に関する感覚に現実感がなくなる、自分が現実から遊離したと感じる、幽体離脱したように感じる、などの症状を示す患者につけられる診断名だ。マウリシオ・シエラのグループとダフネ・シメオンのグループが二〇〇〇年代に精力的に研究をおこない、現実感を失う、自分の体が自分から離脱する、また自分が自分でなくなるといった、一見オカルト様の症状を科学的に研究していく基礎を作っていた。

こうした検討を下支えするのはまず質問紙だ。シエラらは実際の患者の症状から、二八項目の質問を抽出し、離人症性障害に起こりやすい体験の頻度を得点化する質問紙、ケンブリッジ離人尺度を作成した（Sierra & Berrios, 2000）。またこの質問紙に因子分析をすることによって、複数の下位因子を抽出し、異常な身体経験（anomalous body experience）を第一因子に、感情鈍麻（emotional numbing）、主観的体験想起の異常（anomalous subjective recall）、外部環境からの疎外感（alienation from surroundings）といった四因子構造を提案した（Sierra et al., 2005）。これにより、離人症性障害がまさに身体感覚の異常により現実感を失い、自己に関する記憶についての障害を負うものだということが間接的にではあるが示唆されたことになる。

それに並行しておこなわれた、シメオンらの離人に関するニューロイメージング研究は、感覚統合領域と考えられている頭頂連合野が離人感に関与していることを明らかにした（Simeon et al., 2000）。さらにシエラらの損傷例研究では、側頭後頭接合領域の損傷例で視覚情報を主とする現実感の喪失（derealization）が、頭頂連合野の損傷例で体性（身体）感覚情報を主とする離人感（depersonalization）が起こることを報告し、自身の質問紙研究における四因子のうち二つ、外部環境からの疎外感（alienation from surroundings）と異常な身体経験（anomalous body experience）を説明しうる脳部位を示したことになる（Sierra et al., 2002）。

こうした研究から、解離性同一性障害の記憶の問題が、思い出すための手がかりの欠損に起因しており、身体認識がその一つの重要な「手がかり」になるのではないかという仮説を得て、次の研究の方針、「身体認知が如何に自己認知に関わっているか」が固まった。

またリハビリテーションの結果、身体運動機能が年々少しずつだが回復しているのと並行して、これまでぼんやりしがちに見えた思考も少しずつ定まってきているように見えた友人のその様子の変化を見ていると、この身体を自由に動かせる、その身体は自分そのものなのだという認識が芽生えることで、一体化された自己感を取り戻すことができるのではないかと考えるようになる。そして失われた記憶も、その後、ついてくるかもしれない。

第1章で紹介したような研究と同様の、疾患関連体験の多い人、少ない人のこころの違いを見出すといったことを、離人症性障害においてもおこなうには、質問紙が必要になる。シエラらのケンブリッジ離人尺度を翻訳し、日本語でも研究に使用可能であることを確認した（金山ら、2007, 2008）。これで、健常人のなかに潜む「離人」のメカニズムを調べるための道具の一つを作り出した。しかし、離人という現象は、状態依存記憶のように健常成人でも起こりうる現象として説明が可能なのだろうか？　心理学実験としてそれをとらえる方法を構築し、心の動きを客観的にとらえることができるのか。

解離性障害のなかの「身体に関する症状」の研究が解離性同一性障害とは独立に進む一方で、まさに同年代に、知覚心理学領域を巻き込んで、「身体認知」研究に大きな転機が起こった。それがラバーハンド錯覚と身体所有感である。「自分の手を見えない状態にし、自分の手に似た偽物の手を見せている状態で、それら二つを同時に筆でなでるという刺激を与えると、偽物の手を自分の手のように感じてしまう」というラバーハンド錯覚の存在を示したボトヴィニックとコーエンの研究は、今でも身体認知研究の重要な起点として引用され続けているが、これはギャラガーによるミニマルセルフの概念（第1章1節参照）とまさに同時期に発見された（Botovinick & Cohen, 1998）。またこの現象が多感覚統合の結果であることを示唆した、フランチェスコ・パヴァーニらの研究では、実験心理学において反応時間などの行動指標を計測できる実験デザインとして、LEDと振動子を用いてラバーハンド錯覚実験を再構築した。またこの実験では、ラバーハンドの置き方として、角度が九〇度ずれてしまっていると錯覚が起きなくなることを示した点で、まさにこの現象が「提示されたラバーハンドが自分の手として十分に妥当であると思えるかどうか」という能動的な認識によって大きく左右されることを明らかにしている（Pavani et al., 2000）。

これらを総合すると、ラバーハンド錯覚という現象は、「自分のものではないオブジェクト」に「自分」というラベルを貼りつける作業であって、「自分のものでなくなってしまった身体」というオブジェクトに、あらためて自己を紐づけなおす作業と同様ではないかと思わせるものだった。このようにして、人が自分の身体を自分と思うには、あるいは失った身体をもう一度自分のものと認識するには、その身体に起こる触覚情報および身体周辺に起こる視覚情報との統合処理が重要な役割を果たしていることが示唆されている。これはシエラやシメオンらが離人症性障害の症状を示す患者には、感覚連合野である頭頂皮質領野の損傷があることを明らかにしたのと対応している。

ラバーハンド錯覚と前頭‐頭頂ネットワーク

自分の手がそこに存在すると確信するには、①「そこにある自分の手が見えていること（視覚的自己身体像の知覚）」、②「見えている手を動かすと自分の手の感覚も移動したと思えること（視覚的自己身体像と自己受容感覚の空間的定位の一致）」、③「その手が何かに触れるところを見た際に、実際に触覚が起こること（視覚的自己身体像と触覚の空間定位の一致）」がつねに起こっていることが重要になる。健常人においては前述のようにものものしく記述することも無意味に思えるくらい「当たり前」のことであり、その高度に確率の高い「当たり前」が自分自身の存在の確信を、日常的に繰り返し作ってくれる。何らかの外力によって、それが奪われてしまったとすれば、離人症性障害のように「自分の存在が希薄になる」「自分の体が自分だと思えなくなる」などの現象が起こる。そして、とくに前述①②③の現象の際に、実際に頭頂連合野が活動し、重要な情報処理を担っていることを示唆した論文は、二〇〇四年までに出版されている。

一つはバイモーダルニューロンと呼ばれる神経群だ。一連の研究によればこのニューロンは、その手に何かが触れた時にも、接触しているような視覚刺激を提示された時にも反応する。つまり、見たものと体の感覚の位置の一致／不一致を、脳内にある地図上で確認・照合しているかのようなふるまいを示すということだ（Graziano, 1999）。

そしてこのバイモーダルニューロンは、自分以外の物体にも拡張されることがある。入來篤史《いりきあつし》らの一連の研究では、道具を使って餌を取り寄せる課題をおこなったサルにとっては、その道具の先端に対して、バイモーダルニューロンが反応するようになることを示している。つまり、自分の体ではないもの、今は自分の身体だと思えないものでも、適切なトレーニングによってそれを自分の身体であるかのように感じさせることができるということだ。その脳神経反応も裏づけがあり、サルの研究で頭頂連合野が関連していることが示された（Iriki et al., 1996; Maravita & Iriki, 2004）。まさにシメオンやシエラが離人と関連づけた脳部位である。

これらをさらに支えるように、ミラーニューロンと呼ばれるニューロン群も発見されるようになった。これは自分の行為中にも、他者の行為観察中にも活動が見られるニューロンだが、腹側運動前野と下頭頂小葉に見つかった(Rizzolatti & Craighero, 2004) ことで、これらの脳部位が自他認識あるいは自他弁別にも重要な役割を果たしている可能性があると考えられるようになっていた。おそらく「自己スキーマ」といった複雑で高次な認知機能であれば、ここに候補として現れた複数の脳部位間の複雑な絡み合いによって実現されうるに違いない。ではこれをどのようにしてヒトからとらえていくことができるのか。

ガンマ帯域活動と情報統合

脳神経反応をとらえる方法として、脳波計測がある。脳内で起こる電気的な活動を、電位変動という波形でとらえることで、脳反応の時系列的な変化をミリ秒単位で検討するためのものだ。こうした計測を用いてわかることの一つに、脳の活動リズムと、複数の部位から得られた脳活動の同期性がある。これらの脳指標は、ヴォルフ・ジンガーらが、視覚的情報統合処理がこうした脳神経反応に支えられていることを示した一九九五年以降、活発におこなわれるようになる (Singer & Gray, 1995)。ジンガーらの研究対象はネコやサルなどの動物であったが、こうした脳波信号間の同期が情報の統合的処理を反映している可能性を、人間の顔知覚を対象に実証したジャンフィリップ・ラショーとフランシスコ・ヴァレラのグループの研究は、人間の頭皮上脳波計測であってもそれが検討可能であることを示した (Lachaux et al., 1999; Rodoriguez et al., 1999; Varela et al., 2001)。

こうした検討は、パーソナルコンピュータの高性能化のなかで、複雑で時間のかかる信号解析、ここではウェーブレットを用いた時間周波数解析、が比較的誰にでもできるようになったことから、この時代大いに普及した。二〇〇四年にはクリストフ・ヘルマンたちが、『*Event-related Potentials: a Methods Handbook*』という本のなかでウェーブレット解析の基礎を解説した (Herrmann et al., 2004)。事象関連電位 (event-related potential: ERP) は日本でも生理心理学領域で非常によく普及した脳反応の指標であったため、この技術は「心理学的な問題」を解くために非常によく使われるようになる。二〇〇四年に大学院生になった学生にとっても最新の武器であり、そしてそれが検証しようとする「自己身体認知のための視覚と触覚の情報の統合」を表すのに非常によく適合していた。

以上のように、「自分のものではないものを自分のもののように感じさせる」にはラバーハンド錯覚を起こす刺激を与えることが、「自分のものではないものが自分の身体になったかどうか」を脳科学的に検証するには、頭頂連合野を中心とした脳波成分間の同期を検証することが、この当時最も新しく、かつ実現可能性の高い検証であった。そこでラバーハンド実験中の頭皮上脳波を計測し、時間周波数解析をおこなうことで、その高周波を含めた脳波の動態を探り、かつ位相同期によって部位間の関連性を数量化することを試みた。実験設定はミリ秒単位で刻々と変化する頭皮上脳波をとらえるために、パヴァーニらのＬＥＤと振動子を用いた方法を採用し、視触覚刺激に対して起こる事象関連スペクトル摂動を抽出した。その結果、果たして頭頂部位に設置した電極のガンマ帯域の反応が、ラバーハンド錯覚の起こる条件にのみ観測された。またその活動は、ラバーハンド錯覚の起こる条件で、多くの電極の波形と位相同期を示した（Kanayama et al., 2007, 2009）。

これらのことから、頭頂連合野における高周波帯域の脳波成分が、「自分でないものを自分の身体だと思わせるための、視触覚統合処理」を表すものである可能性が示されたことになる。また離人症性障害において起こるような体験をしがちな個人においては、その反応が起こらない。この成分を指標とすれば、「自分自身の身体を自分のものだという確固たる感覚を持っているかどうか」を客観的に図ることができる可能性を示したことになる。

脳損傷の友人の例に当てはめてみれば、彼は脳損傷を受けてから自分の身体についての認識がこれまでと同様にできなくなってしまった可能性がある。これによって、記憶痕跡へのアクセスが十分でない場合があり、思い出しやすい記憶内容とそうでないものが出てきてしまった。離人症性障害においてみられるのと同様の身体認識の問題が起こっているものと仮定すると、自分の身体に対する視触覚統合に係る頭頂連合野の高周波帯域の脳波成分の働きにも変調があったかもしれない。適切にデザインされた視触覚刺激の認識をおこなう訓練をすることで、記憶検索手がかりとしての身体、つまり自己スキーマの物理表現が回復し、アクセスできる記憶の範囲が広がるかもしれない。

一方で、今回の反応は自分の身体の一部に対する自己感であって、こうしたタイプの脳反応が、実際に「自己スキーマ」と関連の強い個人の同一性認知にまで及んでいるのかどうかは、これまでの研究からは定かではない。また現実には身体運動を含めて初めて自己身体認識をおこなっていると考えれば、「視覚的自己身体像と自己受容感覚の空間的定位の一致」の例においても検証してみる必要がある。さらに脳メカニズムでいえば、ミラーニューロンでも、バイモーダルニューロンでも関連性が指摘している運動野を含む前頭領域の関与についても、前述の研究では明らかにできなかった。こうした点を解決するには、あらたな検証が必要になる。

3　アバターになってしまった自己を見つける（顔）

自己関連脳ネットワークとバーチャルリアリティ

ラバーハンド錯覚で明らかにできたのは、自分の手が自分に属しているかどうかという点についての関連する脳反応ということであった。知覚する、また運動する主体としての身体を、自分に属するものだと認知することは、本当に自分についての記憶、つまり同一性の問題にも影響を与えるものなのだろうか、という点についてはまだ憶測の域を出ていなかった。しかし今回明らかにできたその脳反応指標が、本当に自己関連情報を状態間でつなぎとめるために役に立つものなのか、これを明らかにするのは容易ではない。自己情報の処理に係る脳反応は、皮質上のいたるところに存在し、その複雑な関係性を解いていくには、ネットワークとしてそれを検証していく必要があったからだ。

ドロシー・ルグランらは自己関連情報処理を扱ったニューロイメージング研究を集めたレビュー論文で、主に関連の深い脳部位である内側前頭前野、楔前部、後部帯状回、側頭頭頂接合部、側頭極をまとめてE-networkと呼んでいるが、前頭、頭頂、側頭とまさに、視覚領野であるとの見方が強い後頭葉を除く、広い範囲に分布しており、自己情報処理に脳部位局在性を求めることの難しさを示している（Legrand & Ruby, 2009）。

このように、自己に関連する脳領域が単一の場所にあるという考え方は支持されていない。一つの実験の結果として頭頂連合領域が重要という結果は出たものの、より多面的な検証をしていくことで、ネットワークとして脳システムをとらえなおさなくては、自己認識に関連する脳領域には迫れないことが想定された。また脳科学における、目立った課題を何もしていない時の脳活動（デフォルトモード）ネットワークの発見（Raichle et al., 2001; Buckner et al., 2008）を皮切りに、さまざまな脳部位間のつながりの定量化がおこなわれるようになり、二〇〇〇年代半ばから二〇一〇年代は脳機能ネットワークの時代といってもよいくらい非常に活発に研究がおこなわれた。この波に乗ってか飲まれてか、自己研究に関してもネットワーク性を検討することが重要になってきた。

これと同様の時期に、自己（身体）研究はラバーハンド錯覚中心の、「手」「身体の一部について」の研究から、バーチャルリアリティ技術を駆使した「全身」つまり「自分自身」の研究にシフトしてきた。この先駆けとなったのが二〇〇七年のオラフ・ブランケの研究室およびヘンリック・アーソンの発表した、ヘッドマウントディスプレイ（head mounted display: HMD）を用いた、体外離脱体験に係る研究報告である。ヘッドマウントディスプレイは、狭義には頭に装着するディスプレイ装置であるが、多くは目の周りをすっぽり覆うことで外界からの視覚刺激を遮断し、ちょうど立体視が起こるように配置した二つの独立したディスプレイに映像を映すものである。また頭部の動きをトラッキングし、それに合わせて視野を変更できる機能も持つ場合が多い。この遮蔽と立体視、頭部の動きに合わせた視野調整という機能により、ビデオカメラで収録した映像や、CGで作成された空間があたかも眼前に実際に世界として広がっているように感じられるようになる。これを使えば、通常は経験できない、「自分の身体が自分の目の前にある」という体験が可能になるということを、ブランケのグループとアーソンが同時期に別々に報告した（Lenggenhager et al., 2007; Ehrsson, 2007）。日本におけるバーチャルリアリティ元年は二〇一六年とされるが、身体や自己認知研究にとってのVR元年は二〇〇七年といってもよいくらい、この二つの研究が先の研究を方向づけることになった。

別人の顔を自分の顔とまちがえられるか？

これまで友人の自己を研究によって取り戻そうとしてきた学生も、二〇〇九年に大学院を卒業すると、ポスドクとして研究経験を重ねて、二〇一二年にブランケの研究室を訪ねることになる。ブランケ研究室で培われたバーチャルリアリティ技術と、本人が持っていた頭皮上脳波のネットワーク解析の技術を組み合わせておこなった次の研究は、「自分の顔を取り換えることができるかどうか」の検討であった。

この研究の発端は宮﨑美智子《みやざきみちこ》と開一夫《ひらきかずお》による乳幼児の自己体験に関する研究であった（Miyazaki & Hiraki, 2006）。東京大学の赤ちゃん研究室でおこなわれた、幼児の自己鏡像認識の研究だ。この研究では、マークテストと呼ばれる方法で、幼児が鏡に映った自分を、自分だと認識できているかを検討している。まず実験の前に子どもの額に小さなシールを貼り、それを忘れさせるまでしばらく遊ばせる。その後、通常の鏡に映った自分を見ている条件と同じように、カメラで撮ったライブ映像を見せて、額のシールをとるように言うと、自己鏡像認識ができていていれば自分の額に手を伸ばす。できていなければ鏡のほうに手を伸ばしたり、背後を振り向いたりしてしまう。およそ三歳児になるとこれができるのであるが、この研究ではこの映像を二秒遅らせた状態で同じ課題をやった時に、それまでできていた三歳児が、とたんにできなくなることを明らかにした。これは顔の視覚的パタンという一般的に鏡像認知状況で自己認知に用いられる情報が、実は三歳児では自己鏡像認識の決定的な手がかりとはなっていない可能性を示している。その当時は視覚と運動が同期していることの方が重要で、四歳になるまでは顔という視覚パタンが確定的な証拠になっていないことが示唆されたともとらえられる。

多くの人は「自分」という物語を紡ごうとしたときに、顔を含めた自分の身体をイメージし、その個体を主人公として情報を整理していくはずだ。つまり、自己スキーマの中心にある「つなぎ」としての重要な役割を果たす情報の一つに「顔」がある。もちろん、名前やその他自己関連情報も存在するが、同姓同名の場合など、多くの自己関連情報は他者が同じものを持っている場合もある。そのなかで「顔」というシンボルは、通常世界に一つだけのものを与えられている。そっくりな人はいるかもしれないが、「同じ」ものは一つとして存在しない。それにもかかわらず、前述の研究の結果から言えば、視覚と運動の同期によって学習した一つのパタンでしかない。もし生まれてからずっと本当の顔を見せることなく、偽の顔を鏡やビデオで見せ、その顔とつながった身体について視覚と運動の同期を何度も体験させてやれば、理論的には偽の顔を自分だと思う人ができ上がるはずだ。もちろんそんな実験をおこなうことは人道的に許されないが、その一部分をバーチャルリアリティで実現できないだろうか？　アナ・スフォルツァらの研究では、ラバーハンド錯覚と同じように、実験参加者の顔に触覚刺激を与えながら、対面したマネキンにも同期した触覚刺激を与えているところを見せると、その顔を自分だと誤認しやすくなることを示した（Sforza et al., 2010）。

ここでおこなったことは、通常それが自分であると信じてよい視触覚刺激パターン（何かが触れたように見えた時、ちょうど触覚が生じるという対応関係）にしばらくさらされることで、偽物であっても自分だのものと思ってしまう、という意味ではその構造はラバーハンド錯覚と同じである。そうであればラバーハンド錯覚と同じように、視覚と運動の同期性に係る脳活動も、顔の認知に関わる脳反応を変化させるという形で、それを表現できるはずだ。鏡のようにアバターの顔を見ている状態の脳波、およびその経験後に自分の顔とアバターの顔の合成顔を見た際の脳波をそれぞれ検証した。その結果、運動の認知やミラーニューロンに関わる前頭領域の活動と、視覚情報処理に係る後側頭部の顔関連領野と呼ばれる部位の活動の間の因果的情報連絡が、その後の顔認知に関わる脳反応を変化させている可能性が示された（Serino et al., 2015; 金山ら、2014）。

このようにして、ラバーハンド錯覚の検討の場合と同様に、顔の獲得についても感覚統合に関するなんらかの一致性の認知と学習が必要で、その学習をひたすらにやり続けることによって、新しい自分を獲得し直す可能性もあるのかもしれない。逆にその学習に関する情報処理が損なわれれば、自己や自己関連情報から「自己感」というラベルをすっかりはがしてしまうことも十分にありうるということだ。

心理実験の限界

しかしあくまでこれらの説明は、「理論的には」という但し書きつきのものである。うまく切りとってしまえば、本当にそんなことができると希望が持てるのかもしれないが、実際に実験をおこなった立場でみると、再現性の問題や効果範囲の制限などがあり、実用とは程遠いものも多い。自分の著作について弱点をわざわざおおっぴらにしようということはしないのが人情だし、その弱点は往々にして科学的に検証されたものではなく、著者の主観的な推定の域を出ないため、論文中に記述されるほうがかえって正しくない、という逃げ道も用意されている。たとえば、ここで紹介した「人は自分の顔以外のものを自分の顔のように感じることができる」という示唆を与えた実験では、実験対象を女性のみとしている。十分なクオリティで作成されたアバターが当時女性の顔しかなかったため（当時は十分に統制された3DCGをそれほど簡単に作成できなかったという制約があった）、論文中でも“Only female participants were tested to avoid any confounding effects due to gender mismatch between the participant and the avatar.”（訳：参加者とアバターの性別不一致による交絡効果を避けるため、実験参加者は女性のみとした）と明確に記述して説明をしている。また「この現象自体、性別を超えて簡単に起こるわけではない」という、予備的な検討でうっすらと見えているコツのようなものがあって、単一の3DCGを使って結果を効率的に出せるような工夫でもあった。もちろんこの現象の男女差については、いずれ明らかになる（明らかにできる）ことであるが、問題はそれだけではない。この実験結果を得るには、モーフィング顔を用いて強制選択法によって評定をさせる必要があった。自分なのかそうでないのかの二択を迫り、それ以外の選択肢を与えないということだ。事前検討として、提示された顔の「自分らしさ」を五件法や七件法で、「まさに自分だとだと思う」から「全く自分とは思わないを段階的に評価させるリッカート法を採用したときには、うまく差が出なかった。人によって回答の幅にばらつきが生じて、反応が収束しにくかったという理由だ。おそらく、時間的にプレッシャーのある課題のなかで選択肢を多く与えすぎると混乱するということなのだと考えていた。ただしこれは予備的に数名検討しただけなので、学術論文中に報告できるレベルにはないことだが、こうした観点からしても、実験心理学的な結果が、いかに「いつでもだれでもなんでも適用可能」という状態になっておらず、差を明確に出すための実験デザインの工夫が必要なことがわかる。つまりこうした論文の一つの側面を切りとって、もし「人はどんな他人の顔にもなれてしまう」、というとしたら、それはもう嘘だと言ってもよい。

このように実験心理学的な手法でおこなう場合、最も差の出やすい方法や実験セッティングを作ることは重要なことであるが、それはある意味で言えば対象の現象を再現するのに細かい環境要因の制約を受けるため、現実にはそんな現象は起こりえない、かなり特殊なものを扱っている可能性があるということを示している。

主観的評価法の制約

ラバーハンド錯覚においても、さまざまな制約があるが、錯覚の測定方法は一つの大きな問題を持つ。「まるで自分の手のように感じた」という質問項目に対して、どちらとも言えない場合を0、非常に強くそう感じた場合をプラス3、非常に強くそうでないと感じた場合をマイナス3として回答するのが一般的であり、この得点を根拠に、ラバーハンド錯覚が起こった、という。錯覚を起こす刺激を提示する条件でのスコアが、そうでない条件のスコアを統計的に有意に上回っていれば、たとえ平均で0以下、つまり全体的に起こったといえない反応を示していても、それをラバーハンド錯覚が起こり、「偽の手を自分のものだと感じた」と評価してきた研究もあった。しかしここで、偽の手を自分の手だと思ったかどうかについての「ゼロ」や「マイナス」という回答はどんな意味か。「偽の手は偽の手だし、特になんとも感じない」状態つまり実験設定に関して「ピンと来てない」状態は「ゼロ」なのか「マイナス3」なのか、評価が難しい。「強くそうでない」とは感じていないので「ゼロ」とも言えるが、錯覚も全く感じていないのだからある意味「プラス3」評定の対極にある状態ともいえる。これに対しては、偽の手を自分の手だと思ったかどうかの強さを一〜一〇〇の数値で求める評定をさせている場合もあるが、この方法であれば、最低点が「偽の手は偽の手であるとしか感じず、自分の手だと一切感じなかった」状態であると一義的に決まるはずだ。しかしそうした場合でも一〇〇を「本当にそれが自分の手だと見間違えるほどだ」と解釈した場合、そんなことが心理実験の錯覚で起こるとは想定されていないので、数値は一〜一〇程度でばらけるのが正解かもしれない。一方で「これは錯覚なのだから、その錯覚がすごく強く感じたかどうかを評定すればいいのであって、確かにそう感じますねという同意の強さ」を一〜一〇〇までに割り振ればよい、と理解された場合は、八〇以上の数値が出てもおかしくないし、条件間で数十くらいの差が仮定される。こうしたぶれは当然数値的には標準化することができるか、同じ気持ちを一〜一〇〇に割り振った場合と一〜一〇に割り振った場合では、気まぐれの一メモリのぶれの意義が違いすぎる。このように主観的な感覚はどうしても、尋ね方つまり測定の仕方によって数値の意味すら変わってくる。自己感などというあいまいな感覚であればあるほど、実際のデータの均質性をどうやって検討すればいいのかわからない。

だからこそ脳反応を用いて客観的に測ります、というのが本章で紹介してきた研究方法の一つの意義ではあるが、結局直接的に「偽の手を自分のものだと感じた」という心理状態に対応する脳反応を得ようとすれば、主観的に評定した数値との対応づけ（相関などの指標）で表現するしかなく、主観評定の問題から逃れられない。それを回避したければ、「自己感」そのものではなく、客観的に測定できる自己感に関連する行動指標を使って、脳反応と対応づけるという方法に落ち着く。しかしこれでは問題の核心を遠巻きに見ながら、そのまわりをくるくる回っているにすぎないのだ。今回の場合は主に「多感覚統合」がそれであったが、研究のなかでは最終的にどこまで行っても「多感覚統合」の脳活動を取得しているのであって、少しでも「自己」という主観に直接入り込もうとしようものならたちまち「主観」計測の問題の渦に巻き込まれてしまう。

以上のように、実験的統制により限定された条件下における検討しかできない上、「主観」計測という不可避のイベントを経たうえでなければ具現化できない「自己」という概念のメカニズムを追うことは、ある一定のルールのもとにおける「自己」の範囲でしか、そもそも証明できないということを受け入れるための努力に過ぎないともいえる。研究を続ければ続けるほど、科学的な手法の限界に近づいてきたのかもしれない。

4　自己はどこにでもあり、どこにもない

どこまでもたどり着かない自己のメカニズム

現在、自己がどのように作り出されているのかという点に関しては、これまで概観してきた二〇年程度の間に以下のように整理されてきたといえる。

①自己感は単一ではなく、経験によって変化する。多重人格や離人症性障害のように精神疾患として明確に変化する例もあれば、実験操作などによって一時的に変容することもあることが実証されてきた。

②自己感の変化において重要なのは、自己関連の外的刺激を統合的に処理できるかどうかであり、その統合の意味や条件は環境によって変わる可能性がある。

③感覚統合によって、外界の入力刺激、たとえば顔という視覚刺激に自己というラベルをつけてよい、と認識された場合、その情報処理を特殊化することで自己を他と弁別している可能性がある。

多くの基礎研究に支えられた、このような自己と身体に関する知見は、現在では「身体拡張」という概念を生み出し、工学的にこれを実現していこうという大きな流れを生んだといえる。およそ二〇年前に大学生になって、紆余曲折しながら、自己と身体と脳の研究を続けていた者がいるとすれば、そうした研究の流れのなかの一端を担ったとい

う意味での意義はあったといえるのかもしれない。しかし残念ながら、「どのようなメカニズムで人は自分を失うのか」を科学的に示し、自分自身で納得することによって、新しい物語に自分を位置づけなおしてやる、というためには役に立たなかったと言える。前述したように、進めば進むほど自己を科学的に研究することの原理的な問題点や限界を痛感することになり、根本的にたどり着かない可能性の試算が、無知で夢見がちだった当時に比べて、格段に上手になってしまった。

当人にとっての「自己感」の正しさは、その本人が主観で報告したそのものしかない。もちろん自己に限らず主観的かつ直観的な感覚を対象とする科学はどれもそうだが、対象とする心理過程の確認が「反省的な再認」でしかできない以上、これ以上踏み込むことができないところなのだと言える。自分がおこなったことを反省的に再認することでしか発見できなければ、その存在すらも本当は作り話なのではないかと不安になり、「自己」は存在しない、というニヒリズムを生むことにもなるかもしれない。

自己の恒常性

私たちが普段その確固たる存在を信じ切っているが、実は存在しないというものの例に、「色」がある。リンゴの色は赤、バナナの色は黄色といったように、そのものに一つの色があることを私たちは疑わない。つまり色は対象物に付着した「特徴」としてとらえられる。

しかし実際、色自体は対象物には存在せず、対象物が吸収できなかった光の反射である。「色」がそこにある、対象に付着していると考えることはまさに「間違い」である。「色」は対象物にはなく、反射光の特性である。たとえば白い紙と黒い紙があるとする。明るい部屋で見た白い紙が反射する光の強さを一〇〇、黒い紙が反射する光強さを一〇としたとき、暗い部屋に白い紙を持って行ったとき反射する光の強さが一〇を下回ることもある。しかしこの時、人は白い紙を「黒くなった」とは思わない。これは、知覚心理学で色の恒常性として説明されており、「持っていた

図3-2　エーデルソンのチェッカーシャドウ錯視

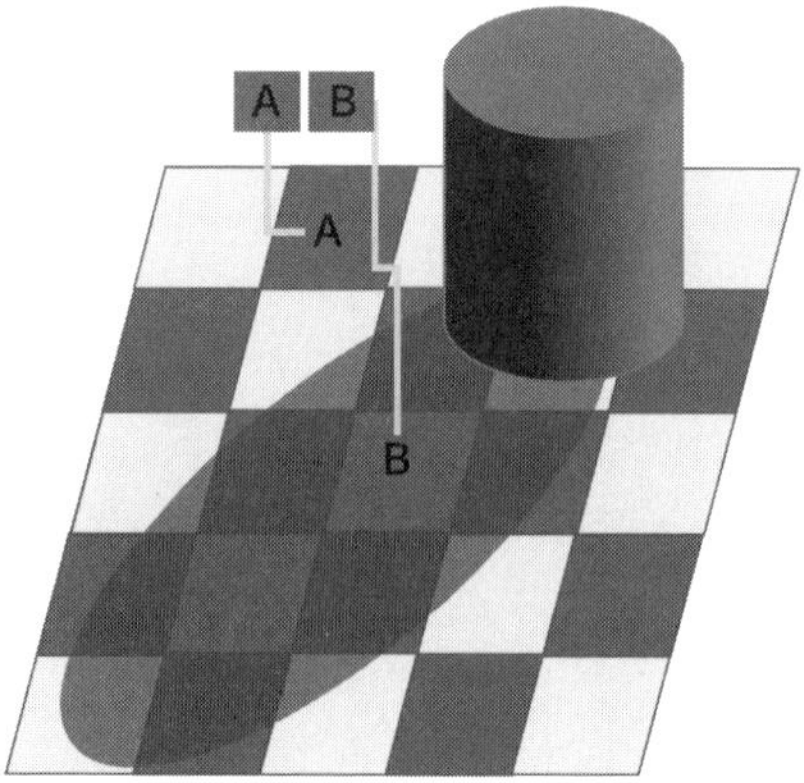

だけで白い紙が黒くなるはずがない」「部屋の明るさが変わったのだから見え方が変わって当然」という信念によって、状況が変わっても「同じ色」だと認識できるというものだ。そしてこれらは、通常自動的であり、前述の信念は通常意識されないし、見方や心構えを変えたところで、白い紙はいつまでたっても黒く見えることはない。

このことを、逆の観点から、より分かりやすく見せてくれるのがエドワード・エーデルソンのチェッカーシャドウ錯視だ（図3−2）。図のAとBは同じ色（濃度）であるにもかかわらず、通常人はそれを「違う色」だと認識してしまう。「物陰に隠れている」という文脈において、それが同じ色である確率がきわめて低いため、間違った認識を信じ込んでしまうのだ。

一方でこの特性がなかった場合、通常人びとは生活のなかで不便を感じることになる。照明によって色が変わったと認識するようであれば、一定の色の共有が非常に難しくなる。

「自己」、という概念が、「色」と同じようなものであるとすれば、自己にも恒常性が働くのかもしれない。そしてその理由は、社会的な相互作用がうまくいきやすいからだ。社会のなかで、ある特定の同一個人として認証され続けられることは、互恵的関係を築くうえで必須になることは言うまでもない。逆に言えば、自己という確固たるものなど本当は存在せず、一定で状態ごとに適応的にふるまうための「作り話」があるに過ぎない、持続的な自己そのものが「錯覚」なのだという主張にもつながる。

しかしこれが通用しない場面があってもおかしくない。たとえば、現在属しているコミュニティで互恵的な関係が結べない、あるいは有用なコミュニティに属することができずに、個人の認証が継続的におこなわれることを必要としない生活を送っている場合、自己の恒常性はその人にとって必要ではない。さらに言えば、自尊心が著しく低く、自分の価値を見出せない人間が、自己の恒常性を脱却できないままいるということは、社会生活上も望ましくない。自己が存在する（つねに一定である）という呪縛から逃れられたほうが、よほど社会的にエンパワーされる可能性がある。

まとめ

これまで、「人の記憶のなかにある自己」を失ったと感じたことで、それを取り戻すために自己研究を始めた人間がどのような結末を迎えるか、その途中までを概観してきた。自己研究の宿命としてか、各時代背景に翻弄されながら、またこころの科学実験の制約に縛られながら、もともとの目的を半ば見失ったまま多感覚統合と脳のネットワーク研究までたどり着いた一例を紹介した。一方でたどり着いた先では、自己を科学実証することの原理的な困難という絶望に近い大きな壁と、自己を確固たる存在として見ず、物語のなかで自身の都合のよいように変えていく可能性が見えていた。人間拡張やバーチャルリアリティは、人びとを身体的な制約から解放する一つの技術であり、自己に自由さをもたらす可能性ではないかとも考えられる。これが本当にその役割を果たすのかを検討していくことに、これまでの蓄積が役に立つのではないかと考えている。

第4章 自己は本当に脳が作り出すのか

弘光健太郎

About this Chapter **自己はどのようにとらえられるのか？**

「私は私自身の身体を目の前にしてその後ろから見ているんです。そして見ている私自身は動けません。」

これは、ある患者が報告した実際の経験である。いわゆる体外離脱体験であるが、その患者は脳に腫瘍ができた後、日常的にこのような経験をしたと報告した。「私」という存在が物理的な自己身体から遊離しているかのようなこの現象は、自己というものが魂のような何かであるというオカルト的な思想を焚きつける。その一方で、腫瘍という脳の障害によって、不可分であるはずの自己と身体の同一性が損なわれるという、科学的に重要な知見を提供する(Hiromitsu et al., 2020)。それを裏づけるかのように、脳の腫瘍を取り除く手術をした後では、体外離脱は起こらなくなった。このような症例から、脳が自己（の意識）というものにおいて大きな役割を担っている可能性が窺い知れる。この章では、自己は本当に脳が作り出すのか、という自己と脳の関係性について、科学的知見を踏まえながら、かつ、筆者の推論（や妄想）を折り込みながら議論を展開していく。

近年の認知神経科学（心の機能と脳機能との関係を探る学問）の発展によって、私たちの心の機能全般、そしてもれなく自己も、そのすべてが脳によって説明されると考えられている、ように思われる。このような考え方はどの程度妥当なのか。たとえば、極端な話で言えば、「水槽の中の脳」（Putnam, 1981）のように、脳だけが存在していれば（身体がなくとも）「私」という自己の経験が生じるという考え方がどのくらい正しいのか。このような脳至上主義について、脳損傷例や認知神経科学の知見から答えを探していきたいと思う。まず、本編に入る前に、自己というものをそもそもどうとらえたらよいのかについて考えてみたい。

「自己とは何か」というこの問いは、哲学者や心理学者だけでなく、人間として生まれた誰しもが興味を惹かれるものではないだろうか。自分とは何者なのか、私が経験する世界が（私にしか体験できないという意味で）私特有の何かを含んでいるように感じられるのはなぜなのか。一方でこの問いに明確な答えを出すことは、古代ギリシア時代から現代に至るまで議論が尽きないことからも分かるように、非常に難しい。

その理由の一つに、私たちが、日常生活を送るうえで自己というものをほとんど意識しない点が挙げられる。たとえば、朝起きて顔を洗いに洗面所に行くとき、「いま私は私自身の手を動かして蛇口を捻っており、いま感じている水の冷たさはまさに私の経験であり、鏡に映る自分の顔こそはまさに私自身である」などとは意識しない。しかし、たとえば、鏡に映る顔が他人の顔だったらどうだろうか。多くの人はそのおかしさに気づくはずである。これは実際には稀有な状況である（認知症における自己鏡像誤認という症候として報告されてはいる）。

もう少しわかりやすい例を示そう。腕を骨折して治るまでの間は、これまでとは同じようには使えない腕について、どこまで動かせて、どこまでは動かせないのかという、その状況に特異的な動かし方を少しずつ覚える過程がある。普段は意識されない腕の動きが、骨折により生じた不具合を通して意識化される。その過程において「まさにいま自分がこの腕を動かしている」という動きに関する自己の感覚が起ち上がることになる。他人の手の如く動かしにくかった腕が、徐々に使えるようになる過程において、その腕は再び「自己の腕」となり、意識されないスムーズな動きのできる腕に戻っていくはずである。

このように、私たちは自己についての情報に何かしらの障害が生じると、障害以前の自己との違いを検出するかのように、「自己」について省みることができる。つまり、自己というものは、これまでの経験や知識によって形成されたあるべき状態と、その瞬間瞬間の状態との差分によって浮かび上がってくる性質を持っているのである。

この「省みる」という機能は、自己を認識するために必要な機能のように思われる。骨折する以前の腕と骨折した腕の違いを検出するためには、過去の自分の状態を情報として保持し、それを今の状態と比較することが必要となる。自己はいまその瞬間瞬間にまさにここにあるようにとらえられるものであるが、それ以上に過去の状態というのも重要である。ではたとえば、過去の自分の情報を保持できないとしたらどうなるだろうか。それを考えるうえでちょうどよい題材がある。

二〇〇〇年に公開されたクリストファー・ノーラン監督による『メメント』(原題MEMENTO)という映画では、記憶を一〇分間しか維持できない男が、妻を殺した強盗に復讐する物語が描かれている。主人公の男は妻を殺された事件時に頭部を負傷し、記憶を一〇分間しか保てなくなった。そのため、自分の身体中にタトゥーを入れることで、犯人の情報を忘れないようにする。主人公の男のこのような症状は前向性健忘と呼ばれ、発症時点よりも未来方向の記憶が障害される一方で(この場合は一〇分間)、頭部損傷以前の記憶は比較的に明瞭に保たれることが多い。したがって一般的知識や物事の分別は保たれているが、直前の一〇分間のことは覚えていない。主人公の男は気づくたびに、自身の身体のタトゥーをいわば外部記憶装置として使うことで、自分が何者で、何をしようとしているのかを確認する。

ここで重要な点は、今の自分と一〇分前の自分が果たして同じ自分と言えるのか、ということである。私たちは時間的な連続性をいわゆる記憶として保持することによって、過去の自分を自分として省みることができる。そこには体験に紐づいた感情が伴っていることも多いし、身体的な感覚が紐づいていることもあるだろう。しかし、身体にタトゥーとして記録された情報をもとに過去の自分を再構成することにおいては、過去と現在の自分が連続する感覚、物語によって紡ぎ出された自己（ナラティブ・セルフ）とでも言うべきものが欠如しているように思われる（ナラティブ・セルフについては第1章4節に詳しい）。

つまり、省みることによって過去あるいは未来と現在のずれを検出し、そのずれの幅も含めて自分であるという、自己の感覚の更新が困難になっていると考えられる。このような例からの示唆は、私たちは通常、過去や未来と現在の状態のずれを検出して、そのずれという幅を自己としてまとめ上げているかもしれないということである（これについては、本章3節で詳しくみていく）。このように、「省みる」という機能は自己を認識するうえで一定の役割を担っていそうではある。さらに、この機能が脳を損傷することによって障害されることを考えると、自己が脳にまったく依拠していると考えてもおかしくないように思える。しかし筆者はこの考えに全面的には同意できない。その理由も含めて、まず1節では、脳至上主義とも呼べる自己が脳に依拠しているとする知見をみていく。

1　脳至上主義——自己は脳が作り出す錯覚なのか

現代において（原稿執筆時は西暦二〇二二年）、自己は、脳によって作り出されると考えられることが多い。理由は後述するとして、では果たしてそう考えたときに、自己は脳の中に見つかるのであろうか。ある研究では、一六歳から五九歳の研究協力者に対して「自己が身体上のどこに位置づけられるか」を尋ねたところ、脳であると回答された頻度が最も多く、次いで心臓であることが報告されている（Limanowski & Hecht, 2011）。

この結果は、私たちが身体の器官のなかでも特に脳が自己にとって重要だと考えていることを端的に示しているだろう。その理由は、メディアで広く取り扱われたことも手伝って、自己に関わる諸現象が脳の機能によって説明されるとする科学的報告が数多くされてきたことによると思われる。このような科学的報告のなかでもあまりに有名なのがフィニアス・ゲージの症例である。彼は鉄道建設現場の爆発事故により、鉄の棒が頭部に陥入し、前頭葉内側面を貫通した。この事故により彼の運動や感覚の機能に問題はなかったが、「もはやゲージではない」と周囲に言わしめるほどに、礼節が失われ、ときに無愛想でわがまま、ときに粗暴な振る舞いをするようになった。

フィニアス・ゲージの症例報告によって、自己の情動や欲求のコントロールが前頭葉の内側で担われているという見解が広く浸透した。そして、言語機能や運動機能だけでなく、自己に関連する情動や認知などの機能も脳に局在しているとする、いわゆる大脳局在論は、今日の神経心理学の礎となっている。一般に、脳を損傷すると何かしらの機能障害が起こる場合が多い。その障害から脳機能と心的機能の対応関係を解明しようとするのが神経心理学である。言い換えれば、心を脳に還元する見方をしているということである。とすると、「私」という自己の概念や、「私」の自由性も脳に帰すことができるのだろうか。

「私」を脳に帰す

自由意志の問題を実験的に扱ったベンジャミン・リベットは（リベットの実験については第2章2節に詳しい）、「私」が自由に振る舞っているように感じられる一方で、自由だと感じている行為は脳によってすでに（本人が感じる前に）決められているとする決定論的立場をとる。私たちが自ら身体を動かしたときの脳波を計測すると、「私が動かした」と意識する約五百ミリ秒前に脳で電位変化が生じる。ここで問題なのは時間順序であり、「私が動かした」という感覚が生じる前に脳が活動しているため、「私」の意志は後づけ的な錯覚であると解釈される。

マイケル・ガザニガによれば（Gazzaniga, 2011）、この解釈の基盤には次のようなロジックがあるとされる。まず前提として、脳は物理的実体であり、心はその脳に還元される。物理的世界が物理法則によって決定されている限り、脳の振る舞いも同じように決定されていなければならない。心が脳に還元できるならば、心の作用である「私」の意志もまた物理法則により決定されていなければならない。つまり「私」の自由な意志というものは存在せず、感じられるのはあくまで錯覚的なものである、というロジックである。世界のすべては物理法則に従うのだから、心や自己が脳に還元できるかどうかは、心や自己が物質に基盤を置いている以上、その振る舞いも自明のものである、ということである。

これについてガザニガは、物理世界があらかじめ決定されていて予測可能であるという点に異議を唱える。複雑系の非線形数学では未来を厳密に予測することが難しいことが分かっているためである。

このような反論もある一方で、心が脳に還元できるという考え方に基づいて、近年では脳刺激によって心的な機能に介入しようという実証的な試みがなされてきている。たとえば、脳の働き方に電気刺激で人為的に介入して、心的な機能を変えるというようなものだ。実際、自己の認識についても、脳を電気刺激する介入をおこなうと変化が生じることが示されているので紹介する。

この実験では、経頭蓋直流電流刺激（transcranial direct current stimulation: tDCS）という、頭皮上に貼った電極から微弱な電流を流す方法を用いて、右の側頭・頭頂接合部と呼ばれる脳領域を二〇分間刺激している（Payne & Tsakiris, 2016）。実験では、自己と他者の顔を混ぜ合わせたモーフィング動画（自己顔と他者顔の配合率が段階的に変化する動画）において、自分の顔だと判断できる自己顔の配合率が、電流刺激をおこなったあとにどのように変化するのかを調べている。

実験の結果は、特定の脳領域への電流刺激をおこなうと、自分の顔だと判断できる自己顔の配合率が、電気刺激前に比べて高くなるというものであった。裏を返せば、電流刺激を受けたあとではそれ以前よりも、他者顔をより少ない情報量で検出できるようになったということでもある。この実験をおこなった研究者たちによる解釈は、自己と他者の境界を決める機能を持つ脳領域（側頭・頭頂接合部）を刺激することで、その領域がより活動するようになり、他者顔の検出率が上がったということである。つまり、自己顔か他者顔かを識別する機能は、脳の特定の領域に還元できるという解釈である。ただ、この領域が自己と他者の境界を決める機能を担う脳領域なのか、たんに他者顔の検出

（あるいは自己顔の検出）を担う脳領域なのかはこの実験からだけでは結論できない点には注意が必要であり、さらなる統制実験が必要ということになるだろう。

このような脳刺激によって私たちの自己や心的な状態を変えようとする試みは、近年さらなる加速を見せている。二〇一九年、起業家のイーロン・マスクが設立したニューラリンク（Neuralink）という企業は、ヒトの脳内に電極を埋め込み、その電極をスマートフォンで操作して自らの脳を刺激する技術の開発方針を発表した。最初はラットやサルでの検討にはなるものの、ヒトでの応用も視野に入れたこの発表は一見衝撃的に映るかもしれない。しかし、これは脳活動で機械を直接操作するブレイン・マシン・インターフェース技術の延長にあるもので、その研究のはじまりは一九六〇年代と意外に古い。技術的そして倫理的にはまだまだヒトに応用する段階にはないようだが、ヒトの脳とコンピュータを接続する技術の確立は、注目の対象となることは間違いない。そしてこのようなアイデアの背景には、私たちの運動や感覚、そして心的な機能が脳にすべて還元されうるもので、脳の状態をコントロールすれば心的な機能も完全にコントロールできるという考え方に基づいている（Medaglia et al., 2017）。

自己に身体は必要か

いま見てきたような脳に自己を還元する考え方は一見もっともらしいように見える。しかし筆者は、心的な機能、ひいては自己が脳に完全に還元可能であるという点に疑問を持っている。現象として確かにあると思われる心的な機能、クオリアと呼ばれる質的な感覚や感情経験、ひいては自己についての概念は、脳が存在するだけで果たして発生するものなのだろうか。この問い、すなわち心が脳に完全に還元可能か、について考えるうえで非常に有用な題材があるので紹介したい。

本書の冒頭でも紹介された『攻殻機動隊』は士郎正宗氏によるＳＦ漫画であるが、哲学的な思考実験である「桶の中の脳」を近未来的な時代背景で描き、心脳問題の本質を描き出している。攻殻機動隊の世界では、簡単に言えば、脳（正確には脊髄を含む中枢神経系）だけが生身であり、残りの身体は交換可能な設定となっている（義体と呼ばれる）。したがって、身体が壊れれば脳だけを新しい身体に移せばよいので、人間が避けられなかった脳以外の身体についての病気は完全に克服された状態である。さらにその脳はインターネットに接続されており、あらゆる情報を脳間、脳・コンピュータ間で共有できるという設定である（電脳と呼ばれる）。

では、脳だけが無事であれば私たちの存在が担保されているかのようなこの状況において、果たして自己はどのように位置づけられるのであろうか。作中において、登場人物の発言にも反映されているように（序文に図つきで紹介）、たとえば顔や身体部位といったその人間固有の特徴は逐次更新されうるものであって、自己を自己たらしめるものは、主観的に自分が自分であるという認識を持つこと以外にない。しかし一方で、たとえば記憶のような、主観的かつその人間に固有と考えられているものも、ネットに接続された脳（電脳）においては情報の書き換えが可能であるため、もはや自己の存在を証明するものにはなり得ない。そのような状況においては、交換可能な身体をあえて交換しなかったり、あえて人型でない身体を持つことで個別性を獲得したりすることによって、自己の存在を、半ば逆説的に、身体に求めていく様子が描かれている。

攻殻機動隊の状況はかなり特殊ではあるが、ある種の思考実験のように、心や自己が脳だけに帰せるかを考えるうえでは興味深い。結局、身体によって経験されたことが身体の特徴として蓄積され、同時にその特異的となった身体を制御する機構を脳が担う。そうすることで、相互的な情報の経路が構築され、個としての自己の基盤が成り立つのかもしれないことが暗に示されているように思われる。見方を変えれば、まず脳と身体が一つの構造体として閉じていることが、環境から自己を切り出すために必要であり、かつ自己という意識を持つために必要な条件になっているのかもしれない。

この点について、私たちの自己性は、たんに脳による情報処理だけでなく、固有の身体を通して経験を蓄積することにも依存していると考えられないだろうか。つまり、脳自体の処理の仕方が、固有の身体を媒介した経験にチューニングされていく過程があるということである。実際に、実証的な研究においても、私たちの自己にとって、身体を通した経験が重要であることが示唆されている。たとえば、脳を損傷した患者の報告を考えてみよう。

自分の身体が自分のものでなくなるとき

ソマトパラフレニアと呼ばれる症候は、神経内科医のヨゼフ・ゲルストマンにより命名された症候であり（Gerstmann, 1942）、主に脳損傷によって麻痺した四肢を自分のものと認めずに、他人のものであると主張したり（他人帰属化）、あるいは麻痺した四肢を、人格を持つ主体としてみなしたり（人格化・擬人化）する症状が報告されている。本来であれば麻痺していてもその四肢が「自分のものでない」とは主張しないはずであるが、この症候では自分に帰属する感覚を他人帰属化や人格化・擬人化というある種の作話によって否定するという点にその特徴がある。たとえば本邦では、以下のような症例が報告されている（能登ほか、1998）。

作業療法士「左手はどうしましたか？」
患者「〝ホウジョウさん〟と合体しました」
作業療法士「手が合体するなんて変だと思いませんか？」
患者「変だと思いません。たまにあることです」
作業療法士「〝ホウジョウさん〟って誰ですか？」
患者「前にこの病院で一緒に入院していた人です」
作業療法士「〝ホウジョウさん〟は今どうしていますか？」
患者「そこにいますよ。最近〝ホウジョウさん〟が謝るんです」
作業療法士「どうしてですか？」

患者「手がこんなになってごめんと謝るんです」

この患者は六〇歳女性で、クモ膜下出血を発症し、その後、大脳右側の広い領域に脳梗塞を発症した。そのため、左半身の運動麻痺に加え、触れられた感覚や身体の位置の感覚などに障害が生じていた（大脳の右半球は身体の左側を司るため、左半身で障害が生じている）。麻痺した四肢については、実際には動かない状態だが動くと主張している。また、自分の病気の状態を認識できていない病態失認と呼ばれる症状や、左側の空間に注意を向けることに困難を生じる半側空間無視も呈していた。

この患者の状況を整理すると、視覚的に、つまり目で見て自分の麻痺した腕を認識していると思われるが、うまく動かせなかったり、触れられた感覚がなかったりする状況がまずある。これは、大脳から身体への運動指令や、身体から大脳への感覚のフィードバックが障害されていることによるものである。さらに、いま述べたような感覚運動レベルでの障害に加え、麻痺した腕を「ホウジョウさんの手と合体した」と主張する他人帰属化がみられ、一種の作話が生じている。このように、たんに動かせなかったり、感覚が鈍くなっていたりするだけでなく、そのような状態に相まって自分の身体を自分に帰属できない。さらにその状況に合わせてある種のストーリーを作ってしまう（作話）症状がソマトパラフレニアなのである。

いま紹介したようなソマトパラフレニアの発現機序に関しては、麻痺した身体を無視することで生じるとする半側空間無視の影響や、身体から脳への体性感覚のフィードバック経路が障害されるために視覚から入力された情報とのミスマッチが生まれ、その状態を脳が精確にモニタリングできないために都合のよい作話が生じてしまうなど、いくつかの仮説があるものの、見解の一致を見ない状況がある（Vallar & Ronchi, 2009）。

一人称視点から身体を経験することの重要性

しかし先に述べたように、脳の損傷によって発現する症候ながら、自身の身体をどのように経験するのかがその症状に大きく影響することが示唆されている。

認知神経科学者のエカテリニ・フォトプロウは、ソマトパラフレニアは、自分の身体をある視点から経験することの障害と関連があることを示した（Fotopoulou et al., 2011）。ここで言う「自分の身体をある視点から経験する」とは、次のような例から考えてみるとわかりやすい。たとえば、私たちの手に対する視覚的な経験を考えてみると、自分の手はある一定の視点、つまり一人称視点からしか経験できない。手には、その運動パターンとしての多様性はあるが、それらのパターンを超えた見え方はないということである。すなわち、運動パターンのどれをとっても、本人からの見え方と第三者からの見え方は、本人が本人自身の身体を基点にしているために、明らかに異なるのである。第三者からの見え方は、その手を見る視点が異なるため、本人にとってのあらゆる手の運動パターンの見え方のいずれにも該当しない。このような自己の視点を基点とした身体の経験のしかたがソマトパラフレニアに関連しているのである。なお、ここで言う一人称視点とは、経験の中心点として定義され、しばしば三人称視点と対比して用いられるものである（Vogeley & Fink, 2003）。

フォトプロウは、ソマトパラフレニアを呈した、脳の右半球を損傷した患者二名において（つまり左手にソマトパラフレニアの症状がある）、麻痺した手を鏡に映すとソマトパラフレニアの症状が軽減することを示した（Fotopoulou et al., 2011）。すなわち、一人称視点から自分の手を見るときにはソマトパラフレニアの症状が生じるが、鏡を通して三人称視点から手を見る場合には生じにくくなるということである。鏡に映った左手を右手と勘違いしているのではないことは鏡に映った腕やコップの左右を聞くことで確認されており、麻痺した手の自己帰属を助ける顔や胴などの部位が鏡に映り込んで改善したのではないことも手だけを部分的に映すことで確認されている。

ここで押さえておきたいのは、鏡像によってソマトパラフレニアの症状が改善した理由である。それを考えるために、研究者らの仮説をまず紹介しよう。ソマトパラフレニアを呈した患者では、体性感覚の麻痺のため、自分の身体を含む手を伸ばしたときに届く身体周辺の空間（専門用語で身体近傍空間と言う）において、以下のような障害が生じていると言う。それは、視覚によりもたらされる身体の情報（すなわち身体像）と、体性感覚によりもたらされる身体情報との統合の障害である。健常な人では、たとえば自分の手が水に触れているときに、触れている手が見えると同時に水の感触を手に得るだろう。しかし体性感覚の麻痺がある場合には、見ている自分の身体がそこにある一方で、そこには（健常だったときと比べて）完全な感触が得られない。このような視覚と体性感覚の情報の齟齬が、ソマトパラフレニアを呈した患者の状況である。一方で、鏡を見るような状況においては、三人称視点からの自己身体の認識は正常なのではないかということである。鏡の中にある身体なので、客観的に第三者の視点から見られたときの手が映っている。これは発症以前から保持されているはずのいわば身体のイメージなので、そこに麻痺があるないにかかわらず、自己の身体を基点とした一人称視点から観察した身体とは異なり、自己の身体として認識できるということのようだ。

つまり、ソマトパラフレニアは、さまざまな感覚モダリティにおいて、一人称視点という経験の枠組みから得られたシグナルを、その一人称視点に基底を置いた表象空間に布置することに障害をきたしている症候と言い換えることができるかもしれない。その障害によって、本来ならば自己に帰属されるはずの身体が、作話というつじつま合わせを伴って、非自己として認識されてしまうのである。このような考察は、ソマトパラフレニアがたんに脳損傷によってだけ引き起こされたものではないことを示唆してはいないだろうか。原因は脳損傷であっても、損傷された脳領域およびそのネットワークによって体現される機能は、多分に物理的身体における制約を受けている可能性があると筆者は考えている。その障害の発現の様相を見れば明らかなように、確実に自己の身体を基点とした自己の身体に対する経験のしかたがあり、たんに脳だけがあれば自己が説明可能であるという考え方から説明することは難しい。そうではなく、脳が機能するためのソースとしての身体が必要なのである（もちろん同時に脳はその身体を制御しもする）。身体によって脳機能が表現されると言ってもよいだろう。

そもそもこの章では、脳の機能だけでなく、身体を通した経験が自己にとって重要な要素ではないか、という議論をしていた。いま見てきたように、身体を通した経験とはすなわち、一人称視点によって媒介される経験と言い換えることができるのではないか、というのが本章の提案である。なぜなら一人称視点による経験は、ソマトパラフレニアの症例で見たように、身体の中に閉じた枠組みに依拠しているからである。

私たちは生まれてこの方、環境の中でダイナミックに身体を動かしていくなかで、つねに経験の中心点としての一人称視点を通してあらゆるシグナルを受信し、学習し、適応してきたはずである。そのなかで、たとえば対象がこのように見えるときにはその大きさがどれくらいで、手にこのような感覚が生じるときにはこのくらい柔らかさのものが触れていて、次に足をこのくらいの強さで踏み出せばこのくらい進んで、といった具合に自分の身体において閉じた表象（空間）を基点にして（もう少し噛み砕いて言えば、自分の身体を基準にして）感覚経験をしている。ではこのように私たちの身体に規定された一人称視点による経験は、もう少し掘り下げてみると、どのように考えられるものなのだろうか。次節では、自己というものが脳に還元されるという脳至上主義を脱却し、身体に規定された一人称視点の機能に焦点を当て、自己というものを如何に表現できるかを見ていく。

2　自己モデルとしての一人称視点――脳と身体の媒介点

本節では、自己が脳に還元されるだけのものではなく、身体に規定された一人称視点に媒介されて表現される可能性について掘り下げたい。第一節の後半で見てきたように、筆者は一人称視点が、脳機能と身体を媒介するという意味において、環境の中からいわゆる「生物学的自己」（ここで言う「生物学的」とはたんに環境や他者と、自己とを弁別するだけの有機体として存在を意味する）を切り出す役割を果たすと考えている。そしてさらに、この一人称視点を自己に特有のモデルとして機能させることによって、「生物学的自己」を超えたヒトに特有の主観的かつ私秘的な表象を形成するに至る可能性について議論したい。

一人称視点とは何なのか

ではまず、一人称視点とはそもそも何であろうか。たんに視点とは、一般的に対象をどこから見るか、という物理的な基点を意味する。一方で心理学的には、ピアジェに端を発し、「三つの山問題」にみられるような空間的な視点取得の能力のことを指して視点という言葉が用いられてきた（渡部, 2013)。視点取得とは、視点位置の移動とも表現され、「仮想自己の移動」と定義され研究がおこなわれてきた。この「移動」という点に関して、実際に、脳画像研究により、物理的な移動がないにもかかわらず、心的な視点取得をおこなっているときには運動前野（Creem et al., 2001）や補足運動野（Wraga et al., 2005）の活動が確認されており、視点取得が運動表象に根ざした機能である可能性が示唆されている。この可能性は、心理実験を用いた検討でも実証されている。視点を適用する対象が、自身の身体位置から角度としてどの程度離れているかによって、反応にかかる時間が線形に変化するだけでなく、その際の身体の状態、すなわち対象に対して視点を適用しやすいように自身の身体を回転させるか否かによっても反応時間が変化することが示されている（Kessler & Thomson, 2010)。つまり、物理的な運動を介していないにもかかわらず、脳の運動領域が活性化したり、視点取得をおこなうためにかかる時間が身体の運動可能性に依拠したりすることは、身体の構造やそれに基づいた運動の制約に規定された心的な自己モデル（自己表象）の介在を示唆する。

一人称視点の機能

また他方で、視点は「視る点」とも表現されるように、視覚情報に依存した基点として考えられることも多いが、

図4-1　頭部の位置に規定された一人称視点の機能

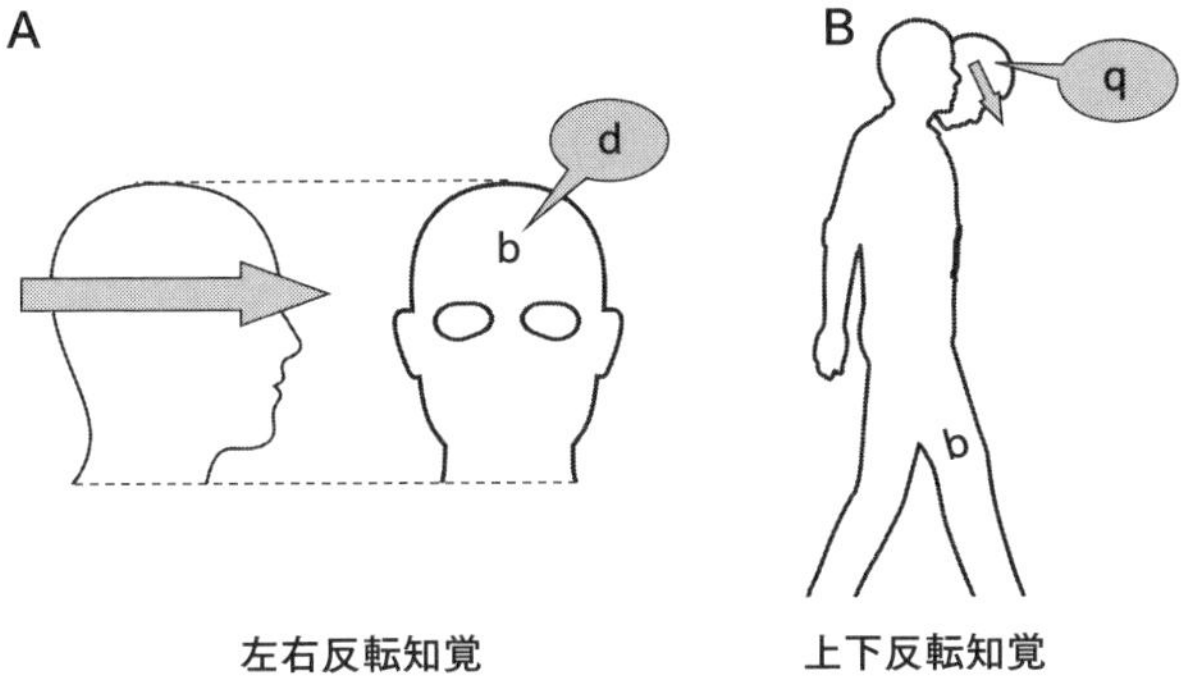

A　身体外の目（disembodied eye）：前額部に描かれた「b」という文字が主観的には「d」と知覚される様子を示している。
B　前屈枠（bending forward frame）：膝に描かれた「b」という文字が主観的には「q」と知覚される様子を示している。

視覚モダリティに限らず、より普遍的な形でスプラモーダルに（感覚モダリティを超えて）機能するものである。そして視点は身体上の頭部の位置に埋め込まれるような形で機能しているようである。実際、視覚経験を有しない盲者に対して身体上の視点位置をたずねた場合であっても、晴眼者と同様に頭部に視点があると回答することが報告されている（Shimojo et al., 1989）。頭部はたんに視覚情報を得る目がある部位ではなく、経験の基点としての一人称視点がある部位と言えるだろう。その証拠として、いくつかの興味深い実験を紹介したい。

　この実験は私たちの皮膚上における刺激の知覚について検討したものであるが、たとえば、額に文字を描かれることを想像してみてほしい。その際、私たちはその文字を実際の文字形態から左右反転した形態として知覚（たとえばpと描かれたときにはqと知覚）することが知られている。デイヴィッド・コーコランは、この額における左右反転現象が、頭部の背後に内的な一人称視点が存在するために起こる皮膚上刺激の知覚であるとして「身体外の目」現象（“disembodied eye” phenomena）と呼んだ（Corcoran, 1977）（図4－1A）。さらにローレンス・パーソンズと下條信輔《しもじょうしんすけ》は、皮膚書字刺激（b・d・p・q）を、さまざまな身体部位の表面に、身体部位の向きを変えて呈示することによって、その知覚がどのように変化するかを検討した（Parsons & Shimojo, 1987）。その結果、各身体部位およびその表面の向きに応じて皮膚書字知覚が決定されることが示された。具体的には、身体表面から外側方向に向かう身体表面では左右反転した文字知覚が生起し、内側方向に向かう身体表面では元の文字と同一の文字としての知覚が生じることが明らかになった。

しかし、例外として頭部の前額部と後額部における文字知覚は、前額部の向きや空間上の位置に関係なく、前額部で左右反転の知覚が生じる一方で、後額部では同一文字としての知覚が生じることを示している。この左右反転現象について、パーソンズと下條は頭部がそれより遠位の部位と独立した運動をするため、身体の運動を予測したり計画したりするための「パイロット」としての役割を持ち、独立した参照枠（reference frame）によって機能しているからであると説明している（Parsons & Shimojo, 1987）。この結果は、皮膚上の刺激を知覚するために機能する一人称視点には、実際の身体と同一の空間的指向性があることを示唆している。すなわち、私たちにとって世界が前方空間にしか広がっておらず、基本的には「前向き」にしか世界を知覚できないことと同じように、頭部上に入ってくる触覚刺激に対しても、物理的な頭部の前後に対応した知覚を誘発するということである。

また、このような研究の文脈においては、一人称視点が「身体外の目（disembodied eye）」という概念で説明され、刺激に対する内的な視覚情報処理が重要な要因であると考えられてきた。それだけでなく、下條たちは同様の刺激を先天盲者に対して検討することで、健常者と同様の結果を得たことを報告している（Shimojo et al., 1989）。すなわち、先に述べたように、頭部における皮膚書字刺激を、その前額部では左右反転した文字として、後額部では同一文字として知覚したということである。この結果は、左右反転現象が皮膚上の刺激に対する身体外の目（disembodied eye）を用いるような視覚情報処理によるものではなく、先に述べたようにスプラモーダルに（感覚モダリティを超えて）、皮膚上の刺激に対して物理的な身体の制約に依存した空間的な表象のプロセスが用いられている可能性があると考えられる。

額における皮膚書字刺激が左右反転した文字知覚を生起させる一方で、積山薫は、大腿部表面における上下左右反転の文字知覚を報告し、前屈枠（bending forward frame）という概念で説明している（Sekiyama, 1991）。この概念は、頭部より下部の身体部位を見る際に、頭部（正確には首や腰）を解剖学的に可能な運動範囲に折り曲げて見ることによって知覚が実現されるとする考え方である（図4－1B）。積山は、頭部、肩、胴、大腿、脹脛《ふくらはぎ》に対して皮膚書字刺激を与えているが（Sekiyama, 1991）、上下左右反転の割合は、首より下部になるにしたがって増加し、大腿と脹脛において最大になることを示している。頭部前額部における皮膚書字刺激への反応では、パーソンズと下條（Parsons & Shimojo, 1987）と同様に左右反転現象が観察されており、"disembodied eye" によって説明することができる。

すなわち首より上部か下部かによって皮膚書字刺激の知覚に用いられる参照枠（reference frame）が異なることを指摘しており、その違いは頭部の垂直座標軸と頭部の運動可能範囲によって規定されるものとしている。わかりやすく言い換えると、首や腰を曲げることによって、頭部が身体上においてどの高さにあるかが決まり、それによって知覚が変化するということである。これらを総合すると、私たちの一人称視点は頭部の位置に規定されており、同時に頭部の解剖学的な運動可能範囲に依存して頭部以外の身体上の知覚を規定していると考えられる。

これらのことを確かめるために、筆者はあるデモ的な実験をおこなったことがある。前述したように、皮膚書字刺激に対する私たちの知覚は、一人称視点の位置とその垂直座標軸の運動を想定した空間的な表象のプロセスに依存していると考えられる。その可能性を検証するため、一人称視点の位置を垂直座標軸上において変更したときに、皮膚書字刺激に対する知覚がどう変化するかを調べた。これまで言及されてきた皮膚書字刺激に対する共通の現象は、前額部における左右反転現象（「身体外の目」による知覚）と下肢前面部における上下左右反転現象（「前屈枠」による知覚）である。これらが身体上の一人称視点の位置に依存すると仮定するならば、一人称視点の位置をたとえば下肢前面部に設定した場合、「前屈枠」ではなく「身体外の目」が用いられることで、大腿前面部における皮膚書字刺激への反応が上下左右反転から左右反転へと変化する可能性が考えられる。一方で前額部における左右反転は変化がないことが予想される。

実験では、参加者のうち実験群の膝にアクションカメラを取りつけ、そのカメラからの映像を参加者が装着しているヘッドマウントディスプレイに映した。そうすることで参加者は膝視点の世界を体験するだけでなく、膝の運動に依存した視覚世界（ガクガクとぶれる）を体験することになる。一方で参加者のうち統制群にはヘッドマウントディスプレイだけを装着してもらい頭部に取りつけたカメラからの映像を投影した。つまり通常の視覚世界とほぼ同じである。両群の参加者にはこの状態に一定時間慣れてもらったあとに、前額部および膝上に描かれたアルファベットの小文字（b・d・p・q）が何であるかをできるだけ早く、閉眼状態で回答をしてもらった。実験に参加する前にも事前に同様に皮膚書字に対する回答をしてもらっており、その結果を実験参加後の結果と比較した。

特定の視点位置（膝視点または通常視点）に慣れる前後で、知覚された文字が変化したかどうかを変化率によって比較した結果、膝視点に順応した実験群のほうが、通常視点であった統制群に比べて各文字の変化率の平均が高いことが分かった。この結果は、一人称視点の位置が頭部から膝に変化したことによって、本来ならば頭部の位置を基点にしてなされるべき皮膚書字に対する知覚が、ヘッドマウントディスプレイを用いた簡易的な視点位置の変更によって阻害されてしまったと解釈できる。この実験では、視覚情報と運動に関する情報が、通常の状態からかけ離れていたわけだが、そのような操作をおこなうことによって実現された知覚は、そのかけ離れた身体の状態に依存したものへと変化したのである。すなわち、私たちの一人称視点は物理的な身体における制約を受けながら機能していることがうかがい知れる結果と言えよう。

オンラインとオフラインの一人称視点

ここまで見てきた一人称視点の機能は、要約すると、脳内に運動機能と同様に表現されながらも、実質的な運動は介在しないままに物理的な身体や運動の制約を受けているというものであった。このような一人称視点の機能は、時々刻々と変化する身体の状態の制約を受けているという点において、オンライン（その瞬間瞬間）の機能と言えるだろう。

しかし一方で、私たちにはオフラインの（通時的な）一人称視点の機能もあるように思われる。たとえば、昔懐かしい光景を思い出すようなときには、自分自身の一人称視点に立ってその光景を見ていることが多い。より顕著なのは、鏡の中の自分を認識するときである。私たちは、鏡に映った自分の姿を見て、自分であるとすぐにわかる。このような認識は自己鏡像認識（mirror self-recognition）と呼ばれる。自己の鏡像を自己であると認識することは、自己身体を対象化して、主体ではなく客体として認識することを意味する（鏡像における主体と客体の議論については第1章2節を参照のこと）。

この対象化において必要となってくるのが、一人称視点の身体外への布置である。通常私たちの一人称視点は身体内、こと頭部に埋め込まれているが、鏡像を観察する際には、鏡像という対象化された自己を自己身体の外の視点から観察している状況である（鏡像を観察している時点で、観察している主体としての一人称視点は観察されるべき目の前の自己身体の外にあると考えられる）。自己鏡像認識というヒトの成人においては当たり前であるこの能力は、一歳半から二歳の間に獲得されることが知られている（Amsterdam, 1972）。さらに、ヒト以外の霊長類、すなわちチンパンジー、ボノボ、オランウータンなどもこの能力を有するとされるが、イルカ、ゾウ、ブタなどの種においても確認されており、あらゆる種に通底する能力のようである。

この自己鏡像認識はマーク（ルージュ）テストという手法を用いてヒトおよび動物において確かめることができる。このテストでは、気づかれないように個体の顔に貼ったシールや赤い印を鏡越しに見せて、それを剥がしたり触ったりすることができるかをテスト通過の基準としている。マークテストを通過するためには、鏡それ自体の性質の理解や、自分の見た目や顔情報の知識に依存した視覚的な自己像の理解が重要とされる。すなわち、今その瞬間の自己身体の状態を、時間的に一貫している自己身体についての知識（身体イメージ）と照合することが求められているのである。

このような時間的に一貫した自己身体についての知識について、宮﨑美智子《みやざきみちこ》と開一夫《ひらきかずお》（Miyazaki & Hiraki, 2006）は、自己像の視覚的フィードバックに加えて、自分の動きの情報（固有感覚情報）が自己鏡像認識にどのように影響するかを検討している。自己映像に二秒の遅延を挿むことで視覚情報と固有感覚情報の関係性を崩して、ヒトの二〜四歳児においてライブ映像とのマークテスト達成率を比較した。その結果、二歳までに通過可能なはずのマークテストにおいて、三歳児では二秒遅延条件で通過できなくなることが示された。ライブ条件（すなわち映像遅延なし）では八〇パーセント以上の三歳児が達成した一方で、二秒遅延条件では四〇パーセント以下という結果が報告された。

この結果から、発達の初期段階においては、固有感覚によってとらえられる自己身体に対して、視覚的にとらえられる自己像が遅延なく付随する必要があるということが示されたと言える。この結びつきの学習には年齢的な境界があり、三歳児においては未発達であった一方で、四歳児においては獲得されている。四歳児になると、ある程度の遅延があっても、この動きはさきほど自分がおこなった動きである、というように、時間的な幅を以て自己身体を客体化できるのである。

この能力こそ成人では当たり前となるオフラインの、時間的に一貫した、一人称視点を通した自己身体に対する認識の基盤と呼べるだろう。四歳になって獲得されることを考えると、たとえば乳幼児でみられる、自分の手を確かめるように見つめるハンドリガードのようなオンラインの一人称視点による身体の認識とは性質が異なると考えられ、むしろ自己の身体を意識的に対象化し、時間的に一貫した自己身体についての知識と照合しながらそれを認識する能力であると考えられる。

このように発達の過程で獲得される自己鏡像認識であるが、認知症の発現に伴って損なわれることも報告されている（Feinberg & Roane, 2005）。この症状は自己鏡像誤認（mirrored-self misidentification）と呼ばれ、他に統合失調症やうつ、神経症などにおいても報告されている。自己鏡像誤認を呈した患者は、他者の顔認知は正常である一方で、自己鏡像に対する認知だけが障害される。これまでの研究では妄想を伴う精神機能の障害によるものとされ、その治療や機序解明には催眠が用いられてきた。しかし、自己鏡像誤認患者における半側空間無視などの視空間処理機能の障害が指摘されている点を踏まえれば（Mulcare et al., 2012）、顔認知能力の障害ではなく、鏡像という視覚情報に対するオフラインの一人称視点を通した認識、すなわち自己の顔についての時間的に一貫した知識が阻害されて生起している可能性が考えられる。つまり、自己像のその瞬間のオンラインの視覚的フィードバックと、これまで生きてきたなかで蓄積されてきたオフラインの自分の顔の情報の照合によってなされる自己鏡像認識の能力が失われた可能性である。

このような症状は、先に紹介したソマトパラフレニアとは対照的である。ソマトパラフレニアを呈した患者は鏡を通さずに一人称視点から身体を眺めると自己身体として認識できない一方で（オンラインの一人称視点の障害）、自己鏡像誤認を呈した患者では鏡の中の自己身体だけを認識できない（オフラインの一人称視点の障害）。これは、瞬間瞬間のオンラインの身体情報に規定された一人称視点を通じた認識と、身体外に一人称視点を置いた、記憶や知識といったオフラインの水準の一人称視点を通じた認識がある可能性を示唆し、ソマトパラフレニアでは前者が、自己鏡像誤認では後者が障害されたと理解できる。

つまり、私たちの自己性は、その瞬間の身体情報に根ざしたオンラインの一人称視点と、鏡像を眺めるときのように、視空間的に表象化されたオフラインの一人称視点という、自己（の身体）について照合・推論するためのモデルに媒介されて表現されていると思われる。さらにこのとき、物理的身体における種々の感覚情報は時々刻々と変化するため、自己モデルとしてのオンラインの一人称視点はそれに伴って時々刻々と更新される。一方でオフラインの一人称視点は、オンラインでの変化を受けて、知識や記憶といった通時的なレベルでの自己についてのモデルを表象すると考えられる。このような一人称視点におけるオンラインとオフラインという対称は、発達の次元で考えればオンラインはピアジェの具体的操作期と、オフラインは形式的操作期に対応するであろうし、ギャラガーの言う自己概念（self conception）の次元で考えれば、オンラインは主体感や所有感といったミニマル・セルフに（第1章1節を参照）、オフラインは時間的一貫性やアイデンティティとしてのナラティブ・セルフ（第1章4節を参照）と言えるだろう。

自己モデルとしての一人称視点

　ここからの議論は推論の域を出ないことを前もって断っておくが、筆者は、この一人称視点を自己性に寄与する心的なモデルとみなしたときに、そのモデルは他者に共感したり他者の状況を想像したりするために一人称視点を制御・操作する制御系として機能している可能性もあると考えている。実際に先に紹介した視点取得課題における反応時間の結果や、脳画像研究による運動領域との関連を踏まえれば、運動制御の研究の俎上に載ると考えられ、共感や視点取得の能力が、事前知識としての一人称視点を制御して他者状態を推論することによって体現される、と考えられなくもないだろう（いわゆるシミュレーション仮説）。

　一人称視点という自己モデルを予測器としてとらえ、それによる予測と外界や時間表象上に蓄積された情報からもたらされる結果（環境の変動や他者状態や記憶）との比較にその機序の根幹があると考えると、その差分があらゆる自己性をもつ主観経験に落とし込まれているのかもしれない（図4－2）。さらにここ最近の神経科学の潮流に乗れば（Barack & Krakauer, 2021）、一人称視点は身体のあらゆるセンサーから得られる高次元の情報を、脳機能を介して低次元に圧縮したような正

図4-2　心的な自己モデルとしての一人称視点のイメージ図

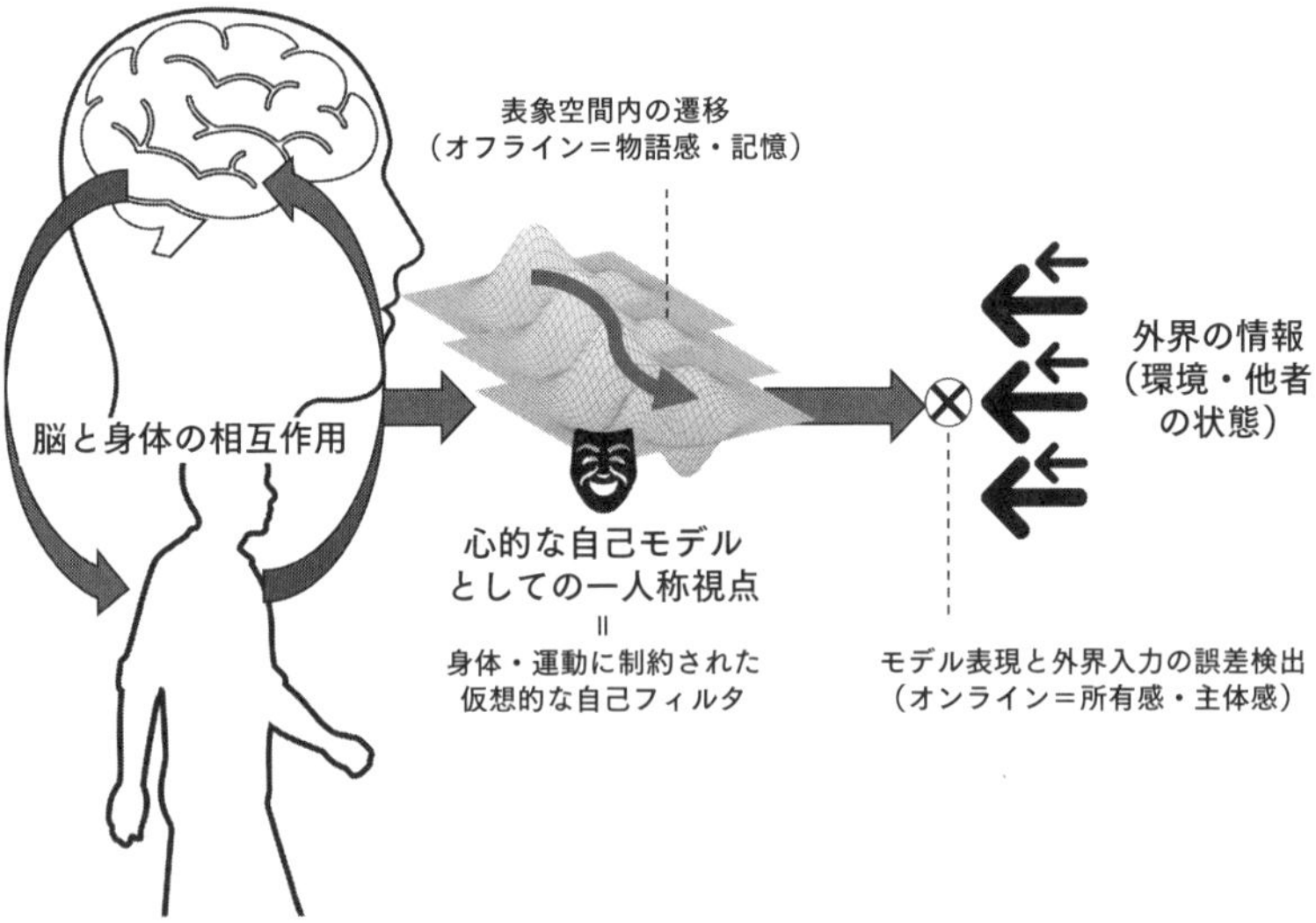

にフィルタであり、そのフィルタが低次元空間を遷移することで、私たちの自己を含む心理的な機能が体現されているのかもしれない（たとえば浅井、2019)。

ただ、いま述べた自己モデルとしての一人称視点は、自己という抽象的な概念がスプラモーダルに（感覚モダリティを超えて）縮約されたある次元での表現に過ぎず、そして同時に、現段階においては単なる仮説に過ぎないわけであるが、その最小の意味では、外界と個とを区別するという生物学的に根本的な機能であり、その最大の意味では、ヒトが独自に発達させてきたとされる共感や視点取得、心的状態の推論（mentalizing）といった、事前知識としての自己モデルを用いた他者状態の推論を体現する機能なのかもしれない。このことをもう少し単純に考えれば、身体という環境から個を切り出すための媒体を前提に（このときに一人称視点が介在すると思われるわけだが）、時々刻々と更新される身体からの情報とその通時的な蓄積を脳に表象することによって、その表象空間を利用して、世界に対して働きかけているに過ぎないのかもしれない。

3　自己は本当に脳が作り出すのか

この節では、これまでの節での自己モデルとしての一人称視点の議論を踏まえ、「自己は本当に脳が作り出すのか」という最初に掲げた問いに筆者なりに答えていきたい。結論から言うと、答えはノー、だと考えている。最初にわかりやすい例を紹介しようと思う。

ここに、指を使って何桁もの四則演算をこなす人物がいるとする。その人物は指を怪我すると途端に計算ができなくなる。ここで前提知識として、私たちは一般的に、計算の中枢は脳にあると考えている（神経心理学的な知見として、ゲルストマン症候群の一つとして知られる失算（計算障害）は左下頭頂小葉の損傷で起こるとされる）。しかし指を怪我して計算のできなくなったその人物は脳を損傷しているわけではない。ではその人物にとっての計算の中枢は指なのであろうか。

また、記憶の中枢についても同じような興味深い実験がある。この実験ではバーチャルリアリティを利用して身体外の視点（体外離脱の視点）を実現して、そのときの記憶成績を視点が身体内にある通常状態の記憶成績と比較した（Bergouignan et al., 2014）。直感的にはどちらの視点でも記憶成績は変わらないと予想されるが、結果は意外にも身体外の視点をとったときの記憶成績のほうが低くなるというものであった。つまり、たんに脳内に蓄積されている情報と考えられていた記憶が、実は身体を通して経験するという事態に大きく影響を受けるものであるということだ。なお余談だが、この実験はミニマル・セルフとナラティブ・セルフをつなぐ研究としての重要性もある（第2章3節を参照のこと）。

身体化された（embodied）知性として紹介されるこれらの例は、たんに私たちの知性の中枢が身体であるということを示しているわけではない。そもそもの問題は中枢という表現にある。人間の物事に対する理解のしやすさという観点に立てば、何かと何かを一対一に対応させることは、これほど明確なことはない。しかしヒトの機能はもう少し込み入っている（と思われる）。たとえば、計算という機能に対応する何か（それが脳の部位であるにしろ指であるにしろ）があれば申し分ないわけであるが、そうは単純ではないのである。前述した一人称視点が、身体の運動可能性に制約されると同時に脳内にも表象されているのと同じように、私たちのいわゆる知性も、環境から個を切り出すための身体とその身体や身体における経験の蓄積に制約された機能であるはずなのである。誤解を恐れずに言えば、身体も脳もどちらもあって初めて機能が体現されるはずなのである。

それを示すような症例を経験したことがある。左の側頭葉に腫瘍を呈した八〇歳代男性の患者は、全般的な注意障害と喚語困難、復唱、構音の障害を呈していた。

加えて、側頭葉病変ではよく報告される線画に対する呼称の障害も呈していた。たとえば、クルマの絵を見せてもそれが何であるか正確に答えることができないのである。しかし、この患者がもともと肉屋を経営していたことを聞いて、生の肉の部位の写真を呈示したところ、驚くほど流暢にそれぞれの部位の名前を答えたのである。クルマの線画を見せてもそれを呼称することができないのに、である。教科書的には側頭葉の細分化された領域ごとに、特定のカテゴリーの呼称が障害されることが知られているが、もちろん肉のカテゴリーというものはないし、肉以外の食べ物では正確には回答できなかったのである。

ではなぜ素人目には決してわからない生の肉の部位の写真だけ正確に答えられたのだろうか。直感的に表現すれば、肉屋だから生の肉の部位は見慣れていたということになる。ただおそらく日々の業務のなかで何度もそれぞれの部位を捌いて、身体的にその情報を蓄積し、もちろん何度も見ることによって視覚的にも蓄積し、それだけでなく臭いや音としても蓄積していたことと思われる。そういったその人の身体やそれに根ざした感覚を通してコードされた対象としての生の肉の部位は、脳内の表象としても強く配線された結果、脳腫瘍の影響を比較的受けにくかったものと推察される。

このように、個人個人の来歴とでも言うべきものが脳には強く反映されているはずなのである。肉屋においてはその人物の肉屋としての経験自体が脳をチューニングし、指で計算する人物においてはその人物の指を使って計算をおこなうという経験自体が脳をチューニングするという具合である。したがって、環境の中から個を切り出すものとしての身体が、その制御系と考えられる脳と相互作用を繰り返し、状態を遷移させることによって、その身体に特化した脳、その脳に特化した身体を形作ると考えるのが妥当なのではないだろうか。その意味で、桶の中の脳（すなわち自己は脳だけが作り出す）は難しいのではないかと考えられる。

しかし一方で、攻殻機動隊のような仮の身体（義体）には可能性がないとは考えていない。ただし、そこには条件が必要だろう。この場合、脳は、これまでの身体の来歴を捨てて新たな身体に移行するわけであるから、その脳に完全に合致する身体がなければならないだろう。もちろん脳には可塑性（たとえば腕を喪失した人の脳は腕の感覚野が再編される）があるので、新しい身体に対しても一定程度の適応は可能だろうし、実際ＢＭＩ技術の進展は目覚ましい。しかしそもそも、その人間の来歴を考えれば、その人間の身体以上にその人間の脳に合致する身体はないはずであるから、この条件を、こと全身レベルでクリアするのはなかなか困難であると思われる。先に触れたニューラリンク社のプロジェクトは最終的にはそのような未来を見ているのかもしれない。倫理的な制約が強いとは言え、私たちの自己や、存在自体を考える契機になるという意味では非常に興味深いのは言うまでもない。

最後に、再び「自己は脳が作り出すのか」という問いに立ち戻って、脳が自己にとってどの程度必要なのかを考えてみたい。水無脳症をご存知だろうか。水無脳症とは、生まれながらにして大脳が欠損している症候を言う。水無脳症の子どもは、大脳がないにもかかわらず、状況への選好や感情表出がみられることが知られている（Solms, 2013）。皮質下の領域が残っていることもあるが、必ずしも私たちの大脳だけが選好や情動といった高次な機能に寄与しているわけではないことが窺い知れる。さらに、幼少期に大脳両半球のうち片方の半球を除去した患者においては、残った半球の脳内の配線（脳内ネットワーク）の強さが健常者に比べてほとんど変わらないことが示されている（Kliemann et al., 2019）。では実際に認知機能なども健常者と変わらないのかが気になる点であるが、この研究では、認知機能についても検討しているが、患者群のサンプルサイズが非常に少ないことから一定の結論を導くことは避けており、あくまで健常者と変わらない脳内の配線の強さが認知機能においても寄与しているだろうという言及にとどめている。

このような症例の研究から分かることは、大脳皮質の大部分や脳の半球が欠損していたとしても、そこに私たちと変わらない自己性の一端を見ることができるということである。実際、脳の前頭葉をほとんど摘出した自験例においても認知機能検査の結果はほとんど健常程度に保たれており、機能的に大きな障害は認められなかった。もちろん前述のような患者の主観自体を知ることは不可能であるが（健常者でもそうだが）、認知機能検査や主観指標の結果を見る限りでは、彼らが私たちと同じ結果を示す以上、そこに自己性があるように見えるということである。しかしそれ以上に注目すべき点は、脳の大部分がないとしても、一定程度の機能が保たれていることである。これは、これまでみてきたように、その人自身の身体を通して蓄積されたあらゆる経験が、その人のあるがままの脳に合わせて表象されているということだろう。脳の可塑性という観点からも十分に検討の余地があるが、それ以上に特定の部位という機能局在を超えて、その人の脳という単位において機能が体現されている点に着目すべきである。そしてその基礎にはやはり、その人のオリジナルの身体を通した経験の蓄積があるのだと思う。

自己とは至極絶対的なものである。その人という次元においては間違いなく存在するものである。そして、その人の身体と脳とのインタラクションにより構築される一種の抽象としての自己は、決して脳だけが生み出しているものではなく、身体を持った個としての、生命体としての、環境への働きかけの産物なのではないだろうか。

第5章

「かたち」と「わたし」——現実からの脱身体化と抽象空間での具象化

浅井智久

About this Chapter 少し長めのはじめに——想像と創造

「わたし」を語るうえで、その舞台となる「世界」を考えずにはいられない。しかし「この世界」とは、一体どこまでの地平を想定しているだろう。古来、人間の知恵を振り絞って想像できる最遠を「宇宙」と呼んできた。ここに本質的な想像限界がある。この宇宙とは、私たちヒトにとっての**創造**限界である可能性がいつまでも否めないということだ。科学は古代ギリシャ人が発明した、というとらえ方がある（シュレーディンガー、1991）。同じ時期に数学が芽吹き、今でもそれらは私たちの世界観の根本を成す。「今の常識は、ひと昔前は魔法」という言葉もあるように、つねに知識はアップデートされ続け、疑われることを忘れる（現代風に言えばベイズ更新。事前知識は経験によって事後知識へ更新されるが、次の瞬間には事後知識は事前知識となってまた書き換えられる）。とすると、元の元までできる限り遡って、（発見ではなく）発明であったものとしての科学や数学が根底にはない世界の進化の仕方は、ありえたのではないかと考えてみる。そして少しだけ先走れば、「わたし」はどこかの時代に**発明**されたものではないか、と陽にも陰にも考え続けるのが本章だ（たとえば、ジェインズ、2005）。いったん発明されれば当たり前のように使われ続ける電球のように。便利だから、という理由で。

私たちにとっての「この世界の進化」とは、教科書に載っている生物の系統進化の樹形図のようなものなので、私のいない世界とはその外側にいる新種を想像（創造）することに等しい。しかし、たいていの想像上の宇宙人がヒト型をしているので、私たちの笑えるくらい狭小な想像限界を示唆しているのだろう。そして進化は確率的で気まぐれに振る舞うので正解も間違いもない、というのも重要なテーゼだ（つまり、「私」のいない世界はあり得る）。もし別に分岐したパラレルワールドがありうるとすればどのような姿をしているだろうか。別にSFのような話ではなく、他の生物種にとってのこの世界は、私たちの世界とはパラレルワールドになっていることまでは想像に難くない（「同じもの」であるはずだが、全く異なる見え方をしているだろう。それは「同じもの」なのだろうか？）。しかし各個体や個人に固有のその内実（クオリア）は決して想像できない。なぜなら、私たちの創造してきた（そして、私たちが創造されてきた）世界の外を想像することは、一介の創造物の能力を超えた許されない行為だからだ（多重に入れ子になったローレンツアトラクタもしくは蟻地獄のような構造を想像すればよいだろうか。外から内へは入れるが、内から外へは出られない）。

つまり、我思う故に我あり、の外側にはそうそう出られるもんじゃない、というわけだ。思えば思うほど、考えれば考えるほど、自己／自由意思の錯覚に深く沈んでいく。しかし簡単には諦めずに、脱出のための裏口は本当にないのかを探す旅に出る。もしかしたら、より深く潜れば反対側から突き抜けるかもしれない。出アフリカのような歴史的な転機が訪れるかもしれない、というとらえ方でもいいし、四次元空間では「知恵の輪」は簡単に外れる、というノリでもよいだろう。その意味で、過去から今に至るまで、私たちは神様に頼ってばかりだった。私たちには行けない外の世界を知る存在として。本当の意味で神が過去の遺物になる世界、とは途方もない話に聞こえるが、「外に出るため」の手がかりが全くないわけでもない。ABC予想という数学の難問を京大教授が解いたらしいと近年ニュースになった（加藤、2019に詳しい）。そこで用いられた大掛かりな仕かけとは、ギリシャ人の**発明**した「われわれの数学」を根本的に見直し、「別の数学」があってもよいと考えることだったそうだ（むしろ、そうしないと解けない問題があることを発見したとも言えるだろう）。数とは結局何なのか、足し算や引き算は「壊せる」のか、などを根本から考え直した結果、われわれの宇宙（数学観・科学観）を抜け出し、別の宇宙（つまりは世界観）とつながるための「アクロバティックな」方法が報告された（ようだ）。このような、まさに「パラダイム」シフトに大いに励まされることにして、真に常識に囚われず（これが本当のハードプロブレムだ）、実験心理学者として心・身・脳の（少々異端ではあるが）議論を始めることにしよう。宇宙・世界・私、そして「空間」、これらの言葉が指す地平を見つめながら。

1　心身論・心脳論から心身脳問題へ

さて、古くて新しい問題としての「こころ・からだ・脳」の関係性を考えていく。私たちはこれを「心身脳問題」と呼んだ（田中ほか，2019）。この三位一体の重要性を認めない研究者は少ないだろうが、三者を同時には扱いにくいという経験則からも、心身論や心脳相関という用語が表すような二項関係として、ご存知のような種々の実験研究がおこなわれてきた。つまり、三つのうちの一つを独立変数として操作し、残った二つのうちの一つが従属変数としてどう随伴して動くのかを検討する。研究によっては残り二つともの動きを見ている場合もあるが、実質的には二項関係に切り出して扱っている。そして、両者間に時間的な前後関係が想定できれば「因果」関係に踏み込んだ解釈が可能とされ、そうでなければ「相関」にとどまった関係性を議論するのがお作法だ。しかし、このような慣習的な方法論をこれ以上続けても不毛かもしれないと、どこか「超えられない壁」を感じたことはないだろうか。本章では、従来研究の自己否定も孕んでこの点を批判的に論じ、まず壁となっているモノを可視化することを試みる。しかしそれだけでなく、最終的には壁をすり抜ける一筋の光が射すことを期待しつつ思案を始めるとする。結果として見えてきたのは、壁で囲まれた「かたち」があるからこその、「不自由で自由な私」がいる、という逆説的な光明であった。

いろいろな空間

ここでまず「空間」を導入しよう。いわゆる普通の視覚的な三次元空間をまずは想像してもらって構わないが、このような日常空間（ユークリッド空間）においては、二つの物体間の距離に応じて「近さ」を定義することができる。しかしながら、ユークリッド距離が遠くても、同じ赤色の物体同時であれば「ある種の近さ」を感じるはずなので、ユークリッド空間ではない赤色空間というものを定義してみることもできて、その赤色空間内では二つの物体は「近く」に布置される（図5－1）。日常空間の各点は、たとえばある物体と物体間のユークリッド距離を表すが（私たちがいわゆる「空間」と聞いて想像する状況）、赤色空間にも同じ要素を布置することができる。この場合、たとえば一次元（いわゆる「数直線」）で十分な場合もありえる（特に「影」に注目）。二つの空間は、次元数や布置が必ずしも対応しないので、「日常空間」で点が動いたとしても（私たちがいわゆる「運動」や「移動」と聞いて想像すること）、赤色空間では点は必ずしも動かない（位置が変わっても赤くなったりはしない）。

ここでまず疑問に思うだろう。後者の赤色空間は観察者依存の近さであり、前者のユークリッド空間である「物理的な世界」とは別物なのではないかと。そこで物理的な世界というのをあらためて考え直す必要があるが、ユークリッド距離が近いという観測は俯瞰的

図5-1　パラレルワールドのような森羅万象のさまざまな“空間化”

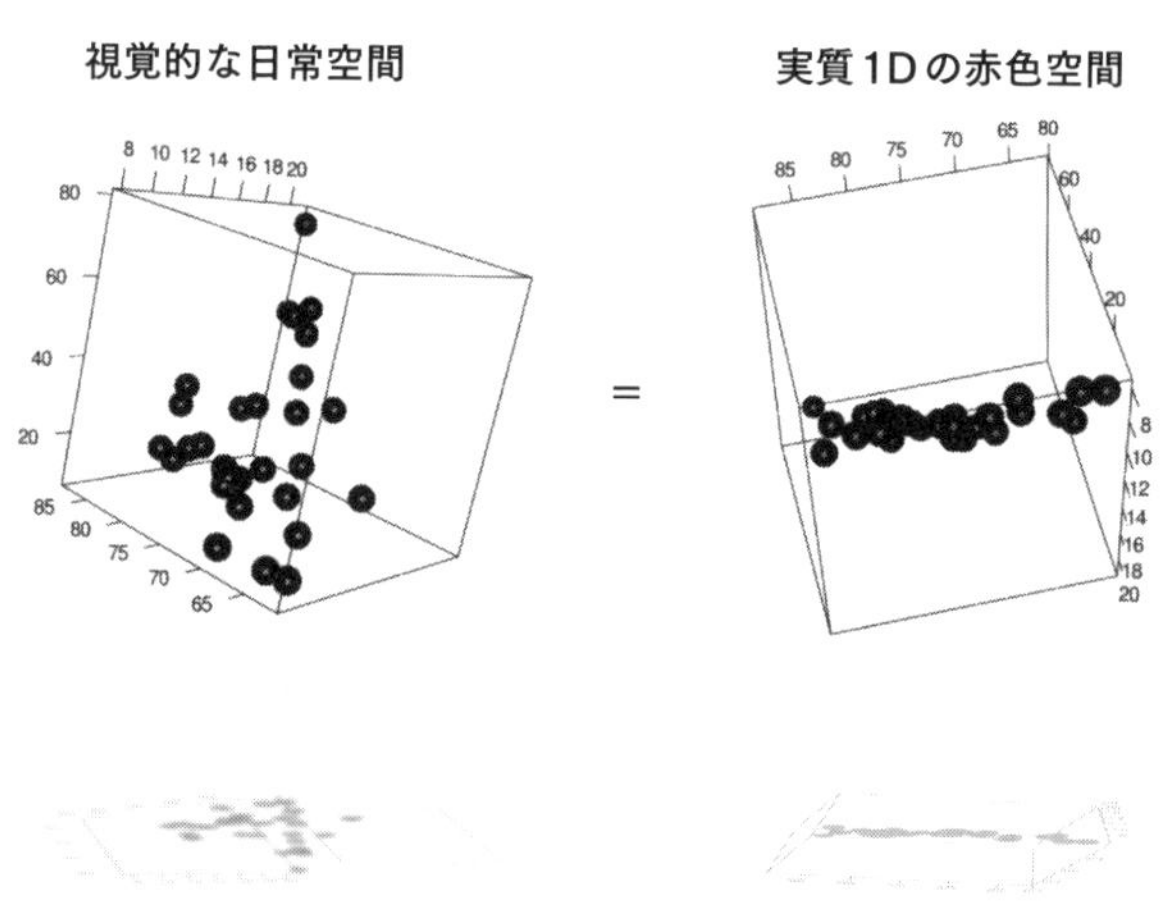

に世界を見渡せる「神の視点」によって得られる客観事実のようなものであり、全知全能でない「私たちの視点」で得られる二体間の距離は、観察者の位置や角度で変わりうる一つの推測結果にすぎない。とするとユークリッド視覚空間と赤色空間は、じつのところ観察者による同じような「心理的空間」なのではないかと思えてくる。もしかしたらそうかもしれない、と少しでも感じられた読者においては、このような抽象的な空間をいろいろ定義してもよいことにして、そうすると同じ対象同士であっても前述のようなさまざまな空間内に布置できる。それぞれの空間は「ペア同士の近さ」がたくさん集まったモノ（集合）になっているので、つながり（ネットワーク）を成している様子が想像できれば前途洋々だ。つまり、空間という外枠が最初からあるのではなく、要素が集合することによって、つまり特定の領域に限って布置が起こるという意味での外枠がだんだん見えてくる（これを「多様体」と呼ぶ）。そして、これらのユークリッド空間と赤色空間は必ずしも対応しないので、二つの箱庭が宙に浮いていて、連絡はしていない二項関係をイメージしてほしい。しかしながら、両者は同じ「この世界の要素」を表してはいるので、ある種のパラレルワールド関係になっている。箱庭として導出するのにも意味があり、それぞれが小宇宙としての閉じた空間であるため、これらを包み込む大宇宙なるモノが暗喩されている。この箱庭をなぜ最初に導入する必要があるかというと、「こころ・からだ・脳」がそれぞれで空間を作っていると考えることで、少なくとも私たちの「想像空間」のなかではすっきりと整理し議論することができるからである。そして各空間が「リアル」であるかどうかは最後にまた考えることにしよう。

次元と自由度

空間が生み出されると、その次元性が見えてくるはずだ。次元とはその空間を表すのに必要な軸の数であるので、私たちの日常空間は3D（xyz軸）もしくは4D（xyzt軸）ということになっている。しかしながら、実質的な軸はより少ない場合も多い。私たちの地図上での移動は2Dで十分であるし、「今日の渋谷で五時」と「明日の渋谷で五時」は4D空間上の同じ位置ではないので二者が出会うことはないが、この場合、2D＋tの3D空間で互いに動いていることになる。しかし、なんとなくニアミスしたような気持ちになるのは、軸一つ以外の値が同じで、確かに「近い」のである。心理的空間に置き直したとしても、最初の一文字以外は同じ語句なのでこちらの空間内でも近い。さらにさきほど導入した空間とは、ひとまず想像上の産物で抽象化が許されるので、必要であれば4D以上にも拡張できることにしよう。ただし、どうやら私たちの「想像空間」は4Dほどの広さしかないので、数学的に扱う以外には高次元空間のイメージは持てない。そう、次元数とは空間の広さのことで、空間の外枠は事物の布置する範囲が定めているので、空間内の一点であるところの「事象（モノコト）」は広い空間であればより自由に動き回ることができる。よって、より自由な状態をとれる。これをその事象の持つ「自由度」と呼び、状態の動き回る空間として状態空間や位相空間という専門用語も与えられている（たとえばBarack & Krakauer, 2021）。自由度とは、幾何的にはその事象が動く空間の必要十分な軸の数のことであり、代数的にはその事象がいくつの数字の組み合わせで必要十分に表現されうるかのパラメタ数のことである。ちなみに、ここでの「動く」は必ずしも時間変化でなくてよい。時間軸が潰れた状態で、ある事象がいろいろな状態（相、位相）をとりうることもその空間内での「動き」である（たとえば赤色空間）。時間軸を入れてもいいし入れなくてもいいという意味で、時間が特別扱いされない空間になっている。空間の中は自由なので、過去を思い出すとか、未来予想図を描くとか、そういった心理的空間においては、時間軸があっても不可逆性（時間の矢）は無視できるので、こころの中では自由に過去や未来に移動できる。このように、いろいろ生みだしうるさまざまな空間たちは、互いに関連があるような、それとも全くの別物のような、今のところそんな漠然としたイメージだろう。

心身脳の相対性

これで、抽象的だからこそ万能な「空間とその中の自由」という強力な現代思想を手に入れたので、心身脳問題に

図5-2　“三体問題”としての心身脳問題

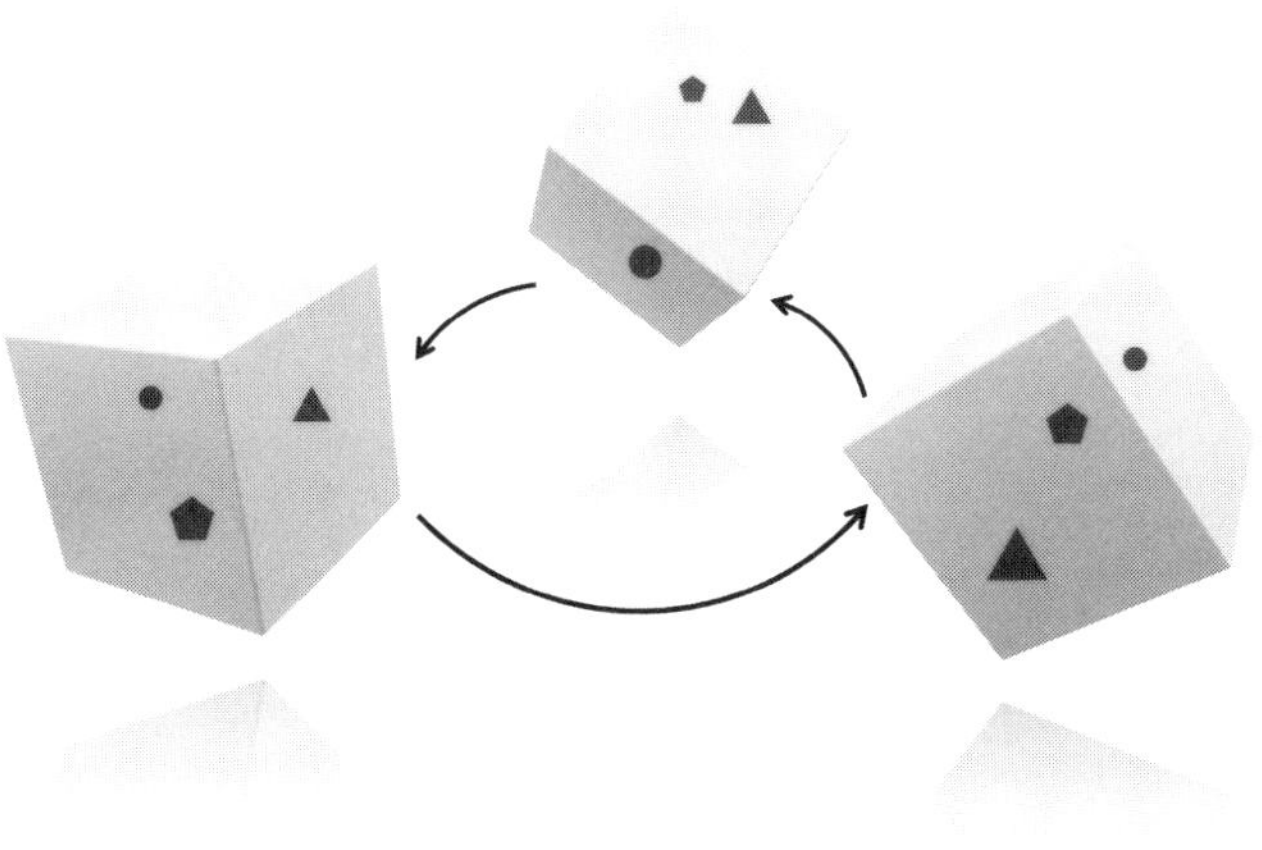

とりかかろう。あらためて三つの、こころ空間・からだ空間・脳空間を考える。各空間内で、心・身・脳の状態がさまざまに変化する。ここでの論点は、私たちはこの三空間には対応関係や関連性があると考えているという点だ。基本的に、空間は好き勝手にどんどん作ってよいので、空間同士の関連性や因果性を前提にする必要はない。しかし、とある空間同士を見比べてみると、そっちで点が動くとこっちでも点が動くことが起こりうる。なぜなら、それぞれの空間が同じ事象を含むパラレルワールド関係の場合は、空間の作り方によってはそのような空間同士の呼応が生じる。つまり、原理的に「体重計で身長は測れない」が、身長空間での動きは体重空間での動きも伴う可能性が高い（身長が伸びれば体重は増える傾向がある）。逆に、体重空間での動きも身長空間に反映されるだろう（体重の重い人は身長が高い可能性がある）。前者の例は「個人内の動き」の呼応が、後者の例は「個人間の動き」の呼応が表現されている。必ず共鳴して動くとは限らないし（図5－1で用いた例）、わずかにしか共変しないこともありうるので（次元数が大きく異なる空間同士など）、これらの空間同士の関連性をただ「相関」と呼んでおくことにしよう（相関とは、幾何的に言えば楕円を描く関係性のことで、真円だと無相関である）。これで、心身脳問題を示す「三つの引き込みあう箱」が出そろい、その瞬間に問題設

定がはっきりと現前することになる（図5－2）。こころ・からだ・脳の状態はそれぞれで独立した閉じた小宇宙を持つとする。これらの空間同士は相関して楕円軌道を描くので、三体間の相対性を同時に解く必要がありそうだ。心の状態（位置）は、身や脳の位置から決まるだろうか。このときの身の位置は、心や脳の位置に依存してはいないだろうか。つまり、相互依存的な相対関係である限り、言い換えれば、大宇宙に絶対的な原点を見つけない限り、各空間を超えて通用する点の位置（グローバル座標とでも呼ぶような）は本質的に不確定かもしれない。これらローカルおよびグローバル位置の関係は、各惑星の自転と公転のようなものだと考えればいいかもしれない。

　各空間内での動きは位置（座標）の変化で表現されるが、時間軸を持たない空間もありうるため（前述の「後者」）、どれかの空間が起点であるわけではなく、空間内のどこかに絶対的な原点が見つかるということでもない。少なくとも凡庸な私たちから見えるのは、「各空間**内**での点の動き」と、その「点動の空間**間**の共変」のみである。時間を基準とした前後関係（いわゆる因果関係）や、恣意的に定義したゼロ点が機能するのは各空間内の小宇宙的概念としてである。だとすると、心身脳問題という問いはこれらの空間同士の「相対性」である。三体間の相関が楕円軌道としてしか見えないので、その共有軌跡しか利用できない状況であるが、A－B、B－C、A－C間の共変関係を同時に扱わない限りこの問題は解けず、二項関係を取り出しただけでは本質には一切アプローチしないのは周知の通り。つまるところ、この世界に仮に「因果」はあったとしても「観測」はできず、私たちから見えるのは「相関」だけであることを物語っている。大宇宙のグローバルな絶対時間軸というものがあったとしても、私たちは未だそこにはアクセスできていないからである。

三体問題の出現

　実はこの三体問題というのは、天体観測が可能になった中世から続く物理学上の未解決問題を指す。三つの惑星があったとして、互いに質量を持って引っ張り合っているとすると、「各惑星の位置が一つに求められない」というにわかに信じがたい問題のことである。二体なら見かけ上の問題は起こらない。どちらかをとりあえず基準点にしておけば、それが動き続けていたとしても他方の「相対位置」が求められる。これが三体以上になると急に不確定になってしまうのは、直感的には分からなくもない。つまり、二体間で求まる位置というのはただの見かけなので、とりあえず直近の問題解決のための恣意的な位置なのである。私たちが日常で直面するローカルな問題ではこれでほとんど影響はないのだろう。三体使って解くというのは三角測量でグローバルな座標を求めようとしていることになり、絶対的な原点不在で、かつ各々が動き続けるようなケースでは、本質的に不確定なのである。これを誰もが経験したことがある身近なアナロジーで考えてみよう。巻き尺で数メートルくらいある物体の長さを一人きりで測ろうとする。このときまず、巻き尺の始点を片側に合わせ、もう片側の終点の目盛りを読もうとするはずだ。このときにローカルでは些事だが、グローバルでは大問題が実は起こっている。最初に物体の片側に巻き尺の0を合わせるわけだが、移動してもう片側の目盛りを読もうとしたまさにその瞬間には、最初に合わせた0が微妙にずれてしまっているかもしれない。始点と終点を観測者が行ったり来たりする以上（本質的には、短い定規で視線を移動させるだけの状況や、二者が協力して測定しようとする場合でも同じ）、いつまでたっても正確な「グローバルな長さ」は分からないことになる。ここで、巻き尺の始点・終点・観測者の三体問題が起きている。観測者が「動く」ことで始点や終点の位置が共変してしまう可能性は、本質的に排除できない、ということになる（この場合は、「同時に」が本質的に不可能であるとも言い換えられる）。そして、どのような世の中の事物や事象でも、つねに背後にはこの多体問題が潜んでいるのは想像に難くない。これを、言ってしまえば細かいことは気にしない方略で、ローカルでは場当たり的対応をしてきている。そして、本気で取り組むところの心身脳問題は同じ困難を孕んでいる。つまり、心・身・脳の状態はグローバルには決して求まらないかもしれないのに、ローカルな位置（位相、状態）だけ見ても心身脳問題はスタートすらできていない、という三体問題である。そして従来的な研究はすべて、その場しのぎの二体問題であったらしい、という衝撃の事実が明かされようとしている。

脱身体化の是非

近代科学界（という閉じた空間）では、デカルトの心身二元論と聞いてあまりよい印象は持たれないのかもしれない。私自身はデカルト二元論者だと思っているので（直感的な意味でしかないが）、どんな本でも批判的な書かれ方をしている現代に物申したい一方で、うまい言語化ができるわけでもなく、また霊魂や神を主張したいわけでもないという中途半端な立ち「位置」であった。おそらく批判する側の要点は、心と身を分けて論じるポリシー自体だろう。そして、形が有り見える「身」とは独立なモノとしての「心」は、確かに拠り所がなく儚げだ。つまるところ、身（や脳）は見えるが心は見えない、という一点に尽きるように思われる。そして、私たちヒト種の目に見えることが一体どれほど重要なのか、そもそも「見える」とは何なのか、が本論の最初からの裏テーマになっていたのである。現代科学はまだ具象の時代にあるので、いわゆる「形」を無視するのは書いている私自身も含めて受け入れがたく思うわけだが、二一世紀は抽象数学や量子力学の影響を受けて、自然科学の抽象化（捨象化）も加速していくのだろうと思われる。一度飲み込んでさえしまえば、この大宇宙の限られた部分空間である「形が見える空間」から開放された「自由度」を得ることができ、「飛び立つ」ことができるのである。

この傾向（の原始的なアイデア）は「身体拡張」のようなアーティスティックな香りのする旗印でおこなわれることが多いようだ。私自身はこれには否定的で（生命への冒涜だとすら思っているが）、所詮はヒト種が作るところの人工物（大いなる自然からしたらまさに「アーチファクト」）が、悠久の流れで創発してきた生命体を凌駕しうるのか、という対立構造として考え続けている。人工空間の見かけだけ派手な動きで、生命空間に小さな動きでも呼び起こせるのか。私たちにせいぜいできることがあるとしたら、「現実からの脱身体化」と「抽象空間での具象化」なのではないかと考える。私自身が否定的なのは「日常空間で具象化」なので、抽象空間での具象化はすでに論じてきたような想像力だけでまずは始められる。これは空間同士の同相写像がありうるか（実質的に同じ動きをするような空間を作れるのか）という定式化ができるので、日常空間というのがかなり雑で狭い空間であるとすると、そこで過不足なく受けとるのは難しいだろうという意味だ（ぎこちない動きをするロボットアームくらいしか作れなそう、という意味）。ただし、ひとまず想像上の産物として高次元まで許された抽象空間までなら、写像して保管しておくのは無理のあることではない。脱身体化と再具象化は、同時にやってのけないと「抜けた魂の行き場」がなくなってしまうので（ここでは「魂」を「エネルギー」と読み替えておこう）、日常空間での器を用意するのはかなりのハードプロブレムだろうと思う。そうするとデカルトが試みたのは、形なき「心」を形ある「身」に対応させうるか考えたのではなく（つまり「心」に形を持たせようとする）、形ある「身」を形なき「心」に対応させうるか考えたのではなかろうか（つまり「身」からも形を取り除こうとする）。私の想像の域を出ない議論ではあるが、あえて心と身に分けることで、同じ土俵に乗りうるか議論した慧眼に本論も依拠しているのは言うまでもない。つまり、巷で言う脱身体化はデカルト二元論と同じではない（良くも悪くも）。脱身体化した魂のようなモノ（心空間）を、過不足なく受け入れる器をヒト種が日常空間上（身空間）で人工的に創造できるのか、という二体問題が「脱身体化の是非」である。これに脳空間を加えると、脱身体化においても三体問題があっけなく再登場するのである。

というわけで、デカルトから四〇〇年経って（デカルト、1997）、そして同じく四〇〇年の歴史を持つとされる三「天」体問題と邂逅して、「心身脳三元論」に問題が格上げされた。これは、話を複雑にしたととるのではなく、本質的かつ解決可能性を残す命題へ昇華させたと思いたいわけだ。自由意思の存在に実証的に疑問を投げかけたリベットが実はデカルト論者である（物理的なモノコトに還元できない何かを想定する）というパラドキシカルな立場や、サールあるいはデネットのような哲学者であれ物理至上主義に陥ってしまっているように見えるのは大変に興味深い（青山・柏端、2020）。これは現代科学という信仰のようなものだと思うが、彼らの想定する「物理」は往々にしてニュートン力学のことなので、たとえば三体問題という単純に見える問いですら解決できない発展途上な古典理論（もしくは誤解を恐れず言えば、場当たり的理論）である。それを「至上」としてしまうのは、結局は、私たちは目に見えるモノコトに限定した空間しか存在しないと思ってきたからだ。そんなすべてを見渡せる千里眼のようなセンサーを、所詮はただのヒト種が持ち合わせているだろうか。別の哲学者であるベルクソンは「物質の科学と精神の科学」と一旦呼び分ける（ベルクソン、2020）。ひとまず分けておいたうえで、どのような「世界観」であれば両者が対等に議論可能なのか（その一例として図5－2）、それともやはり一体化して分離不能なのかを議論できる。このように定式化された命題は、今なお古くて新しい難題なのである。安易なデカルト批判は、その底が知れるというものだろう（と心の中で思っている）。これについては、カール・フリストンの議論（Friston, 2020）やドゥニ・カンブシュネル（2021）なども参照してほしい。

心身二元論どころか心身脳三元論へ

繰り返しになるが、本論では最初から心身脳三つを別空間として明確に分けている。そして高次元の抽象空間を認めているので物理的には目には全く見えない。この意味で、身や脳であっても目に見えないものとして扱っている。これが「リアルかどうか」は、やはり重要な点なのだろう。これいかんで、いくら論じても哲学的な試論にとどまるか、それとも検証可能な科学になりうるかが決まってくる。そこで続く後半では、「現代科学の空間」で閉じた議論になるように注意しつつ、物語を収束に向かわせよう。その中継ぎになるべく、ここでは「脳は心より広いか」「身体は不自由なのか」「自由意思は自由なのか」の三試問を考えておく。

まずWider than the sky（脳は空より広いか、エーデルマン、2006）からのオマージュである第一問「脳は心より広いか」。脳空間の見かけの次元数は、心空間よりもずっと広そうだ。しかし「実質的な動き」は相関関係を潰していくとかなり圧縮されるので、脳空間の実質次元はかなり少ない単純な動きしかしていないのではないかという印象を、少なくとも個人的には持ち始めている。どちらかと言うと、脳空間内の動きが電気的な振る舞いなのであれば動きのスピードがとても速く、それと比べると心空間内の動きはずっと遅い気がする。両空間間の相関を見る場合は、時間軸同士の対応関係が重要になりそうだ（時定数の問題）。

とすれば第二問「身体は最も不自由なのか」。身空間内の動きはさらに遅く、自由度である軸数も常識通りに狭いのだろうか（たとえば、背中が掻けない）。ここでまず考えるべきは、心と脳の状態は一点で表現できる前提で話をしてきたが（どちらも何か「統一された状態」があるという意味でだが、これも十分に疑う余地がありそうだ）、身体は複数の効果器の組み合わせになっているので、一点で必要十分に表現可能かどうかである。もちろんかなりの高次元空間を用意してやれば一点になるが、それよりも低次元空間に複数点を置いた表現の方が（つまり私たちがイメージする捨象された身体、もしくはボーンそのもの）、身体の本質を表してないだろうか。身空間としてどのような空間にするかは、ひとまず想像（創造）者の任意で腕の見せ所なので、「身体の状態」に相応しい表現は検討可能だろう（これは心と脳の状態についても同様である）。つまり、身体は複数エージェントの集合とした方が都合がよいのかどうか、という問いである。そしてもしそうであるなら、身体空間のみマルチエージェント性という自由が与えられているのかもしれない。つまり、同時に二つの意識は持てないとされているが、身体は右手と左手で二つの動きを同時にできる（Asai et al., 2010）などがそれにあたる。それに比べて、ヒトの右目と左目は独立には動かせないということは意外に驚きである。

エージェントという言葉が出たところで最後の第三問「自由意思は自由なのか」。まずもって、「自由を履き違えない」必要がある。自由とは、空間という外枠が用意されているからこそ定義可能な逆説的な概念である。つまり、動ける範囲が決まっているので自由なのだ。動けない範囲がそもそもなければ（外枠が見えてないのであれば）自然な形での自由の定義はできないだろう（自由の対義語は束縛である）。国境がなかった時代には「自由に移動できる」という概念はなかったろうし、身分制度があったからこその自由化運動が生じた。他にはこんな思考実験はどうだろう。「心理的空間」は過去や未来にも移動できる自由度の高い空間だとした。だとすれば、カフカの小説にあるような「虫になった自分」をどのくらい生々しく想像できるものだろうか（カフカ、2006）。たとえば、足が何本もあるような虫としての自分の身体が、どのようにこの世界を感じるかを想像できるだろうか。他にも、自由度の高い空間として夢空間がありうるが、意外とあってもおかしくない程度の自由さしか許されていないのではなかろうか。つまり、自由意思が自由かと問われれば、外枠が見えてこない、つまり自分の意思のその外側に、さらに世界があるのかは知りようがないので、自由ではないと答える（後掲する図5－5も参照）。どのような意思でもこの瞬間に持てるような気がするだけで、持てない意思・束縛されている意思というものが想像できない以上は、それはまさにお釈迦様の手のひらである。これを自由とは呼ばないのであれば、やはり自由意思の「錯覚」ということになる。その外側が不可知でエージェントが本当は不自由なことに気づけないのは、カフカや夢の例のように、意思の動く心空間は身や脳の空間からの束縛（相関、共鳴）を知らぬうちに、しかしつねに受けているからである、という三体問題が行く手をまた阻むのである。そのような大宇宙的、神の俯瞰視点に立って初めて、私たちの意思や想像は不自由になれる。

それでは、ここから後半は科学の話をしよう。

2　制御する私とされる身体

俯瞰的には相関でしかありえない（かもしれない）事象間、特にこの場合は心・身・脳の関係性も、エージェントの一人称視点では、動いたり、操作したり、影響を与えたりといった「因果を感じる」というのも否定しがたい実感である。しかしながら、このような「制御」の概念が登場したのはそう古くないようである。何らかの対象を制御する、とは想定された目標のようなものが事前にあり、その通りに動いたか、そうでなかったかで、制御できたかどうかが（主観的には）決まる。なので、仮にエージェントと操作対象が物理的につながっていないとしても、エージェントが描く目標状態がたまたまであっても実現されてしまった場合は、そこに自分が制御したような感覚を持ってしまうことが実験としてよく知られる（Bear et al., 2017; Evans et al., 2015など）。このような錯覚の制御感は、逆に言えば、私たちがどのように錯覚としての自由意思（後づけの制御感かもしれない）を持ちうるのか、という問題の定式化にもなっている。そして、制御について最も切実に考え抜いてきたのは工学者達であろう。

モデルと制御

しばしばその起源として言及されるのが「良い制御器であることは、システムのモデルであるということである (Every good regulator must be a model of that system)」という提言である (Conant & Ross Ashby, 1970)。制御器という仮想のモジュールがあるとして、これはある操作対象に指示を出してコントロールしようとする役割を持つ。たとえば、ロボットの頭部に計算機が埋め込まれていて、プログラムが動いているとする。そこから指示を出して線でつながったアームを操作したいとする。そこで「良い制御器 (good regulator)」とはどんなものかと考える。プログラムからの出力 (指令) というのは、たとえば電気的なシグナル (電圧) だったりするので、電気的なエネルギーをアーム側で機械的な動きにアクチュエータ (モーターなど) で変換する必要がある。そして、どのような特性のアームがくっついているのかはプログラム側からは自明でないので (上位の「設計者」の任意による)、自らの出力が「どこでどう変換されて最終的なアームの動きになるのか」までを把握しておかない限り、制御できていると言えるような関係性を実現するのは困難であることは想像に難くない。適当な出力をしても、アームはぎこちなく動くのが関の山だろう。とすると、制御器の要件とは、自身から操作対象までを包括した関係性 (系) を「すべてモデル化した表象」を持っていることが必要になる。つまり、プログラム側が「とある電圧値を出力したら最終的にアームが右に五度動くことを知っている」必要がある。正確には、プログラムが「知っている」必要はなく、処理過程にその系が埋め込まれていれば (表象されていれば) よい。つまり、良い制御器とはその系のモデルそのものである、ということになる。そこでこの良い制御器問題は、モデル化とか表象とは何だと考えることが次に必要となる。

まずモデル化である。前述の例で考えると、電圧値の出力依存でアームが動くとして、電圧値は細かくいろいろな値をとるとする。それに応じてアームの動きが決まるわけだが、あらゆる電圧値に対応したアームの動きを全て知っておく必要があるだろうか。仮に総当たりで全て試すことができたとしてもその情報を全て保持しておくのは馬鹿らしい（何万行ものデータをつねに持ち歩いている状況を想像してほしい）。代わりに、ある程度の誤差は許容することにして、できれば一行の関数で表現してしまう方がスマートだろう。このように必要十分な形の関係性に落とし込んだ表現をモデル化と呼ぶことにしたい。ここには表現の複雑さと誤差の程度のトレードオフがあるが、大量の過去データを使って複雑なモデルを作っておいたとしても、誤差は減る代わりに新規のデータへの対応力は弱まるという過学習の問題もあるので、シンプルかつ十分な表現に落ち着くこと（学習できること）が大事となる。それで、とある因と果の関係性がこのように記述できた場合に、そこに「表象」を与えてもよいという図式だ。

今のところ分かっているのは、プログラムがある電圧値を出力すると（なぜか）アームがある法則に則った動きをするらしいということだ。そこで、この関係性であるところのモデルに意味を与えることを考える。つまり、「このプログラムはアームを動かせるものである」という自分自身に対する理解（および周囲からの共通認識）が成り立つときに、その状況におけるプログラムの役割が自然と付与される。これを「表象」と呼ぼう。つまり、モデルというのは必要十分な関係性の圧縮のことであったが、「自然は無駄を好まない」という物理法則に従って機械的におこなうこともできる。たとえば、実際の地形（3D）を地図（2D）に圧縮するのもモデル化の典型であるし、写真（2D）は現実（4D）の次元圧縮になっている。そして、圧縮された表現のなかだからこそ「意味のありそうなもの」が見えることがある。次元圧縮されて不要な情報が落ちているからこそ、実際には見えにくいモノがかえって見える。地図で言えば、都市や森林エリアがはっきり見えるだろうし、さらにそこから人口密度のような付加情報を読みとることもできる。こういった俯瞰視点は、地図というモデルを学習し、保持しておかない限り認識できない「表象」で、実際の地形を歩き回っているだけではほとんど分からない。よって表象とは、モデル化によって立ち現れ、見る人によって「主観的」に意味のありそうなまとまりのことである（ここには「人口密集エリア」がある、と認識する）。本論のキーワードにもなる「自己表象」や「身体表象」という言葉がさしているのは、そういった見かけ上の「機能単位」

のことであり、モデル化され次元圧縮された事象間の振る舞いのなかで、共変して動く「まとまり」があるように見えるモノやコトのこと（相関関係）を指している。なので、人口密集エリアの厳密な定義は不可能であるのと同じで、「自己の範囲」や「身体の境界」も同じく定めることはできない。しかし、「共通認識」と書いたように「表象」は知識として漠然とした形のまま他者と共有でき（自分の書いた地図を人に渡すように）、逆にそのことで社会通念化して、そのようなモノコトが実在しているように進化論的にも疑われなくなる。このようにして常識化されてしまっている「自己の実在性」「身体の実在性」については最後にまた議論しよう。

私の身体と運動

さて、前節ではロボットという人工物を設計する状況を例に考えたが、これと全く同じことが「脳と身体（と心）」に起こっている。まず、生まれ落ちたばかりの脳の気持ちになってみるところから始めよう。乳幼児の相当にぎこちない身体運動を見たことがある人であれば、まるで小人（ホムンクルス）が初めてロボットに乗りこんだかのように映るかもしれない。両手両足が同期して一緒に動いてしまうし、ボタンを留めるような指先を使う細かい動作は幼稚園児にとっても簡単ではない。これらの観察から分かるのは、生まれ落ちた脳が全くのタブラ・ラサ（白紙）ではないにしろ、脳自身がどのように身体とつながれているのかは自明ではなく、上位設計者の俯瞰でない限りはその反応特性は未知の状態で生を受ける。なので、長い時間をかけて「自分の身体の応答」をトライアンドエラーで学んでいく。幾度となく動かそうとすることで、制御の仕方を学習していくことになり、その背後では「自己身体の内部モデル化」が起こっている（Wolpert et al., 1998）。なぜ「内部」かというと、脳にとっては身体は外部で、その反応特性を脳の内部で表現（表象）しようとしている、と考えられたからであろう。そうこうするうちに、制御できるモノがだんだん明確になってくる。自分の指や舌は最も制御できるモノであるが、他人の体はできない。一方で、自分の髪の毛は直接制御はできないが、頭を振るなどすればごく粗い制御は可能である。このようなモデル化を通じて「自分で動かせる程度」というパラメタが動く軸で説明される次元に圧縮され、その表現上ではじめて「自分の身体」というまとまりが表象として生まれてくる。前述のように、この厳密な境界線は定義不能だが、多くの場合で「髪の毛」は自己身体の一部で、境界あたりに位置しているのだろう。

このように、「脳」による内部モデル化という学習を経て（後述の予測誤差の最小化・自由エネルギー原理を想定すれば、自動的な学習である）、制御できる範囲という意味での自己「身体」という表象が創発（自己組織化）し、これを認識する主体が「わたし」になっているという構造である（三体問題再び）。この「わたし」の意識的・自覚的な側面の科学的議論はなかなかできないのであるが、「わたし」自体がボトムアップに自己組織化あるいは発明された表象で、他の表象を上から認識する主体としても振る舞うという相互依存的なネットワークを構成してそうに思われる（三体問題の楕円ループ図）。「わたし」がなければ「自分の身体」や「自分の脳」は存在しないが、「脳による制御学習」の結果からも「身体とわたし」は再帰的に定義された（制御される側とする側）。このような三体相関として意識体験が生じている、と論じてみても、意識については何も議論できてないに等しいが、できるとすれば、これまで自由意思は全く登場してこないという論点であろう。なぜなら、三体の相互依存的な関係性を二項関係に一時的に分解した場合、それぞれがそれぞれの条件つき確率および逆推論になっているだけであることがわかる。もし「わたし」が存在すれば、「わたしの体」や「わたしの脳」というモノも存在する可能性がある。もし「身体制御」できれば、それは「脳」と何らかの形でつながっていて、「わたし」に動かせる可能性がある。もし「脳」なら、生存のために「自己主体的」に「動ける」可能性がある。このように折り重なった仮定の話をすべて満たす尤もらしい説明は、「三つとも同時にあるらしい」という帰結（事後確率）なので、自由意思の活躍できる場所が見つからない。進化とは、誰かが真実を見せようと淘汰圧をかけているのではなく、適者生存のために自然とかかるのである（ホフマン、2020）。少なくとも私たち人間にとっては、自己表象の獲得（学習）が現環境でのサバイバルには適していたようだ。「自己」を認識して動くエージェントとそれなしで動く「哲学的ゾンビ」、どちらが強いかと思考実験してみるのは面白い試みだろう。

痛みを感じる前者のほうが、弱いからこそ生存には強いのではないだろうか。

予測誤差と主体感

これまでは、運動における内部モデルやそれに伴う自己表象の獲得について、自動的に収束する（自己組織化する）ような物理過程として、陰に扱ってきたことに違和感がある人もいるかもしれない。この点についてあらためて考えるにあたり、予測誤差最小化原理から始めるのがよいだろう（Apps & Tsakiris, 2014; Picard & Friston, 2014; Shipp et al., 2013）。そして、「予測」というのは誰かの意図的な行為としての「予測」のことだと思ってはいけない、とこれから言いたいので、ヘブ則を続いて導入するのがよいだろう。これは単純かつ強力な自然摂理の仮説で、ニューロンAとBがたまたまだとしても同時に発火した場合、両者の結合性が高まるとする理論で、自己組織化の典型的な定式化になっている。なぜなら、同時に発火する場合は両者が同じソース（情報源）からの入力を受けている可能性が高く、互いに同じモノコトを表象しているのであれば結合度を高めて同化してしまえばよい（自然は無駄を好まない）。このようなAとBの「相関」から立ち現れる「推論された元の姿」が、私たちがイメージするところの「この世界」のことだ。つまり、腹話術効果とかマガーク効果などを思い浮かべてもらえばいい。これをベイズ推論と呼んでもいいし、自由意思のニュアンスを避ける意味でベイズ統合と呼び替えてもいいが、重要な点は、ヘブ則だけで他の全てが説明できるような、この世界の公理になっているかもしれないということだ（その代わり、ヘブ則だけはナゼを問わない）。つまり、予測誤差最小化と言われる現象は、一般化されたヘブ則という公理系の一側面であり（自由エネルギー原理と呼ぶほうが現代風だろうが）、「ある程度の近さ」を持つモノ同士は一体化しようとする。この「近さ」は時間的な近接性でもいいし、似たような色などでもいい（「赤いモノたち」と呼ばれる）。だとすれば「予測誤差最小化」において、「予測」は予測ではないし、「誤差」も誤差ではない。事象Aが「予測」で、事象Bが「実際」だ（そして、どっちがどっちでもいい、というのがベイズ定理が革命的であった理由になっている）。そうすると「誤差」はAB間の距離だ。もし互いの引力で距

図5-3　心身脳問題の“科学的”定式化（浅井，2019，図3を改変）

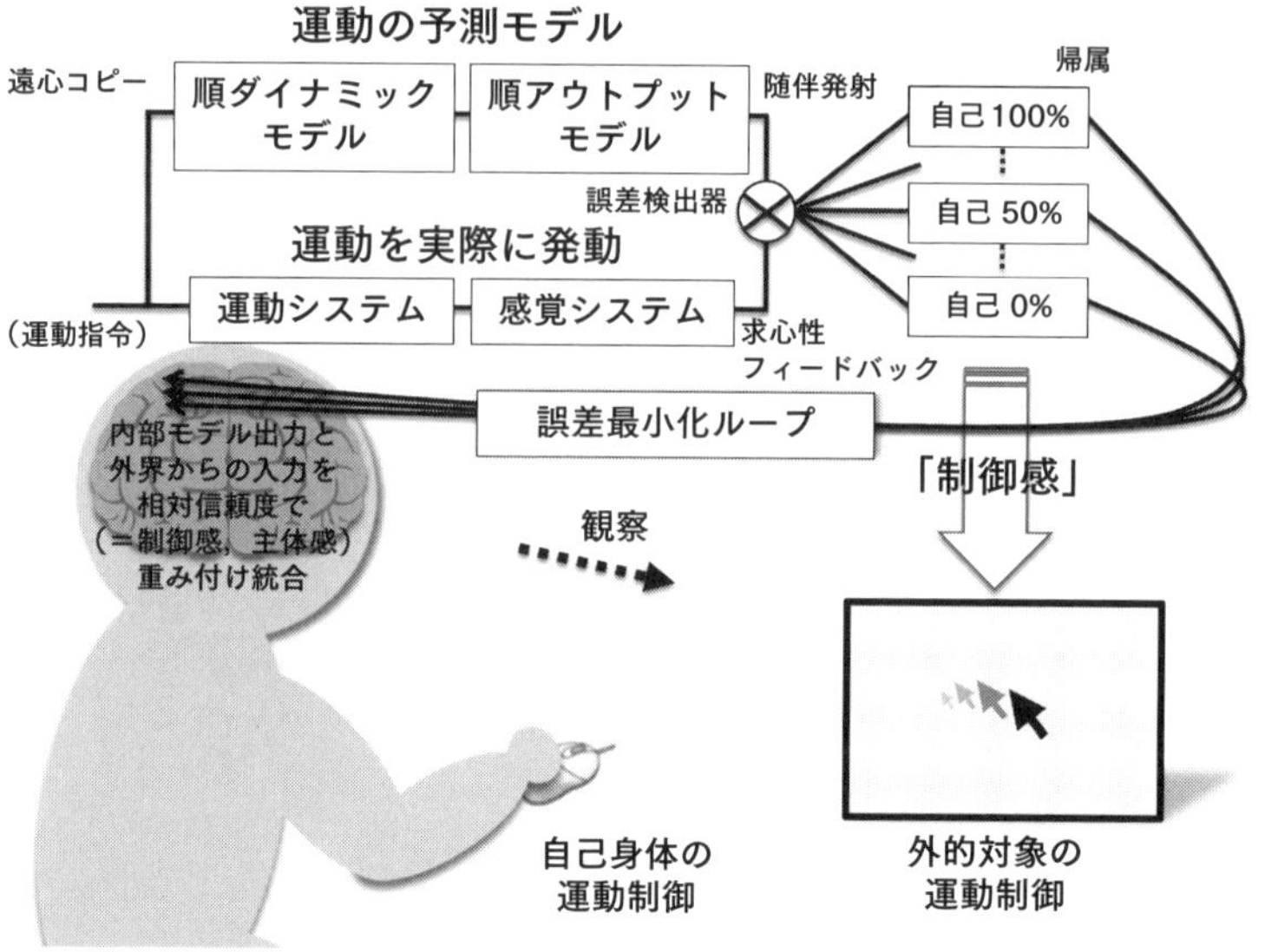

離が縮まるようにこの自然界が振る舞うことを公理として認めるのであれば、「運動における内部モデルやそれに伴う自己表象の獲得」は自動的な過程であり、つねに最新であるところの暫定の帰結でもある。

　では予測誤差とセットで語られることの多い「主体感」についてもここで考察しよう（図5－3）。運動制御のモデル図で考えると、こころ（制御感）・からだ（制御対象）・脳（制御器）と対応づけられる。これらの関係性は、予測誤差を最小化させるという自然摂理に則った自動的なループかもしれない。とすると、従来的な「運動指令」もしくは「自由意思」というモジュールの出番はなくなる。これは、「ループの始まり」を探すような（虹の根元を探すような）話であるので、鶏と卵のアナロジーで考えれば不良設定問題である。そうではなくて、ある瞬間に発生した予測誤差が、次の瞬間には小さくできた微小変化量Δ（デルタ）をもって、主体感の獲得ととらえる。この微小変化を積み上げてきたモノ（面積、かたち）が、自由意思抜きで定義されるところの、主観的に感じられる漠然とした「自己感」ではなかろうか。

　つまり、主観性は意識の問題とも絡み、やはり科学的な議論が成立しにくいのではあるが、敢えて言えば、主体感とはずばり「予測誤差の最小化に成功した瞬間に得られる体験」のことだと提案したい。慣習的な定義は「自分がやってる感（制御感）」のことであるが、この定義だと、「予測誤差」が発生したときに「主体感の喪失」として逆説的にしか定義されなくなるという矛盾がある（主体感＝予測誤差の検知により損なわれる意識体験）。この立場の場合、予測誤差が発生しない限りは「前反省的な」主体感が生じているともされ、予測誤差発生による意識的、反省的な主体感喪失とは区別して議論される。私たちの主観的な体験とは相性がよい説明のようにも思われるが、ただこの主観体験もベイズ逆推論による因と果の混同があるように見える（ベイズの定理は、少なくとも計算上は、因と果をひっくり返せる）。心理学的には、矛盾が生じてくるとこんどは、意識されない「感」という概念を議論し始めるという意味で、意識／無意識のトートロジー（無限後退）に巻き込まれているとも言える。つまるところ、私たちはうまくいっている限りは何も感じないゾンビなのだろうか。そうでない可能性を議論したいのであれば、積極的に予測誤差に働きかける主体としての「わたしの定義」があってもいいだろう。それが誤差最小化の成功体験としての（後づけで、かつ自動的という立場を守ったままの）主体感の定義である。この立場では、誤差最小化ループというものが回っている限り、つねに主体感を得ている。ゆえに、決して覚めない錯覚としての私の体験が、これからもきっと維持されていくのである。ヒトがもしタコのような高度に知性を持つとされる他種とも異なると考え、私たちだけが自己表象を持つと信じるのであれば、予測誤差最小化に特別な表象（＝自己）を見出したのがヒト種だけだったということなのかもしれない。そして、「文化」として「わたし」や「あなた」という概念を長らく互いに押しつけあってきた（決して悪い意味ではなく）。

この点についてもう少し卑近な例として、幼稚園児の娘（執筆当時）と妻のバトルを見ていると興味深い洞察を得る。子どものイヤイヤ期は古くから親の悩みの種であったはずだが、今の時代であっても解決できていない問題だろう。いや、そもそも「問題」ではないのだろうと思い直す。子どものイヤイヤこそが予測誤差の検出になっていて、本人なりにしたいことが出来ない、許されない、という原因が根底にあるように見てとれる。科学としては、予測誤差の解消方法は大きく二つしかなく、子どもが譲歩する（諦める）か親が歩み寄る（押し負ける）かである（正確には、両者が離れることで予測誤差自体を無し（無限遠∞）にするという第三の方法もある）。実際には、その落としどころをめぐって争うわけなので、二つの主体・生命体というエネルギーが押し合いしている。子どもの発達期というのは自分の可能性を最大限追求して欲しいので、簡単には諦めてほしくない。一方で、親目線では危険なことや迷惑になることは制止せざるを得ず、同じような不毛な争い（に周りからは見える）が繰り返される。しかしこれは、エネルギー同士の、波と波のぶつかり合いで、必ずある収束を迎えて終わる。これを大きな意味でのベイズ統合と呼んでもいいだろうし、こうした波の収束をずっと繰り返していくのが発達過程だ。一般的には「適応」と呼ばれているだろう。とすれば、イヤイヤ期は「問題」どころか大切な成長場面であって、一回の収束ごとに主体感は保持・増強されていくのである。雨降って地固まる、とはまさにこのことだ。行動主義の代表格だったジョン・ワトソンは、タブラ・ラサ観に基づいて、子どもに適切な環境を作ることでどのような大人にでも育ててみせると豪語したとされる（ワトソン、2017）。子どもがその環境に適応する形で成長する（そして、その予測誤差最小化の過程で自己表象を得る）のが事実だとしても、複雑極まりない、そして目には見えない抽象的な波の収束過程全てを制御することなど実質不可能なので、やはり親が思うように（支配的に、コントロールフリークに）育てるのは簡単ではないだろうし、次で議論するように、親の束縛からの開放と自立こそが、自由への憧れとしての、子どもにとっての予測誤差最小化にもなっているのである（よって、親と子の対決は不可避なのである）。

自由意思と自己の実在性

このように自然法則の一部として私たち自身をとらえていく場合、必然的に自由意思の是非が最後でふたたびの論点になる。今どきの時代、「自由意思などない、錯覚にすぎない」と言ってみるほうがずっと安易で無責任かもしれない言動だと思うので（そう宣っても、世界も私も何も変わらずに回り続ける）、そうではなくて錯覚だとしても、自由意

図5-4　“一般化”心身脳問題の曼荼羅（Hiromitsu & Asai, in press, Fig.1 を改変）

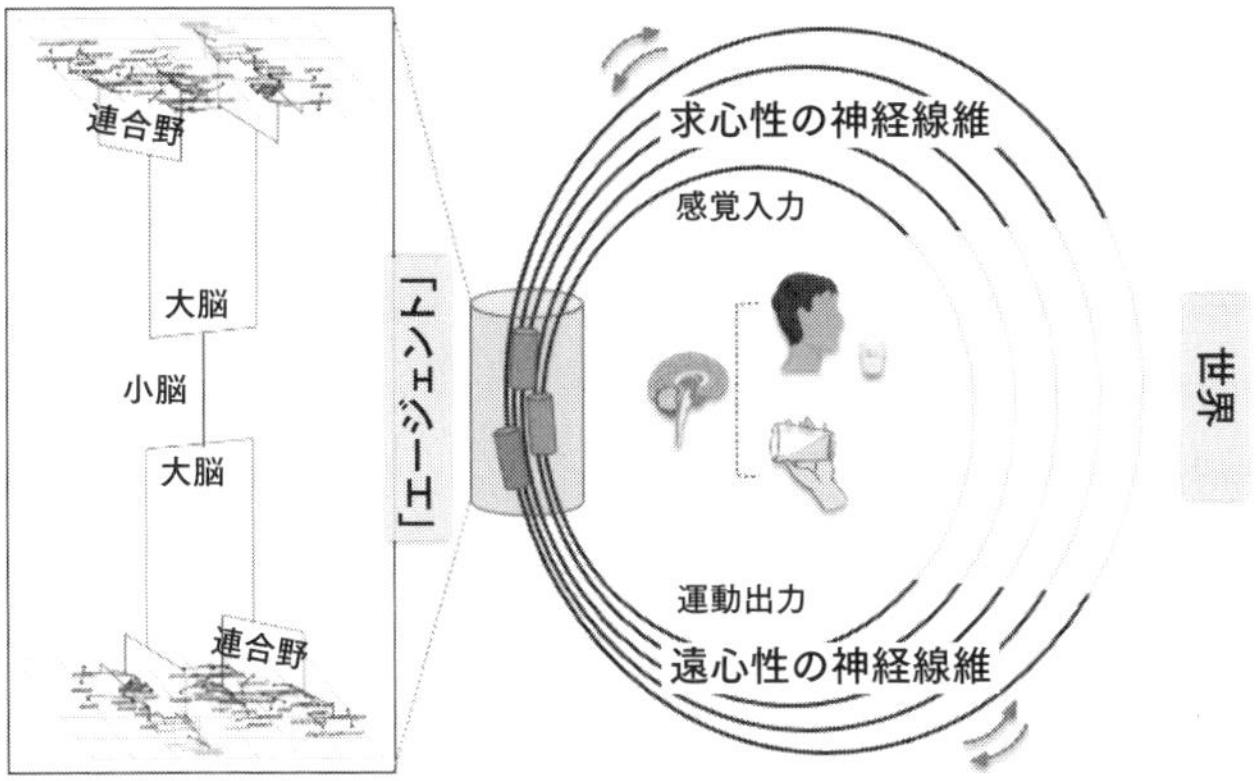

思の存在する場所を探すことにしよう。ここで、強い実感を持って体験されるのであれば、それは「ある」とまず考えてみる。前半でいろいろ作ってみた各空間がリアルかどうかは、私たちがそれぞれを信じられる強さに依拠する。このようなエージェントの信念依存のモノコト（森羅万象）の実在解釈は多分にベイズ的であり、主観確率で表現された世界観である（浅井、2019では主観主義と呼んだ）。個々の主体にとっての変分原理（自由エネルギー原理、最小作用の法則）というのがあって、ある瞬間に置かれた状況依存で、その作用素はエージェント毎に独立に振る舞うのだとしたら、それは一定の自由度を許された「わたしの行為」であり、それこそが自由意思ではないだろうか。私が生命体としてこの世界に存在していると信じる限りは、世界と私はつながっている（図5－4）。逆に言えば、「つながっていない」と強く思い込む「修行」もある程度まではうまくいくはずだ。「こころ・からだ・脳」の状態は、連動した動き方をするので互いに引き込んでいる。このとき、脳が制御器としてのエージェントだとすると、身体はその環境において制御される対象である（世界から身体が切り出される）。私たちのこころは、身体を通じて世界にアクセスしており、ひとつづきの世界を表象するキャンバスである。あらためて「自由」とは、この曼荼羅のなかで伝導率一〇〇パーセントを目指させられるような「歯車」ではなく、何かしらの変換や写像を、エネルギー消費しておこなう「生命体」であることで定義されると考え

る。これによって「わたし」が「かたち」として刹那に、そしてかりそめに現れる（いつかは沈んでしまう波乗りのようなモノだとしても）。

私はこの意味で世界からの拘束を受ける一方で、「私にとって最適」となるある程度の自由度も許されている。暑い日差しを避けて、自然と木陰に移動するようなものだ。この行為を、この世界の変分原理と呼んでもいいし、私の自由意思と呼んでもよい。両者は表面的には逆の方向性を持つように見えるが、実は矛盾していない。なぜなら「作用の最小化（省エネ化）」というのはさまざまなロケールとスケールで起こっている動的な振る舞いで、大宇宙が大局的には動的平衡へ大きく向かっているとはしても、ローカルには逆向きに見える動きが一時的な「反乱」として観察されても全く不思議はないのである。もちろん、このような刹那的振る舞いは長続きしないので、そのうち大きな流れに飲み込まれることになる。それこそが「熱死」という「無」であり、生命体としての臨終だ。よって、自由意思は確かに、ただし刹那的に「ある」のである。これを「生命は負のエントロピーを食う」と理論物理学者のエルヴィン・シュレディンガーは美しくも残酷に表現した（シュレディンガー、2008）。

あらためて、生命体としての「わたし」はこの世界でサバイブすることを運命づけられている。これはこの世界のルールに反するささやかな抵抗である。大きな流れのなかでの「自分の役割」「生まれてきた意味」「自己の存在証明」を見つけるとは、その流れに逆らうことで表象される。このときの「わたし」にとっての目標は「逆らうこと」であるので、うまく抗えない場合（成すがままになってしまう場合）に「予測誤差」が発生する。この誤差を解消しようとするエージェントごとの行為（つまり抗う行為）もローカルな変分原理に基づくが（なるべく「楽」にやりたいことをやりたい）、この世界のグローバルな変分原理（この宇宙は、だんだん「平ら」になる）とは向きが逆になっているため長くは保たない。よりたくさんのエネルギーを集め、摂取することで（カロリー、お金、社会的名声、などエネルギーはさまざまに形を変える）、より長く、より強く、より明確に、自己の「かたち」はこの世界にとどまる。そしていつか来る生命としての終わりは、形の崩壊として観察される。生命でないモノも、生命体の誰かが消費して吹き込んだエネルギーの結晶であり、注ぎ続けない限りはいつかは崩壊する。どのような種類の「傑作」であっても、注がれた膨大な熱量や狂気が感じられるものであるが、それも永遠には残らずいつかは形を失う。そもそも「自由」とは束縛や拘束から免れようとすることなので、私の「かたち」を維持しようとする限り、それは「自由への憧れ」であり、かつ「この世界への反逆」なのである。この意味で、私と自由意思は、この世界に「かたち」として確かに存在している。

3 「かたち」と「わたし」

これでひとまず、長いような短いような想像の旅は一旦終わることになる。振り返ってみれば、まだ書くべき内容が不明なうちから、タイトルだけはなぜか決まっていた。この終章は全体タイトルと同じものとした。ここで、昔見た映画を思い出した。恋人だか妻だか、自分の大事な人が亡くなって、その体を冷凍保存してとっておく男の話だった。まだ自分は思春期くらいで、そんな大事な相手がいたことはないにもかかわらず、やけに「男」に共感した。私の「かたち」である代表選手は身体であるが、この体は自分が生命体である証拠にもなっている。そして生命であるということはこの世界に抗っていることだと後半で議論した。また、「かたち」は身体に留まらない可能性についても前半で議論した。「動き」さえあればそこに「かたち」が見えてくる。この「動き」は抽象的なものであってよく、「相関」「ヘブ則」「引き込み」「楕円曲線」が創発することが本質だ。そしてあらためて全体をまとめると、「身体」や「自己」も、「動きの集合」になっているだけの表象として一般化されてしまう「下位概念」もしくは私たちの文明における「発明」かもしれないのである。しかし、「科学」的議論はさておき、一方でこんな疑問も出てくる。さきほどの「男」にとっての大事な「かたち」は「見るため」のモノだったのか。むしろ冷たくなっていたとしても「触れるため」のモノだったのではないだろうか。本論は、抽象的な意味を含んだ「見ること」を土台としてきた（冒頭言

図5-5　心身脳問題の“自由と拘束”

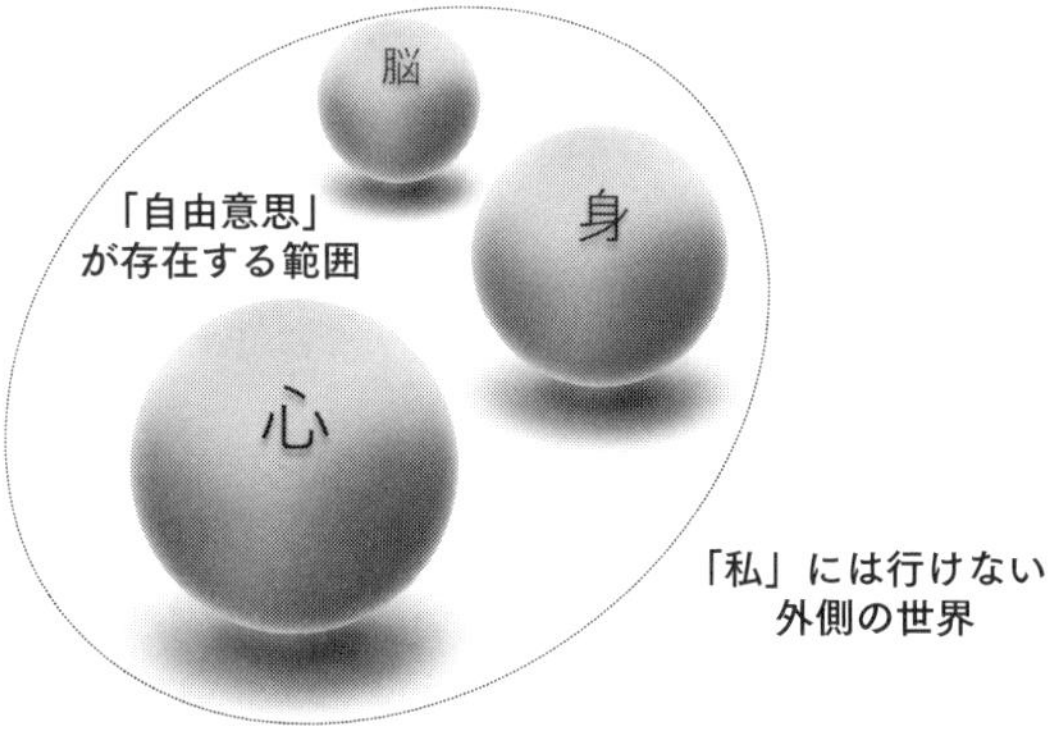

でも「地平を見つめる」と表現した）。そして同時に、私たちは「見える世界」に束縛されすぎているのではないかとも批判した。しかし、「見えること」と「触れること」は、「実在」という意味において何が違うのだろうか。そもそも私たちは普段、一体何を「見せられている」のだろうか。そして、冷たくなった「大事な人」はまだ実在しているように「男」には思えていたのだろうか（そして不思議なことに、「思えていた」ような気がするのである）。今回の想像の旅は、次の新たな「触れる」という謎を生んだところで一旦終わりを迎えるのである。

この物語がフィクションもしくはエッセーであるかどうかは読者に依存する。私自身も立場の一貫した議論ができていたかは心許ない。前半では、自由意思は登場しないと言い切り、後半では、信じる限りあるとひっくり返した。私自身がまだ主観と客観の二分法的な世界観に囚われている証拠だ（浅井、2019）。「自由意思はある、ただし、実は自由ではなかった」という結末（オチ）で許してもらえるだろうか（図5－5）。こころ・からだ・脳の状態はそれぞれで「相」を持つ。三体相関（相と相の関わり方）は、互いの拘束条件でもあるので、勝手な振る舞いは許されない。一方で、厳密な全単射でない限りは、ある程度の自由も許されるはずだ（完全なコピーであれば三体に分かれない。自然は無駄を好まない、ので）。このように、私たちがこの宇宙に生を受けた以上はそのルールに拘束されるが、その範囲での自由もまた同時に許されている。拘束条件が自由の範囲を定義し、自由な動き（と私たちが思いこんでいる）がまた拘束条件を表現してもいる（私たちには見えない）。「わたし」は心身脳がループする内側にしか存在できないのだから、この束の間の自由をあらためて自由意思と呼び、浮き世を楽しんだらよい。さて、その外側に「暗黒大陸」が見つかることはこの先あるのだろうか。

客観主義に立てば自由意思は見えてこないが、主観主義に立てば今ここにある。我ながら当たり前すぎる結論だ。そして、主観と客観を分けない主義におけるところの議論は、今の自分にはまだ到達できていない領域だ。自分の住まう世界観／常識の何をどう「壊せば」いいのだろうか。これは旅であり冒険なので、いろんな寄り道や迷子も恐れるものではない。が、何色かの光が射す方向へ創造ができたと思うことにして、今しばらくは家に帰ろう。最後に、その旅先からの絵葉書（テイクホーム・メッセージ）をしたためよう。

「私は私の存在する世界しか見たことがないし、その世界の中だけでは私の自由な意思も存在する」

というのはやめて、やっぱりこっちにしておこう。

「我思う故に我あり」

II Discussion

第6章 自己研究の此岸《これまで》と彼岸《これから》

田中彰吾　これから本書『自己の科学は可能か』の第Ⅱ部としてディスカッションをおこないます。テーマは「自己研究の此岸《これまで》と彼岸《これから》」ということで、二〇二一年九月に浅井（智久）さんのオーガナイズで実施されたシンポジウムと同じタイトルを使わせていただきました。

進め方ですが、冒頭で各自五分ずつ時間をとって、担当した章で一番言いたかったことを中心に、一枚のスライドを提示しながらプレゼンテーションをおこないます。第1章から第5章まで担当順に話をしていただき、その後でフリーディスカッションに移行するという形です。

About Chapter 1

田中　では、第1章を担当した私から始めます。私が第1章で最も言いたかったことを一言のフレーズにすると、「自己とは、無自己に至って投げ捨てるべき梯子である」（図6－1）という表現になるのかなと思います。第1章は「自己研究の体系的な進化のために」というタイトルで文章をまとめてあります。自分の章で心がけたのは、これまでの自己研究を振り返るということと、今後の自己研究を展望するということです。その際、特に現状の自己研究

図6-1　第1章で言いたかったことは…

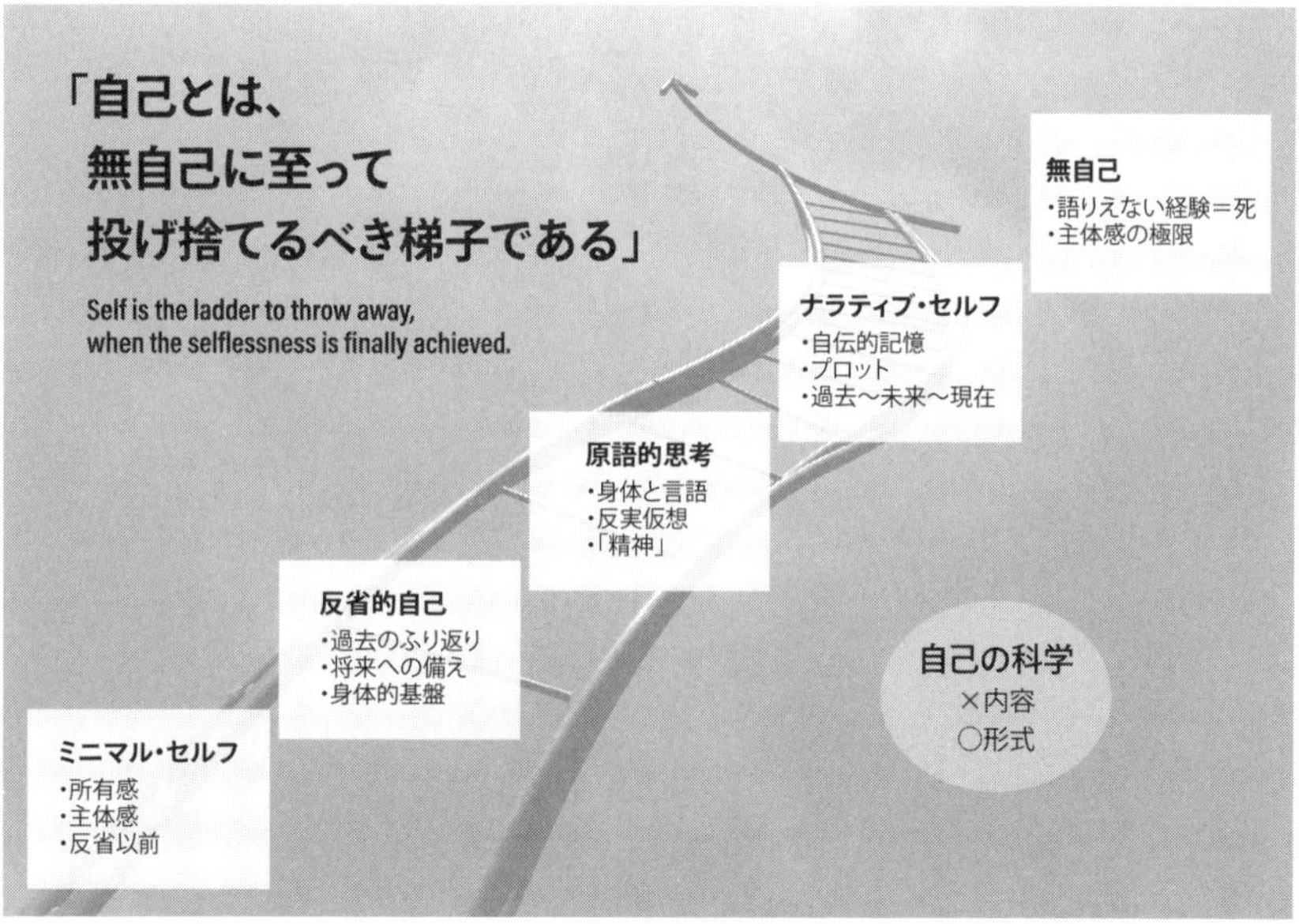

で十分に手が届いていない部分までしっかり描写しておくことを心がけました。

話のポイントになっていたのは、過去二〇年ぐらいに盛んになってきた「自己の科学的研究」の重要な出発点、というか大きな転換点になっていたのが、ショーン・ギャラガーの二〇〇〇年の論文「自己の哲学的概念――認知科学への示唆（Philosophical conceptions of the self: Implications for cognitive science）」だったということ。これがまず一点です。彼の論文はどこで実証科学と接続できるポイントがあったのかというと、一人ひとり異なる個別の自己の「内容」を問題にするのではなくて、誰にでも共通する自己の「形式」をうまく取り出していたところにあると思います。

で、その形式を「ミニマル・セルフ」と「ナラティブ・セルフ」という二つに分けることで、彼のやり方は科学とうまく接合できる性質を持っていたわけです。特にミニマル・セルフをめぐって、「所有感」や「主体感」というキーワードを中心に、これまで認知神経科学や実験心理学にうまく接続できる研究がたくさんなされてきたと。他方でナラティブ・セルフのほうは科学的な研究に現状ではまだ十分につながっていないところがあるので、私の章ではナラティブ・セルフに関して一定の見通しを立てることと、ミニマルとナラティブを結ぶものを明確にするということを重視しました。ミニマルとナラティブを結ぶ自己の形式として、一つは「反省的自己」というポイントを挙げています。もう一つはたんに反省的な意識だけでなくて、それが「言語」とどう関係するのか。言語的な思考とどのように絡み合って自己が構成されるのかということを主に解説しています。

こういう観点から整理をすると、ミニマル・セルフとナラティブ・セルフの間には登るべき梯子が二段はあるというのが見えてきます。ミニマル・セルフは「暗黙の自己感」を問題にしていたわけですが、これが明示的な反省的経験に至って梯子が一段上がると。ただ、「反省的自己意識」が生じるだけではナラティブ・セルフには未だ至らなくて、言語を通じて過去の記憶や未来の展望がとりまとめられる経験があって、ナラティブ・セルフに至ることになると思います。ですので、ミニマル・セルフからナラティブ・セルフに向かって、図に描いてあるような四段階ぐらいの梯子を登るプロセスがあるのかなと思うんですね。

ただ、ナラティブ・セルフに至れば自己の形式はすべて完結するのか、という疑問について私は章の最後ですごく気にしています。私たちが自分を物語るナラティブというのは小説とは違って、極限の未来で死が待っており、それはいつどこで起こるかわからないというオープンエンドの形式の物語になっているわけですよね。そうだとすると、人生の最後には、ナラティブには決して落とし込めないような、「死」といういわば「語り得ない経験」が待っているはずです。もしも、死を見据えたナラティブというのが語り得ないものの領域としてナラティブ・セルフの向こう側に待ち構えているのだとすると、自己というのはむしろ語り得ない「無自己」の経験に至って初めて完結するというような、そういう構図になっているのではないか。第1章の原稿を書いてこのような構図があらためて見えてきたというわけです。

ですから、自己を梯子にたとえるとするなら、最終的に「無自己」に至ってそこで消えてしまうというような、無自己に至ってなくなることで、かえって自己は完成形に至るというようなパラドックスがあるように見えます。そういう意味で、冒頭にお話した「自己とは無自己に至って投げ捨てるべき梯子である」というフレーズを考えました。この表現に、私の言いたかったことが凝縮されていると思います。

私の報告は以上です。引き続き、第2章について今泉さんお願いします。

今泉 修 私が第2章で言いたかったのは「記憶と言語に潜むミニマル・セルフを探ろう」(図6－2) ということでした。これまで「ミニマル・セルフ」つまり「主体感」や「所有感」にまつわる実験心理学的研究が盛んになされてきて、明らかになったことも多いのですが、現状の理解や方法論だけでは自己のもう一方の重要な側面「ナラティブ・セルフ」に迫りきれないだろう、と本章で論じています。

ナラティブ・セルフをミニマル・セルフと結びつけて理解するために、私は、運動的行為や知覚的経験が「自伝的記憶」のなかに蓄積していき、蓄積した自伝的記憶の群れが自己概念やパーソナリティを形成していくという作業仮説を持っています。ただし、すべての運動的行為や知覚的経験が自伝的記憶に蓄積されるのではなく、主体感を伴う運動的行為や所有感を伴う知覚的経験のみが選択的に自伝的記憶として記銘されていくと考えています。行為や経験にそれぞれ主体感や所有感が「ラベリング」されるようなイメージです。この考え方に近い実証的研究として、主体

図6-2　第2章で言いたかったことは……

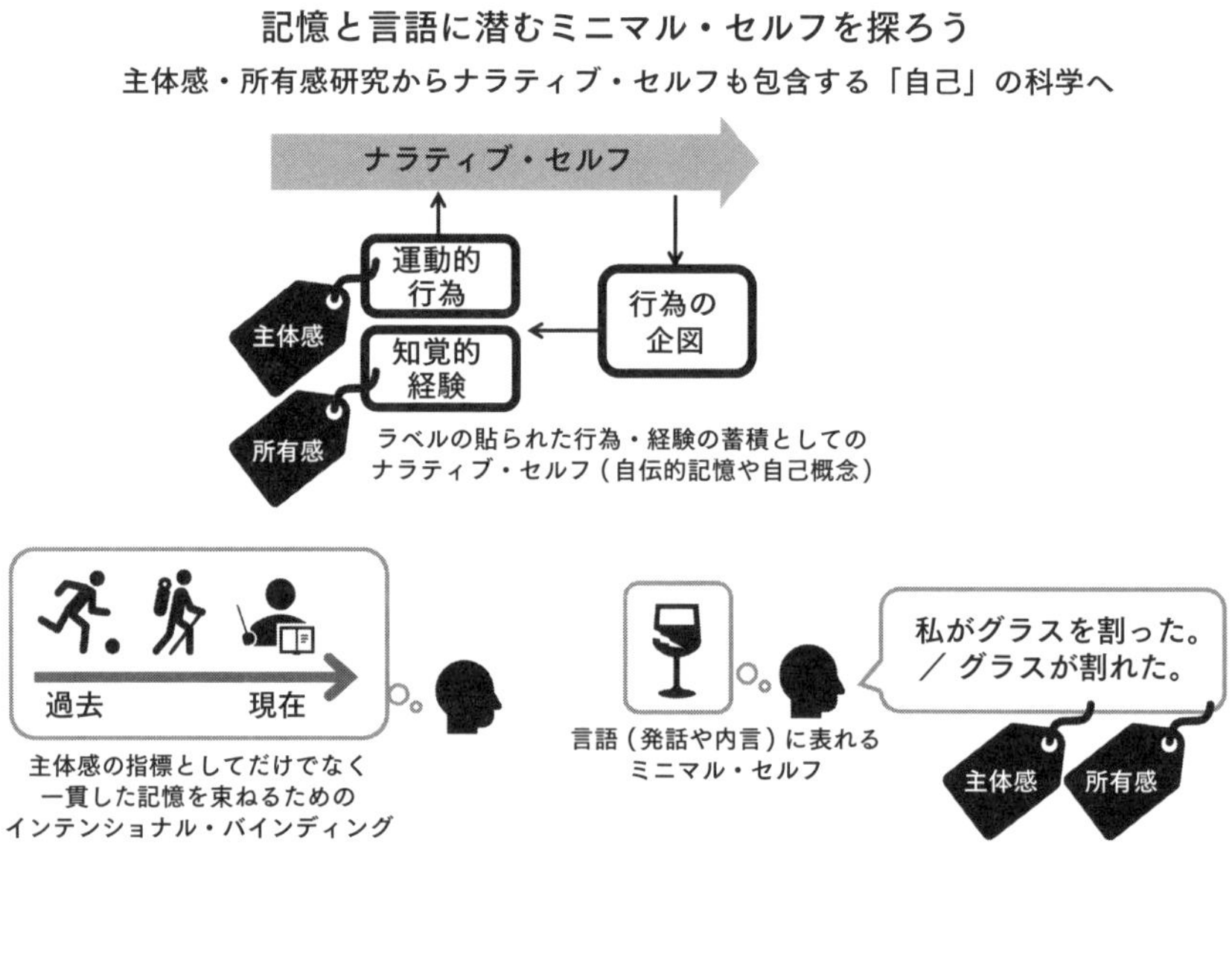

感が行為の記憶を促進することがすでに報告されていましたが、二〇二〇年頃から経験が記憶に残るには身体所有感が必要であることを示すフルボディ錯覚やVRを取り入れた研究も報告されてきています。まだ萌芽期ですから、今後より一層の知見の蓄積が待たれます。

記憶に関わりのある時間知覚にも注目していて、それは、主体感の潜在的指標として扱われてきた「インテンショナル・バインディング」という時間知覚のバイアスです。これは能動的運動とその感覚結果との間の時間間隔が短く知覚される現象ですが、記憶のなかにある複数の事象のうち、回顧しようとする事象に対して選択的にインテンショナル・バインディングが生じることが示唆されています。このことからインテンショナル・バインディングがたんに時間知覚を歪めるのではなく、記憶に働きかける機能、たとえば、主観的な時間軸上に漂う事象たちを順序立てて束ねあげ、連続性のある一貫した自伝的記憶に整えるような役目を果たすという仮説を立てています。これが正しいとすると、主体感が行為記憶の記銘を促進する一方で、インテンショナル・バインディングが行為記憶群を整理するという働きが人間の認知機構に備わっているのかもしれません。そしてそれがナラティブ・セルフの形成にも寄与すると予想されます。

最後は、「言語」についてです。発話や内言、未来の行為の企図、過去の回顧といった、ほとんどの心的機能に言語が関わることに異論はないと思います。さらに自伝的記憶や自己概念といった語られる対象としてのナラティブ・セルフと、語る主体としてのミニマル・セルフのいずれにも言語が関わってきます。ですので、ミニマル・セルフ研究者がこれからナラティブ・セルフも明らかにしたいなら、言語も研究対象に含めるべきだと考えています。実際、発話に主語が含まれているかどうかに話者の主体感が表れることや、主語が行為者である他動詞文では、自動詞文に比べてその行為者に関する記憶が残りやすいことが知られています。もしかすると、行為や経験が言語として発話に出力される際に、主体感や所有感がラベリングされたまま出力されるのではと構想しています。

すでに身体性や身体化された認知に興味のある研究者が多くいます。しかし今後は記憶や言語を専門とする心理学者や認知神経科学者、および記憶や言語の体系や起源を明らかにしようとする言語学者、発達心理学者、動物心理学者といった、幅広い分野の研究者たちと自己の科学を推進できることを期待しています。私からは以上です。

田中　ありがとうございます。では第3章について金山さんお願いします。

金山範明　私のところは、あまりきれいな理論をお話しするものではなくて。どちらかというと、本当に人が自己研究をすると考える時に、意外と感情的な、ドロドロしたものを抱えながら、そして時代に流されながらやっていくものなのではないかな、というところを文章で吐露していくことが一番の目的だったわけです。その意味でいうと、この章で言いたかった一言と言われても、「これです」というところがまだ抜き出せてないというのが本音です。

そのなかでも一応まとめてみますと、いろいろな方法で自己とは何かを検討していっても、なかなか科学的に自己をとらえるというようなこと自体、その問い自体に無理があるため、矛盾が生じてしまうのだろうということです。結果的に、確固たる自己はないものだという結論に至ります。一方で、自分とは何かが分からずに苦しむ人がいるとしたら、その人は自己の存在を科学的に証明してもらえるとうれしいとか、こころが落ち着くというようなことがあるかもしれません。しかし、科学的に証明される自己にすがるのではなくて、自分のために自己を作り出してもいいんだというような、そういうステージに上がれると自己というものはより機能的になってくるんじゃないかと思いいたりました。そしてそれを可能にするような技術が、最近、出始めているといったようなところを話したかったという意味で「その時、好きな自己を作り出して生きてもいい」という言葉にしました。

図6－3は、話の全容をまとめてみたというところです。文中で認証（authentication）と、同一性の確認（identification）という言葉を使いました。二者間で自分が誰かの認証をしてもらえるということを認証（authentication）とし、自分が自分の連続性を認知できるという同一性の確認（identification）と異なる、とその概念分離をはじめに論じました。その時、認証に使われるものとしての身体・顔・記憶の痕跡という要素があることを、カフカの小説「変身」の例などを通して概観しました。それらが確固たる自己を探す過程で、何を示してくれるのかというところを、それぞれ追って見ていったという章です。最終的にはそれは逆で、いかに自己が揺らいでいるかというようなことを、目の当たりにすることになりました。いろいろな実験操作とか、実験デザインとか、実験上の刺激提示の仕方によって、自己とは変動すべきもので、そんなに確固たるものではなかった、ということを示す実験をしてきた、その流れを紹

図6-3　第3章で言いたかったことは……

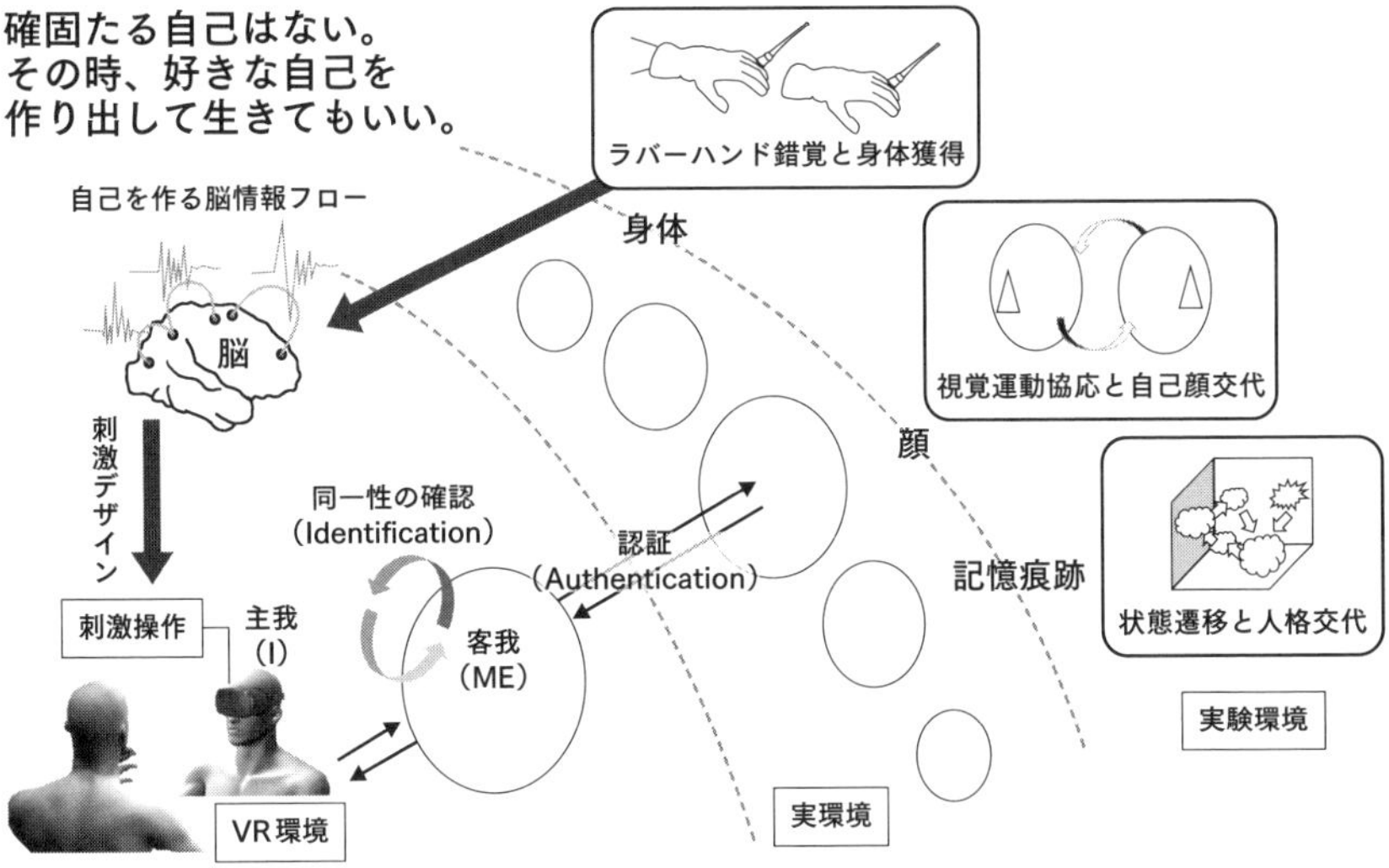

介していったということになります。

たとえばラバーハンド錯覚で、全然自分の手とは関係のないゴム手袋さえも、自分のものだと思うなんていう、ある意味ばかげたことが起こってしまうというところとか。アバターの顔の認識というところでは、バーチャルなものなのに自分の顔のように感じてきてしまうといったような、そういうやり方もあるというようなこととか、確固たる自己が存在するとしたら信じがたい結果が得られてきたわけです。それから、記憶の痕跡は、個人の人格を形成するような機能を持つと想定されますが、そうした人格に関わる脳部位はここ、というような知見も、今のところ明らかになってないですし、その問題が出てからもう十数年以上経っているのに見通しも立ってないというような状況です。だから、ある意味でそんなものはないと考えなくてはいけない、確固たる自己を探す試みは絶望的な状態なのではないかと思います。

私の研究の仕方としては、自己を感じる、意識している際の脳反応を計測して、その情報の流れが脳内でどう表現されるかというところを検討してきたわけです。そういった脳反応の指標を一つのよりどころにして、実環境で明らかになった確固たる自分のなさ、自己の不確定性みたいなものは、バーチャルリアリティ上で容易に作り変えられる仮想の自己と、大して変わらないものなんじゃないかというようなことを、証明できるといいかなというのが、おそらく今後の私の研究の流れになっていくと思っています。この図で言うと、ラバーハンド錯覚と身体錯覚というところから、黒矢印で脳のほうへ来ているところは、これまでの研究で、特殊な自己体験に結びつけられる脳反応を探るという部分です。それによって、どのような刺激のデザインをすると、人は自己を感じるかというノウハウが得られますが、その刺激操作のノウハウをＶＲコンテンツに反映させれば、狙った形に自己像を書き換えていくこともできるのではないか、ということを表しています。以上です。

田中　ありがとうございました。では第4章について弘光さんお願いします。

About Chapter 4

弘光健太郎　私の最も言いたい一言は、「自己とは、脳が単独に生み出すものではなく、脳と身体の媒介点である一人称視点に帯びるもの」（図6－4）ということです。このチャプターでは、自己観の転換がキーワードになってきます。まず、一般の方々にも同意いただけるところとして、

図6-4　第4章で言いたかったことは

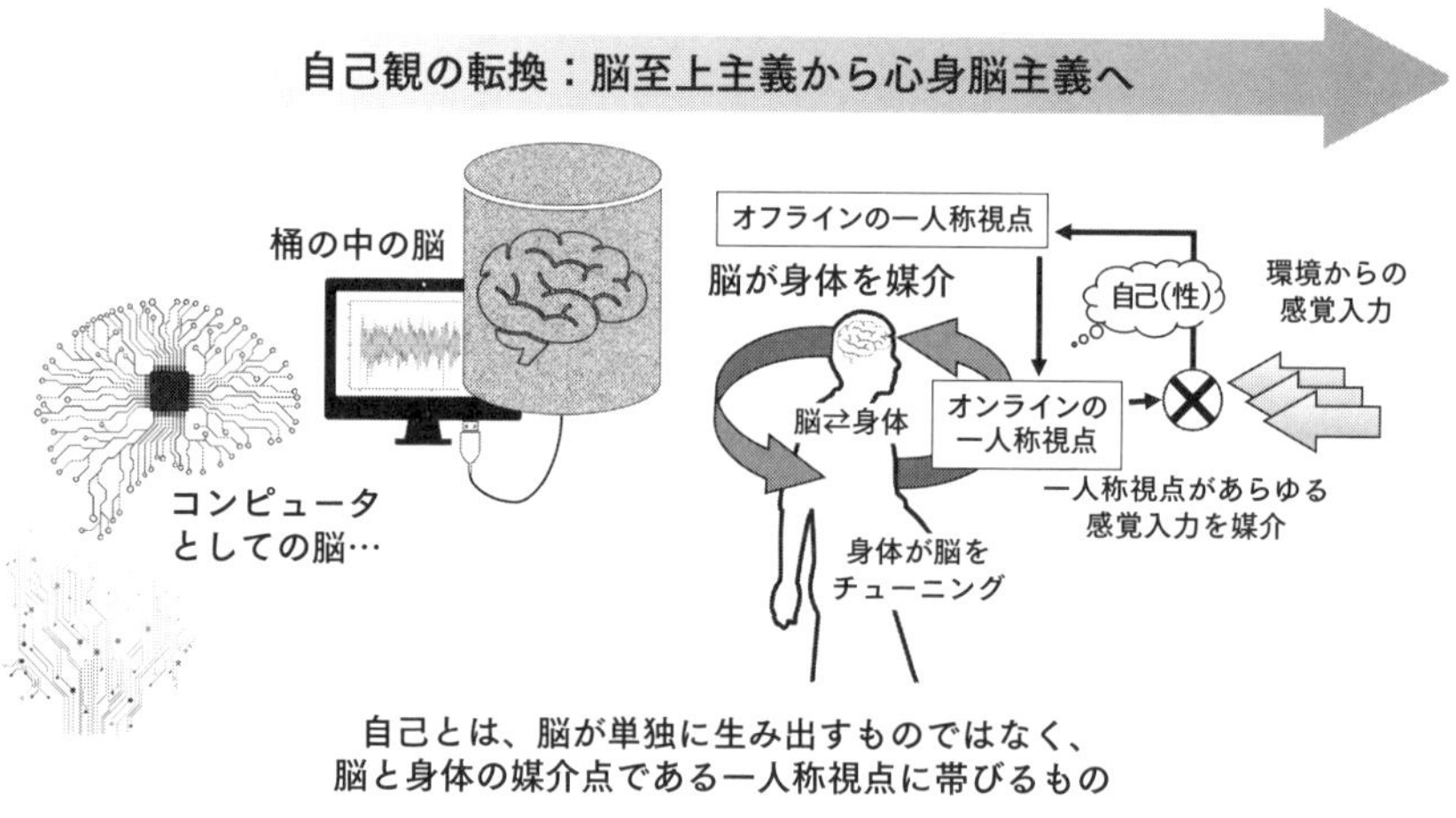

私たちの自己や心は、どうやら脳がそのすべてを司っていそうだ、という考えが根強くあると思います。

その背景には、たとえばこの図の左側にあるように、脳をコンピュータに見立てるとうまく理解できそうだとか、あるいは脳だけを取り出してコンピュータにつないでみると心や自己が成立しそうだ、ということに基づいて、自己や心が脳に還元できるかもしれないという考えが根底にあるのだと思います。

ただその一方で、私の臨床場面での経験だったり、これまでの自身の研究だったりから、そういった考えにはどこか落とし穴があるかもしれない、というのが考えているところです。それを示したのが図の右側の部分です。ここではまず脳と身体を描いていますが、脳も身体も密接に関わりあっています。たとえば、ご存じのように、脳の中には、運動や感覚を表現する領域があります。ここで重要なのは、運動や感覚を脳に表現することが、脳だけではできないということです。前提となる身体や、身体による動きというものがあるからこそ脳に表現されるわけなので。つまり、そこには必ずソースとしての身体や身体に基づいた運動が前提になっているはずです。その意味で、脳だけではだめで、脳と身体のインタラクションが必要になってくるというのが、自己やひいては心をとらえるスタート地点になると考えています。

いま図の中にグレーの矢印がありますが、これが脳と身体のインタラクションを示しています。まず身体から脳への矢印ですが、ここでは身体が脳をチューンするという言い方をしました。身体がさまざまな環境の中で存在したり、あるいは動き回ったりすることで、脳の状態を変えていくだろうという意味あいです。その一方で、脳から身体への矢印ですが、脳が身体を制御したり、あるいは身体の状態を調整したりすることを示しています。これら両者の意味で、脳と身体とのループがまず回っていることを想定しています。

そこからもう一歩先に話を進めるときに、私たちはもちろん環境の中に生きているので、その環境からのさまざまな入力を考える必要があると思います。何かを見たりとか、何かを触ったり、何かを聞いたりというような感覚情報が環境から入ってくるわけですが、その感覚情報はすべて、他ならぬ私の「一人称視点（first-person perspective: 1PP）」を通して得られるものだと思います。ここで言う一人称視点とは、私たちのあらゆる経験が他ならぬ私たち自身を起点にすることを踏まえて、経験の中心点とも呼べるものです。一人称視点は、脳と身体のインタラクションの上に成り立つものだと考えていて、この一人称視点を通して環境からの情報が入ってくるわけです。そのときに、そこに自分の身体と脳のインタラクションと、環境からの入力との間に、ある意味ズレといいますか、環境の中の個と環境自体とのずれがあるはずです。そのズレこそが、自分とそれ以外という区別を生じさせるもので、それがここでいうところの、まさに自己性なのだと考えています。

いま申し上げたのが、図の中の「オンライン」の一人称視点で、これはその瞬間、瞬間の身体や運動の情報から形作られます。一方で、私たちが何かを思い出したり、何かをイメージしたりするときには、必ずしもその瞬間ではなく、過去とか未来にいけたりもするわけです。その意味では「オフライン」の一人称視点というものも想定できると思います。これは瞬間、瞬間ではなくオフライン、つまり通時的な機能です。これがオンラインの一人称視点に事前知識として影響し、さらにオンラインの一人称視点からの影響も受けることで、どんどんアップデートされていくというループ構造があるのではないかと考えています。この、他ならぬ私の経験の起点となる一人称視点ループの中にこそ、自己性が半ば必然的に伴ってしまうというのがこのチャプターで考えたことになります。以上です。

田中　ありがとうございました。では第5章について浅井さんお願いします。

浅井智久　私の章のタイトルは「形と私」（「かたち」と「わたし」）となりました。書いているうちに出てきた一つの結論というのが、「私」の問題を考える時に、最終的にある意味での「形」を作らないことには自己として成り立たない、という一つの道筋が見えてきました。形が一般的な意味でどうやって作られているのかと考えてみると、たとえば折り紙のようにぺらっとした一枚の紙があったとします。それを折り重ねていくことによって、ある形ができていく様子がある種のアナロジーになっています。これまでの議論でも出てきたように、私を作る構造というのはたくさんあります。ミニマル・セルフやナラティブ・セルフと呼ばれるようなたくさんの要素があります。それが折り紙を作っていくように、折り重ねていくことによって一つの形ができる。それは過去や未来に時間的に伸びているものでもよくて、そういう自己を形づくるものを一つにまとめていったものが、最終的に形として私になっているという結論なんじゃないかと思いました。だからこういった折り重なりのループ構造を作っているということが本質的に大

図6-5　第５章で言いたかったことは……

自己について考えた瞬間だけ、ゾンビは「私」に収束する

事で、科学的な議論の対象になるポイントです。

だけどそれはループ構造があるからこそ私が成立しているというだけの話ではなくて、ループを作っていないで、私たちが世界に溶け込んでいる瞬間というのも同時にあるはずだとも考えました。つまり私たちはこの世界の一部、環境の一部としてほぼ自動的に溶け込んだ形で生きている時間というのも少なからずあるはずで、でもその瞬間瞬間で私について考えた時だけ私としての形が明確に立ち現れるようなイメージを想像しました。それがこの図が表しているメッセージになっていて、「自己について考えた瞬間だけ、ゾンビは『私』に収束する」としました。私たちが人である前に生命としてこの世界に存在している限りにおいては、生命活動としての自動的な働きというものに大部分の時間を支配されていると思います。だけどそこにもし人としての特殊性を考えて、その特殊性という意味での「私」の意味を考えるのであれば、人だけが自分について考えて、その瞬間だけ一つの私としての形が立ち現れます。身体としての形もそういった意味では立ち現れる一つの瞬間であって、絶対的なものというよりは、その瞬間瞬間でいろんな身体としての形があってもいいだろうということになると思いました。

ですので最後の章のまとめとして、ここまでの議論の流

れを包括するような絵を描きたいと思ったわけです。冒頭の田中さんのお話で、自己とは最後に上りきった後に捨ててしまう階段だというお話がありました。それをさらに自分なりの視点でまとめ直すとこのような「自己像」になると考えました。私たちは確かに自己という階段をつねに上り続けていて、その瞬間瞬間で自己の姿というものをアップデートしながら、その像を自己認識する瞬間だけ形が収束している状況にあるようにと思います。もう下りることはないので、上りきってしまった階段は捨ててしまってよいと言えると思いますし、この階段はらせん階段のようにループしているからこそ反省できる構造になっているように見えます。私たちが過去やってきたこととか、その瞬間やっていることを見比べながら、反省しながらも上れるような構造、つまり自己としてのらせん階段を、「私」という「形」を失うまで上り続けているのではないかと結論しました。以上です。

＊

田中　ありがとうございます。皆さんに第I部の各章を振り返っていただくことで、全体に共通する論点が浮き彫りになったと思います。やはり、本書は「ミニマル」と「ナラティブ」という軸を立てて自己研究を整理している点に特徴がありますし、さらにそれを、心と身体の関係、身体と脳の関係、脳と心の関係という三項関係に即して、つまり「心身脳問題」と私たちが名づけた論点に沿って検討している、ということを確認できたと思います。

それと同時に、皆さんのお話をうかがいながら、もしかすると「自己の見方」について一つの緩やかな共通点があるのかなとも感じました。それは、そもそも「自己」と呼ばれる現象をどこまで実体的なものとして見るかという点です。潜在的に皆さんに共通していると思うのは、「自己」はそれほど頑健でもないし、つねに実体として存在しているわけでもない、という見方です。自己はそもそも揺らぎのなかにある現象だとしている点で、おそらく皆さん共通していると思うんです。ただ、だからこそ、それを科学的に研究する場面ではそれ相応の難しさがやはりあるということだと思います。それで、研究するにあたってどこから切り込めばいいかを考える時に、いろいろな光の当て方があるということを各章で示してくれているのではないかというふうにあらためて思った次第です。このような論点から議論に入っていければいいと思いますが、いかがでしょうか。以後、順番は設けませんので自由にご発言いただければと思います。

浅井　実体としてあるかどうかって大きな議論になると思うので慎重に考えるべきだとは思うんですけど、僕ら各自が考えたうえで、全体的に一つ共通認識として出てきたのは、やはり実体がないんじゃないかと、どこかみんなが思っているということです。だけど実体がないから自己研究しなくていいとか意味がないっていう結論には必ずしもつながらないと思うんですよね。実体がないからこそ光の当てる角度によって自己の見え方が変わってくるって言い方をさきほど田中さんがされていましたけど、それが科学の枠組みのなかで自己研究をしていくある種の方法だと思うので間違ってないと思います。その時に光の当て方によって自己がいろいろ形を変えて見えてしまうっていうところに、むしろ科学者として注意を置くべきで。要は本質じゃない形が見えてきてしまう光の当て方もあれば、実体っていうか、自己の本質をとらえるような光の当て方っていうのはあるはずです。ギャラガーの論文っていうのは、そういう意味で多くの人が同意できるような光の当て方だったと思われるわけです。だからこそ、それが正解という意味ではなくて、これからも自己研究をするにあたって、ギャラガーが当てた光の角度をあらためて再検討する価値はあるんじゃないかとあらためて思いました。その辺りどうですかね？　要はミニマル、ナラティブの光の当て方って結局どうだったんだろうっていうことです、問題提起として。

田中　自己をミニマルとナラティブに分ける際、一つには「時間性」にポイントがありますね。過去二〇年の研究の成果を振り返ると、科学との接点とか、科学的研究との相性のよさという意味ではミニマル・セルフに関する研究のほうが圧倒的に豊かな知見をもたらしてきたわけですよね。なぜなのかという理由はわりと明確だと私自身は思っていて、一つは目に見える「身体」を扱えたという点、もう一つは、身体を制御している「脳」との関係を検討することができたという点があったのだと思います。実験パラダイムとしても、ラバーハンド錯覚とすごく相性がいい所有感の問題を扱えたり、インテンショナル・バインディングと相性がいい主体感を切り出してくることができたと思うんですよね。こういう実験では、必要最小限の長さの時間性を扱えば済むという、扱いやすさがあります。

その一方で、物語という時間的な広がりとセットで考える必要があるナラティブ・セルフのほうは、やや置いてきぼりにされてきた感が否めません。過去二〇年の間に、たとえば脳との関係で、あるいは身体との関係でナラティブ・セルフについての研究が成果を上げてきたかというと、それほど進展はなかったところにいる皆さんも共通了解として持っているのではないでしょうか。

弘光　実体ということを考えると、田中さんがおっしゃったことにすごく同意できるところがあります。私たちには身体がありかつそれを使って運動ができる。さらに、ナラティブは記憶と言い換えることもできる。これは、自己をこれまでの研究領域を拡張させる形でとらえられるようにしたということだと思います。あくまで自己の操作的定義にはなりますが、実体性に迫れるという、ギャラガーの成果だと思うんですよね。過去にある概念を使って説明できるっていうのが、やっぱりうまいところではあったとは思います。それでもやはり自己を言い換えたにすぎない部分も少なからずあるかなとは思います。私自身、自分のチャプターで、自己を何かに言い換えている部分もあって、本質を解決していないところが多少なりともあると思います。言い換えたりする以外に自己の本質に迫る方法が他にないか、何か議論できないかなと、いま聞いていて思ったところです。

浅井　言い換えっていうのは、要素に分けるのとはまた別の意味ですか？

弘光　それも含んでいると思います。自己についてたんに何かに一対一で対応させるか、要素に分解して説明するか、というようなことがされてきましたが、それがどのくらい本質をとらえているのかは難しいと思います。たとえば、社会的自己とか理想自己とか、心理学的に要素で分けるのもそうですし。自己はないっていうのは言い換えではないと思いますが。

浅井　たとえば言語の問題がこれまでの議論でも出てきましたが、何かの言語ラベルを貼ってカテゴリーとして分けて議論するのは研究上やりやすくなる一方で、言語ラベルを貼ったカテゴリーとしての実体が必ずしもあるわけじゃないという意味で、ある種の矛盾をはらむ問題にはなると思うんですよね。たとえば主体感と言った場合、結局主体感とはどんなものなのか、明確な定義ができる人っていないわけで。それは言葉を使ってラベルを貼ることによる必然みたいな問題であるんだろうと思います。結局はどんなものもそうですけど、ある種の概念でしかなくて、だから実体もないと。だとすると、この現状を踏まえて今後どういうことをしていくのがいいのかですよね。たとえば主体感を別の言葉で言い換えたりすると、確かにそれはトートロジーっぽい感じではありますよね。だけどたぶんもっと本質的な問題は、それが完全な言い換えなのか、一部分を意味のある別の形で言い換えてるのかすらもよく分からないところではないかと思います。結局は言葉遊びみたいになりがちです。ギャラガーの言うところのセルフ・エージェンシーやオーナーシップ以外にも、セルフ・イーサーシップとかセルフ・エフィカシーとか、関連するような自己関連の用語ってたくさんあります。それら自体が悪いというよりも、それらの概念とか呼び方の関係性が全然分かんないんですよ。もちろん相関関係はあるんだけど、全く同じってことはないだろうし、部分的だったり、複数のものに関連してることもあるだろうし。それぞれがきっちり定義できない以上は答えもないっていう、いわゆる定義問題みたいなのが起こりやすいので。あんまりそこに突っ込んでいっても解決の道はないのかなっていう気がします。もちろん、言い換えがよくないっていうのは同意するところですし。で、概念を整理するっていうのは、はなから無理な話という気はしていますが、でも心理学の研究ってそういう話になりがちじゃないですか。だからそれはもう脱却する必要があるのかなって思いますよね。

田中　ラベリングの仕方って、現象にまつわる網のかけ方みたいな問題になると思うんです。この点は金山さんが書かれた第三章で興味深く扱われていたと思います。現象にどのように網をかけていくかということが、その時代、その時代の測定方法とどこまでうまくリンクできるのかによって、研究成果が出たり出なかったりするという問題を含んでいるように思うんですよね。

ギャラガーの二〇〇〇年の論文の戦略が割とうまくいったのは、当時って運動の神経科学がちょうど活況を迎えていたところで、いわゆる「内部モデル」に重ね合わせて自己を理解するという戦略をとろうとしたわけですよね。そういう意味では「自己」と呼ばれる広大な現象のある一部に、ある角度から光を当てたに過ぎなかったとも言えると思います。当時、一つの脳研究の方法として確立されつつあったものとうまくマッチしたという時代背景があったと思うんです。

逆に言うと、「自己研究のこれから」という観点から少しお話をすると、今後はどういう網のかけ方をすることで、現状で発展しつつある計測方法や測定方法とうまくマッチするポイントを見つけられるかどうかが重要ですし、そこが研究者の腕の見せどころでもあるだろうと思うんです。従来のやり方だけにこだわってはまり込んでしまうと、結局自己を実体化して、そこに何か変わらない本質があるっていうふうに勘違いをしてしまうことになると思います。ですから、研究者自身も「自己」と呼ばれるもののどこを焦点化して、どこを切り出そうとしてるのかということについて、つねに自覚的でなければならないと思いますね。

「前反省的」という見方

浅井　概念的な光の当て方とは別に、方法論的な問題として、今泉君のところではラバーハンド錯覚とか、インテンショナル・バインディングっていう方法自体の面白さに潜む問題についても議論されていましたよね。概念的な視点では田中さんのところで「前反省的（pre-reflective）」の問題についても議論されていました。そのあたりが見返せるポイントなのかなって思って聞いていました。ある光を当てようとした時に、光の当たらなかった部分や、もしくは間違った光の当て方をした部分がある可能性があります。「前反省的」に関して田中さんが議論されているのは、ある意味間違った光の当て方をしてしまった可能性があるということのような気がするんです。

つまり、もともとのアイデアとしては、必ずしも反省されない心の働きがあることが想定された概念もしくは定義だったはずなんですが、それを方法論的にラバーハンド錯覚とかインテンショナル・バインディングみたいな形に落としてしまったせいで、いつの間にか反省されるものとして主体感や所有感が定義されるようになってきた経緯があります。結局、主体感とか所有感って元の定義って何だったんだろうなって迷子になりますし、さっき言ったような概念上の混乱がいまだにあるような気がするんですよね。だから切り口としてはきっと悪くはなかったんだろうけど、光の当たり方とか当て方が本当に適切だったかどうかは今後も検討の余地があるような気がしておりまして。だからこそ、このあたりの問題が第1章と第2章でまず議論されているんだと読んでいて思いました。

弘光　ちょうどこの話（前反省的）が出たので、田中さんの章の図1－1「前反省的な自己感」に関連するところとして、確認をさせてください。ラバーハンド錯覚とかインテンショナル・バインディングでは、参加者にそのときの主観を明示的に聞いているので、反省が伴っていると思いますが、そのなかに果たしてギャラガーが定義した前反省的なものが含まれているのでしょうか。

田中　私自身は含まれていると思っています。たとえばラバーハンド錯覚でも、実験中に錯覚が起きている時というのは、本人にとってもすごく自然な経験として所有感がマネキンの手に感じられているように見えるので、反省以前の所有感はやはりそこに伴っているように見えます。ただし、それを「どのくらい強く感じますか？」という風に錯覚を本人に質問して確かめようとすると、あらためて本人に錯覚経験を振り返って反省する作業を求めることになるので、前反省的なものを、反省によって取り出すことになってしまいますよね。この点はバインディングの実験に関しても同じで。実験を経験している本人は、進行中の実験においては前反省的な主体感を経験していると見ていいのではないかと思います。ただ、実験の結果を確認するために、実験中の経験を本人に振り返ってもらうと、反省という作用がどうしても入ってきてしまうということだろうと思います。

弘光　ありがとうございます。前反省的なものが含まれているとすると、実験としては、何かしらの指標で、反省的（reflective）なものと前反省的（pre-reflective）なものを分けられると、さらなる展開が望めるということになりそうですね。

田中　そういうことだと思うんです。今泉さんの第2章でも、私の第1章でも指摘はしてあったと思いますが、前反省的な経験に随伴する生理指標を見つけることができれば、現状の実験よりももっと精密な光の当て方はできるだろうと思います。「前反省的（pre-reflective）」や「反省的（reflective）」という概念をめぐっては実験との対応を考えるうえで混乱もあると思います。概念的にうまく整理できたとしても、それをその都度正確に実験に落とし込めるとは限りませんし。実験をしてみることで、逆に概念としてうまく整理できていない部分が見えてくることもあります。概念と実験との循環的な関係は研究の現場ではつねにあると思いますし、それが利用できる測定方法とうまくフィットするかという問題もあると思います。

浅井　まさに金山さんがこれまでずっと苦労されてきたことだと思うんですよね。結局、誰もが主観に上るものだけじゃなくて、もうちょっと自動的なレベルとか、潜在的なレベルでいろんなことが起こってるだろうって思っていて、それを取り出すために、じゃあ、脳を見にいけばいいっていうのが、ある意味古典的な心理学研究のなかでの脳計測の考え方だと思います。金山さん自身もそれでずっと苦労してきたのが分かる章でした。僕がそう結論づけていいのか分からないですけど、それ自体に本気でやってきた人だからこそ感じる大きな壁や、難しい問題みたいなのがあるはずで。それを自分のところでは三体問題としての難しさとして整理したんですよね。結局、脳活動を見たとして、確かに脳活動は出てくるんですけど、主観や行動指標と対応づけようとすると、それらの相関関係を見ることになって、相関以上のことは何も言えないと。特に二者間の相関ではなく、ほんとに見たいのが三者間だとすると、なおさら関係性が不定になるといいますか。だからそういう問題って言われてみたら確かに当たり前のように見えるんだけど、でも研究者としての仕事ってできるところからとりあえずやってみるっていうことも往々にしてありますよね。そういった意味でこの段階で整理することによって、本質的な意味での難しさっていうのがあらためて浮き彫りになりました。金山さん自身は脳を見ることに意味がないとはもちろん思ってないと思うんですけど、難しさを超えるような今後のやり方や自己科学としてできることって何かありますか？

主観報告を扱うことの意義

金山　いや、ないですよ。どのように言ったらいいですかね。今、話をずっと聞いていて、考えてたところですが、せっかく、すごくまとまりのある流れで議論してきたところで、流れを変えてしまうようで言いにくいと思っていました。ただ、結局やっぱギャラガーもできてなかったんじゃないかと思うんですよね。何かやってる感はあったけど。もちろんセルフの研究に、身体が重要であるとか運動が重要であるとかというところと、一応それらしいセルフとの関連っていうのはかなり明らかになってきて、すさまじい貢献があったとは思います。ただそれらがセルフの研究だったのかというと、個人的にはそこはやはりそうではなかったと総括しなくてはいけないのではないかと。それは、やはりセルフを主観報告で本人に聞いて測定しているところだと思います。この主観報告によるセルフの計測は、研究間でもかなりばらつきもあって、大きな問題だと思います。

やはり身体の研究ではなくて、セルフの研究を本気でやっている、やりたいと考えている人は、大体主観報告による計測では当てにならない、と皆さんいうのではないかと感じます。個人差も大きいですしね。結局、その部分だけは「ナラティブ」なんですよね、そこだけ個人の語りになっている。計測されてしまった時点で。ある実験参加者が実験室に来て、その人が「実験室に来てセルフに関する実験に参加する」という物語を体験して、最終的にその体験を言葉で語ることで測定としている。その時の体験そのものに基づいて尋ねているという意味では正しい方法かもしれませんが、やはり計測の原理としては、その方法でセルフそのものがとらえられるということはないと考えるのが適切だと思います。少なくとも「身体所有感」を扱うラバーハンド錯覚の実験のほうではそのように思っていましたが、「運動主体感」を表すインテンショナル・バインディングの実験などでは、今泉さんはどう考えますか？　その主観による計測の問題点について。まさにやっていらっしゃいますよね、主観報告がいかに客観指標と相関するか、といった検討を。あの辺りって実際どうですかね？

今泉　「私が運動を起こした感じがする」といった主体感の主観指標と、潜在的指標や客観指標と見なされているインテンショナル・バインディングとの間の相関は調べられていますね。しかし相関の有無や強さが研究によってばらつきます。そもそもインテンショナル・バインディングは研究者が定義した指標でしかなくて、主体感が生じたと思われる状況でそれが観測された、という事実に加えた解釈にすぎません。潜在的指標だからといって本当に前反省的な主体感をとらえているかどうかについては、おそらく誰もはっきりとした答えを持っていないでしょう。

金山　実際、セルフの研究の際に主観報告でやればいいというのは、少し甘い考えではないかとも思います。自身も心理学者として、その計測方法について本気で努力をしていないのではないかという気がするんですよ。とりあえず主観で聞けばいい、それしか方法がないでしょうということになってしまっていて。

田中　金山さんのおっしゃりたいことはとてもよく分かります。本書で提示した「心身脳問題」という三体問題の観点から整理するとこういうことだと思うんです。過去二〇年の研究で所有感とか主体感という概念によって網をかけたことで「自己」に迫れると考えて私たちは研究を進めてきたのですが、実際に明らかになったのは脳と身体の相関だったっていう部分がすごく大きいということではないでしょうか。たとえば所有感の場合には、実際には身体から上がってくるマルチモーダルな情報が多感覚統合として脳内でどう処理されているか、ということがよく分かってきたわけですよね。あるいは主体感に関していうと、身体運動が脳の内部モデルとの関連でどのように処理されているかという点が分かってきたということだろうと思います。ただしこれは脳と身体の関係を明らかにしたということであって、主観的に経験されている所有感だったり、主体感だったりっていう、まさに「心」の次元にうまく対応していたのかとあらためて考えてみると、いろいろと疑問がありますねということになるんだと思います。

金山　はい、そうですね。

今泉　私も、今後に向けた疑問や課題が見えてきた二〇年間と前向きにとらえられると思います。ミニマル・セルフとナラティブ・セルフという二分法では紙の表裏のような見方になりかねませんが、むしろ透明の多面体のようなものをイメージすれば、ミニマルを見ると向こうにナラティブが透けて見えるような関係、あるいはベン図における重複のような関係が想定できると思います。ミニマル・セルフのなかにも、主観指標の測定で現れてくるような反省性、言い換えるなら「ナラティブ性」が含まれると考えたほうが適切かもしれない、という理解に至ってきたのかもしれません。

浅井　学生の時によく考えていたことを思い出しました。エージェンシーとかオーナーシップっていう言葉は計測されるような指標ではなくて、研究の方向性を示すような大きな旗印みたいなもんだとずっと思ってたんですよね。つまり、測ろうとする対象になるのではなく、概念としてそういう光の当て方が大事だっていうことをたぶんギャラガーは言わんとしただけであって、別にそれが測定できるものとして、実験に落とし込もうとして必ずしも提案したわけではないと想像します。ただ、論文のタイトルも実験研究につなぐというサブタイトルがついてるんで、本当のところは分からないですが。実際に実験に落とし込んでいったことによって、伝言ゲームのおかしなことになってしまった二〇年かなとは思うんですよね。当時、グラフの縦軸が「エージェンシー」とか付いている研究がすごい多かったんですよ。そういう扱い方ではなくて、進むべき方向性を示してるような言葉なんですよね、自分にとっては。

だから直接測ってエージェンシー何点みたいな、それには違和感がずっとあります。でも自分の研究でもそれっぽいことをしちゃっているので自戒を込めてなんですけど。

それが哲学者としての本来ギャラガーさんがしたかったことと、それを利用した側の齟齬（そご）が発生しているような気がするんですよね。

田中　あらためて「心身脳問題」という三体問題として考えるとするなら、相関をグラフできっちり書けるのは「脳と身体」という二項間の相関である可能性がすごく高いということなんでしょうね。脳と身体のデータをそれぞれ縦軸・横軸に設定して相関を検討できたとしても、そこに「心」に対応するものを読み込んだり、あるいは三つめの次元として設定しようとしたりすると、実は相当無理があるというのがあらためて浮き彫りになったところがありますよね。「心」に該当する次元は経験している本人にあらためて言語的に確認しないと分からない情報ですし、言語的な語りとして返ってくる情報であること自体、最初からナラティブ性を帯びていることになりますね。これは先ほど今泉さんも指摘されていた通りです。その意味では、実はミニマル・セルフを実験科学の俎上に載せたつもりでいながら、実はナラティブ・セルフに対応する要因がそこに最初からたくさん入り込んでいたということになるのかもしれません。

金山　そうだと思います。私は、だからさっき浅井さんの言っていたことがすごくよく分かって、当時何か悩みなががらやっていたなというところで。実際、自分の感覚では、「オーナーシップ」を表すスケールについて深い検討は、あえて避けてきたと感じています。自分の研究は、多感覚統合の研究としてやってきた印象です。ただしセルフ研究をおこないうるかどうかという観点では、一応主観報告による計測をおこなって、こういうふうにやると脳反応と相関するとか、あるいはある条件では主観報告でも自己感が大いに変化する、というふうにはやってきました。ただその過程で、自身はずっと、これではまともに測れていない、なんとかよい方法を、と思いながら、どうしたら自己を客観的に測ることができるのか二〇年間苦しんできた、印象を持っています。一方で、現在の研究動向としては、何かもう風潮としては測れているみたいな感じになってるのではないかと。

浅井 質問紙で測ったことになってるっていう。

金山 そうです。もう質問紙でオッケーみたいになってしまっているのは、やっぱり違うんじゃないかと思うんですよね。まずは簡単には測れないという立場にならないといけない。心理学としては多感覚統合であるとか、運動反応であるとか、実験心理学的に操作できるものときちんと対応づけるという意味で、セルフに関する心の問題もかなり研究されてきているというのは確かです。ただ、自己を心理学の問題とか心の問題としてしっかりととらえたり、何か確固たるものに読み替えられているかというと、それはもう全然何も進んでなかったぐらいなレベルにいる気がします。そこを主観報告でいいやといって、何の工夫もしてこなかったというところが、やはり問題の核心かなと。まず、そこを認識したらいいのかなというのは思っていました。

浅井 研究のための研究みたいな側面がすごいありますよね。だけど、これまでの流れもあるんで、査読する側としても別に質問紙だから駄目みたいなリジェクトはできないんですよね。今までいろんな研究がたくさんあるんで、個人的に「いや、それ駄目だろう」と思ったとしても、分野的にその理由だけではリジェクトできないとか、一回出ちゃうとそういうのがありますよね。

金山 結構、誤解があるのは……、いえ誤解という言い方をするとちょっととげがありますが。現在新たにセルフ研究に参入してきてる研究者は、もう関連文献が豊富にあるし、それらで使われている主観報告とか、ここで使えると言われている指標でいいや、となっているところがどうしてもあって、それは誤解だと思います。たとえば、私はコングルエンシーエフェクト（Crossmodal congruency effect: CCE）を一応、ラバーハンド錯覚の研究で利用していますが、その数値がそのままオーナーシップを表します、とは口が裂けても言えないです。全然違うものなので。でもその概念的な区別、整理をせずに使う人もいるようで、その辺りの混乱も研究報告数の増大と相まって、極まってきていて、結構まずい状態なんじゃないかというのは、実感しているところですね。

浅井　まあ、インテンショナル・バインディングも全く同じ状況なんで、一回ダメにならないといけないタイミングかなという気はします。ただ、みんな思ってると思うんで、さすがにこれはダメだろって。研究数が増えてきたからこそ思う人も増えてきてると思うので。

弘光　私はみなさんと比べると割と後発組で、学生の時にすでに所有感とか主体感っていう概念がある程度確立されてきていて、論文もそれなりに数が出ていた状況でした。論文を読んでからそういう研究をしようとするので、そういうのがあるっていう前提の頭になっちゃうっていう弊害もあったんですね。確かに測っているものが何なのかという原点に立ち戻らないとその意味がよく理解できないというのはあったと思います。たとえば、私が当時したプレゼンに対して、何も知らない人は、「そういう概念があるのか、ふーん」と思ったり、「その概念は本当に妥当なのか」と思ったり、何かしらの違和感を持っていたんじゃないのかなと思いますね。いまある心理学の概念自体も、たとえば記憶とか注意とかいろいろありますが、そういうものも当たり前ですが実体はないじゃないですか。自己もそうですけど。それを何とかとらえようとしている以上、主観を聞くのは一つの方法だとは思います。その聞き方にすごく注意を払わないといけないわけなんですけど。その歴史がまだ自己においては、特にミニマル・セルフにおいては浅いという部分もあるのかなと。だからまだ発展の可能性はあるのではないかと思っているところもあります。

主観指標と客観指標の対応は必要なのか?

田中　ちょっと整理させてください。きっとこういうことなんだろうと話をうかがっていて思ったところがあるので。脳と身体の関係っていうのは物理的な次元で詰めていけたり、神経生理学的な測定方法で迫っていけるポイントがあるわけですが、では、それが主観的な心理状態とどう対応するのかということを厳密にとらえようとすると高い壁に突き当たってしまうということですね。現状で私たちが扱っている方法というのはとてもキメが粗い、たとえば十件法や五件法のようにすごく粗い指標にすぎません。ですが、そうして粗い指標で確認されたことと、実験結果との対応関係があたかも自明なものであるかのように考えて自己研究に踏み込んでしまうと、じつは自己をとらえているつもりでも全然的外れなことをしている結果になりかねない、ということを今までの議論が示していると思うんです。

ただ、一方で、ラバーハンド錯覚にしてもインテンショナル・バインディングにしても、特定のセッティングのもとで観察可能な現象というのが必ずあるわけですよね。そうすると私たちが慎重に扱わなくてはならないのは、そこで主観的に経験されていることが実際のところは何を意味しているのか、もっと正確に取り出せるように、研究者としての眼差しや態度を磨いておく必要があると思うんです。

おそらくこの点は、心理学の研究全体に通底する本質的な問題点だとも思うんです。それこそ心理物理学が始まった頃からずっと引きずっている問題でもあるんじゃないかと思います。物理的な刺激と主観的な心理状態をどのように対応させて理解すればいいのかという点は、一九世紀半ばに心理学が始まった時から皆がずっと悩んできたことでもあるわけです。それで初期の心理学では、信頼できる内観報告を心理学者自身がおこなうことで、心理と物理の対応関係を理解しようとしたわけです。ですから、あらためて心理学の基本みたいなところに立ち返って学ぶべきことがあるかもしれないというか、そうした点を手がかりにして自己研究もブラッシュアップできる余地があるのかなと議論を聞きながら考えていました。

浅井　だからよい問題提起には実際なってると僕も思っていて。特に実験心理学の前提というか大原則って、知りたいことは直接聞いちゃいけないってあるわけですよ。実験の設定として正解不正解がある形にしていかないと、別にどう答えたっていいみたいな設計にしちゃうと、その人が求められたような回答しているだけかもしれないし。まず、実験者の意図が分かってはいけない。だからこそ測定っていう方法論でやり、測定としてとった指標っていうのは客観指標って呼ばれて。

だから逆にいうと、いわゆる主観指標っていうのをとらないことが大原則で、客観指標っていうのをとって議論するのがお作法みたいな歴史があったんですよね。そうすると主観との対応って逆にもう分かんなくなっちゃうんで。でも自己性みたいな主観を知りたいとすると、主観は主観で見たくなって質問紙っていうのをやりますと。だからある意味いい面っていうのもあったとは思っています。すごい素朴に見えるんですけど、主観的な体験を質問紙で聞いちゃっていうのが、ある意味許されるようになったのって、くっていうのが、この自己研究の一つのよい側面というか、可能性が広がったっていう気はしています。はなから直接聞いちゃ駄目ですよみたいな前提が崩れたっていう意味で、メリットはあったとは思うんですよね。

　なんだけど、弊害ってのもあって。結局、客観指標と主観指標が対応しなきゃいけないのか、しないほうがいいのかがよく分かんないっていう別の問題が起きています。基本的には相関しないといけないつもりでいるんだけど、もちろん相関の程度っていう問題もありますし、あんまり相関しないとすると、どっちが悪いか問題みたいなのが出てくるんですよね。もしかしたらどっちも悪いのかもしれないし。でも、何も相関なかったら、もともと、主観は当てにならないので客観指標をとろうとしていたという意味では別に相関なくてもいいんですよ。相関がなくてもあっても何でもいいという、結局とった目的って何だったんだろうなみたいな。

金山　それは後で解釈しますよね。

浅井　原点に立ち戻る経験があったという意味で、主観をもうちょっとちゃんと素朴にでもいいので見てみようかっていう流れを作ったメリットがきっとあるとは思うんですよね。

金山　私は生理心理学的な手法にいったんちょっと逃げていたというか、別の観点からなので。まず今泉さんにも、意見をうかがいたいです。どちらかというと生体反応をあまり研究で計測せず、行動反応中心に検討されていますよね。

今泉　はい、現状では生理的な計測はしていません。

金山　そういう観点でどうですか？　主観報告と客観指標を計測して、それらが対応しないとなった時の困り具合というか。何かどうしていこうみたいな方針とかってありますか？

今泉　測定の妥当性という点では、同じ構成概念を測定すると考えられる指標は相関することが前提になります。つまり主観指標も客観指標もともに主体感という構成概念を測定しているなら、主観評定値とインテンショナル・バインディングの度合いが相関しないとつじつまが合いません。ただ、少なくとも主体感の測定においては、浅井さんも言うように、主観指標と客観指標が相関しない状況もありえると私も他の研究者も考えています。その後ろ盾となるモデルがあることが必要ですが。

金山　確かにそうですね。

今泉　二段階説という主体感を説明するモデルが知られています。まず感覚運動情報にもとづいて、反省されない感覚としての主体感が生成され、次の段階で、行為主体の帰属判断がなされると考えます。前者が主体感の客観指標（潜在的指標）に相当し、後者が主観指標に相当すると考えると、これらは必ずしも連動する必要はなく、時には相関しないことも想定ができます。二段階説のような支持を得ているモデルがあればよいのですが、そうでない場合に二つの指標が相関しないとすると、それは妥当な測定であるとは言いづらくなります。ラバーハンド錯覚の研究においては、客観指標と考えられている自己受容感覚ドリフトと主観指標である質問紙とが相関しないことがあるようですが、この無相関を説明しやすいモデルがあるかと言うと……。

金山　あまり聞かないですね。

今泉　主体感とは事情が異なって、有力なモデルはないように思います。

金山　確かにそれはそうですよね。そういう事情なので、結構、論文上では、みんなそれぞれの解釈をしたりしますよね。今回は測っているものが違うとか。その、測っているものが違うというのも、しっかりしたモデルで説明ができて、モデル通りの何かしらのエビデンスを出せない場合は、実験に失敗しているととらえたほうがいいんですよね。

今泉　そうかもしれません。誤解のないように補足しますと、先ほど二段階説を妥当性の材料として紹介しましたが、このモデルがどれほど正しいかについて今後も検討を重ねる必要はあると思います。

金山　たぶん、少なくともモデルにのっとって、たとえば関連の別の課題でも同じように、そのモデルを支持するような反応が出るような結果が積み重なっていけば、確度は上がってくるというのはありそうな気がしますよね。そういう意味で、もちろん検証し続けるというのも重要ですけど、でもそういうある程度の落ち着き方というのはありそうかなというふうに思いました。ありがとうございます。

自己研究の現場で起きていること

今泉　関連して思い出したのですが、最近ではラバーハンド錯覚研究者の間で、この錯覚が要求特性で説明できると主張する論文が話題になっています。

金山　ありますね。

今泉　この論文は*Nature Communications*という一流誌に出版されたので、ラバーハンド錯覚の研究者だけではなく、実験心理学業界全体に波及しうる話題だと思います。

浅井　論争してますよね。

今泉　ええ。名の知れた海外の研究者たちがＳＮＳ上で、公開された形で、論争を繰り広げたようです。

浅井　みんな心のなかでは思ってたけど言わなかったことを、ついに言っちゃったかみたいな。

今泉　まさにそうです。この件からは、研究者にとって二つ重要な示唆があると考えています。まず、ミニマル・セルフの実験科学における研究法の検討にさらに真剣に取り組まなくてはいけないということです。ラバーハンド錯覚は、多感覚統合から生じる身体所有感の実験パラダイムとして長年多くの研究者が頼りにしてきましたが、錯覚が要求特性で説明できてしまうと、そのパラダイム自体が瓦解しかねないわけです。

もう一点は、前述の論文に徹底的に反論したのは、長らくラバーハンド錯覚の研究を精力的に進めてきた研究者で、業界では名の知れた人びとだったことです。

金山　そうなんだ。私、そこは知らなかった。

今泉　私には、大御所たちが過去の成果を覆されるのを拒んだようにも見えました。科学的でない点に則って新しい視点を叩こうとする姿勢が垣間見られたように思います。

浅井　本来、僕らは研究者なんで、自分の過去の研究って否定してよいはずなんですよね。つまりつねにアップデートされてるわけなので。それを一回論文として出してしまうと、その論文って過去の古い研究だったとしても、他の人が引用してよいことになってるじゃないですか。書いた本人が仮に間違ってると思ってたとしても、他の人はそんなこと知らないし。だから、まず自己否定していいっていいう。研究者だからこそそういう文化を作らないといけないのかなって思いますが、でもそれが結局、論文の撤回みたいな大きな話になっちゃうのか。論文が出てる以上はその人の意見としてずっと残っているわけで。でもあなたこの時点でこう言ってるでしょって言われちゃうと、確かに言ったなってなって。でもそれは違うって言い直したいんだったら、論文自体も撤回しなきゃいけないのかみたいな話になるんですかね。その辺、もうちょっと研究者として生産的にこれは間違ってましたってちゃんと言っていいことにしないと。もう本心では思ってない昔書いたことをずっと守り続けなきゃいけないみたいなことになっちゃうと、変な論争に巻き込まれることになります。

金山　今思いついたことを言う形で恐縮ですが、実際、要求特性は初めからみんな分かってやってましたよね？　それで、だからこそ、すごく気をつけてやっていたと思うんですよ。つまり、主観で聞く時に本当に自分の感じたことのみをきちんと言ってください、とかいう教示はちゃんと言っていましたし、質問があった時も、十分に理解されるように説明して、すごく気をつけてやっていたと思います。そういう意味では今になって、「ラバーハンド錯覚は全部要求特性の影響だよ」と指摘されると、いや、それは十分に気をつけて影響が出ないように結構工夫をして実験をやっているし、それで全部説明できると言われるとそこまでは言い切れない一定の反応は見られるよ、という気持ちは私も出てきます。ただ一方で、何かこれはよくないなと思ったのは、最近この手の論文では、実験で使った教示文をすべて書くという文化がなくなったような気がします。ああいう計測としてあやしい主観報告を、いやあやしいと言ってはいけないですね、厳密な計測にならない形で主観報告を聞く実験なのに、教示文をしっかり残すみたいな風潮が、今軽視されている気がします。

今泉　残す、というのは実験参加者に提示するということですか。

金山　実験参加者に提示したものを論文にも、たとえば付録（Appendix）で掲載するとか、本文中に記載するとか。

田中　一言一句正確に書くっていう意識ですよね。

金山　はい、学生のころ実験心理学のレポートを書くとき、教示はそのまま書くように指導を受けた気がします。また実験の際も、教示文は全部原稿を作って、そこに書いてあること以外は言ってはいけません、というルールも教えられた記憶がありますが、論文の査読などではそこまで厳密なことは求められないですよね。

浅井　自分の過去の研究でも、自分でもやっぱり教示の影響は少なからずあると思ってたので、なるべく当たり前のように論文にはかなり正確にこうこうこういうっていうのを自然と書いてましたけど。その部分の影響が大きいって認識すら最近はちょっと薄いのかもしれないですよね。

金山　要求特性は当然問題としてあるので、そういう教示の明文化などで対応していたというのが多分、実際正しいのだと思いますけど。ただ、でもそれだけで全部対応できるのか、教示をしっかりしても要求特性は出てしまうことは否めないよねっていうのは、それももう当たり前のように正しいですよね。

浅井　金山さん、だからこそ正直に自分の章で書かれていましたけど。

金山　何か書いていましたっけ。

浅井　結局そういうのも含めて、うまく結果を出すコツっていうのを研究室ごとに持ってたりするんですよ。具体的には女性しか実験参加者を呼ばないとか。なんだけど、論文に女性何人って書きはすると思うけど、あえてなぜ女性だけにしたのか書かないとか。これに該当する論文がいくつか思い当たります。それはある意味ちょっとした詐欺行為みたいな感じですよね。

でも、研究者も研究者として食べていくのに必死なんで、うまく出すコツっていうのは持ってるわけですよ。それがどこまでやっちゃうと一線を超えちゃうのかっていうのも、研究者それぞれの倫理観に任されてるところが大きいのが現状です。特に主観的にどうなのかで結果が動くような分野だとなおさら実験参加者をうまく誘導するし、それはぎりぎりオッケーみたいな構図が案外あるように思います。そういうのが嫌な人って割と脳計測にいったりするイメージではあるんですよね。

金山　私の章で紹介した例で女性参加者のみだったというのは実験素材の制約からでしたが、予備的検討の段階でうまくいかないときには、いろいろなやり方や教示を試したりしますね。弘光さんは、手術前後のインタビューをされると思いますが、そういう際はどうですか？

弘光　もちろん実験課題は、教示は基本的に一定ですね、変えてはいけないですよね。ただ、たとえば患者さんに運動課題をしてもらいたいときに、やはりモチベーションが上がらないと臨床の現場ではそもそも行為自体をしてくれないことがあったりするので、人によっては励ますようなことはあったりはしますね。ただそれは実験結果として報告するような類のものとは毛色が違うかなと思いますけどね。

金山　思っていることとかありますか？　何か教示がうまくはまらないとか。今おっしゃったことも一つその例なんでしょうけど。説明が理解されないとか。対象が大学生だけじゃないじゃないですか。

弘光　患者さんを対象にして実験をやるときで、教示が入らない方、ごくまれにいらっしゃいますが、課題自体が実施できないのでそういう場合はもう除外せざるを得ないですね。

金山　除外。

弘光　そこ（教示）だけ変えて仮にデータをとれたとしても、もし結果に入れるとそれはまずいですよね、そもそも。

浅井　昔から特に患者さん研究だと、健常群と差があったとしても、そもそも患者群では実験が成り立ってない説ってずっと言われてきたように思います。だからこそコントロール条件をきっちり設定して、コントロールでは変わらないっていう大前提が必要になりますが、でもそういう感覚が当たり前のようにあるのって実験心理学者だけなんですよね。コントロール条件できっちりそろえるって。かつ、患者さんの場合だとコントロールをそろえるのが結構難しかったりするので。結果として、そこが結構ないがしろにされてるんだけど、それないがしろにしちゃうと何も言えなくなるぐらい、結構致命的な問題だと思います。あるいは教示が伝わってなかった、聞こえてなかった、理解できてなかったなど、当然パフォーマンスは下がってしかるべきですよね。

主観経験の生々しさから始める

田中　すいません、ちょっと自己研究の難しさのなかに議論がはまり込んでいる印象を受けるんですが……。

浅井　それではポジティブな話もできればと思いますがしていいですか？　田中さんあります？

田中　いえ、どうぞ、してください。

浅井　それは金山さんがお話された今後の方向性にもつながるんですが、僕は基本、実験心理学者だと思っているので自分の頭で考えた仮説ベースで実験を組んで、そのとおりの結果が出るようなデザインを好んでいるし、それが美しい研究だと思ってるんですよね。でもそうすると研究者が立てた仮説の影響をめちゃくちゃ受けるし、その通りの結果が出てほしいので、あらゆる努力を僕らはすることになります。それはもしかしたら適切じゃないやり方も含まれてるかもしれないっていうのがさっきの議論の要点でした。だからそういう意味で、もうちょっと発見的な研究や探索的な研究っていうのは、特に自己研究の場合は大事なんじゃないかなって思うようになりました。VR研究への期待という意味では、僕自身は割と慎重というか、否定的なほうなんですが、VRっていうか感覚代替の体験って強烈ですよね。結局、僕ら感覚入力だけを受けてこの世界を感じて表現してるにすぎないって逆に気づかされるんですよ。それ全部置き換えちゃうとすごいリアルに感じるわけで。そういう体験は自分にとっては発見的でした。何が起こるか分かんないんだけど、こうこうこういうことをしてみたら、自分の生々しい感覚としてどう感じるのかっていうのをちゃんと考えるというのは、僕らの仮説に基づかないという意味で、有用な一つの方向性なんじゃないかなって思います。

田中　その点はポジティブにとらえられそうですよね。先ほどまで、一定のやり方で立てた仮説を実験によって検証することの難しさという点にすごく議論が焦点化していたと思うんです。ですが、自己を研究するということは、私たちの主観的な経験の豊かさを探究するという意義もあると思うんです。ですから、厳密な実験だけではなくても、ある種の主観的経験を引き起こすデモンストレーションみたいなことを、いろいろなやり方で探索することも、もしかすると将来の研究の一つのあり方かなという気はするんです。それを現状で一番よく表現しているのがVR技術になるのかなと思うんですけど。

浅井　ほんとだから使い方ですよね。使い方は注意してほしいなって思います。スーパーヒーローになってみるとか、そういう使い方はしないでほしいなって思いますが、そういうんじゃなくて、生々しい感覚を質的研究としてちゃんとやる。今の時代、質的なデータを定量化する方法というのもいろいろできてると思うので。そういうところで本気でやってもらえると、仮説ベースの研究と発見的な研究の融合にもなるし、質的研究と量的な研究の融合にもなるし。そういうことを僕ら自身もやっていけると、これまでの知見に対応させる形で議論もできていくと思うので。

金山　それでいうとあれですよね。もともと質的研究みたいなことばかりやっていたと考えれば、今さら何かそんなに逡巡することもなくやってもいいんじゃないでしょうか。つまり、オーナーシップをラバーハンドでどう感じましたか？　ぐらいでやっていたものって、無理やり量的なデータとしてますけど、あれは結構質的データですよね。

浅井　質問紙は使わないで言語報告を生々しく解読するとか、そんな試みが初期の研究ではちょいちょいありましたよね。

弘光　ありました、ありました。ラバーハンドで主観をかなり詳しく分析する論文とか。

浅井　生々しい体験を取り上げて、カテゴライズしてみたいな研究があったと思いますが、僕らってそういう論文はあまり重視しないんですけど、でもそういうのが案外重要性を再認識する研究なのかもしれないですよね。

金山　個人的には、たぶん、大分考えがまとまってきたので、もうこれを最後のコメントにしてもいいかなと思うところまできていると思ってお話ししますが。今みたいなことをまさに私もVRでやりたいなと思っていたところです。たぶん、何も持たずにとりあえず始めると何だか分からず終わってしまうかもしれません。まあ、そこから何か見つかることもあるかとも思うんですが。研究をスピードアップするために、私がやろうとしてるのは、バイオロジカルな何かインデックスを、非常に研ぎ澄ました武器として持っておいて、今お話にあったようなオープンなやり方で実験をして、こころの変化は質的に話を聞くだけだけれども、その時の生体反応をあらためてみていると、想定していたこの反応が出てるので、先ほど報告された体験にはこういう意味がある、といったような。そういう研究をやはりしっかりと作り込んでやっていきたいなと思います。そのために生理心理学的なセルフの研究を二〇年ぐらいやってきたんですが、二〇年たってようやくあんまりうまく使えないことが分かって、もう一回何か研ぎ直してるぐらいな状態にいると思っています。

そんななかで、個人的には今思っているのは、ちゃんと心と対応づけできる生体反応指標を作るという観点で、一つの可能性としては、たとえば主観では同様にある感覚を覚えたと言っているけれども、その感じ方が違うというような状態の違いを、生理指標できちんと見分けられるみたいなところができたらどうかなと思います。まあ、それでも多少の要求特性が入る可能性はあるんですが。つまり、あることを感じたと言っている人たちの、たとえば脳反応を計測して、個人間で共通する部分と共通しない部分をきちんと分けるんですよね。共通しない部分のところでその人たちをグルーピングして、その後あらためてインタビューするといったことをしていくと、インタビューへの反応のなかに、先ほど明らかにした脳反応の違いに対応したものが、しっかり分類されて出てくるといったものが見つけられれば、バックワードにそれを説明していくみたいなやり方ができるんじゃないかと思うんですよ。何かそういうやり方でもう少し、今持っている指標をうまく研いで、さっき言ったようなかなり難しい質的な研究に、そういう客観的な指標を持ち込むといった研究をやっていければいいのかな、という今後の方針が、今日のお話で、個人的にはまとまりました。

平均、個人差、履歴

弘光　それについてちょっと聞いてもいいですか？

金山　はい。

弘光　主観を切り分けられるような生理指標を考える時に、やはり前提になってくるのが、どの参加者もある特定の刺激に対しては、こういう主観を持っているだろうっていうところになると思うんですね。

　これはちょっとどうしようもない言い方かもしれないんですが、人それぞれの個人差がすごくあるなかで、たとえば、視覚を検討するときには、個人差、特にその人がどういう生き方をしてきたか、というところに、比較的影響を受けない形でデータが出てくると思います。その一方で、自己に関わるような主観を聞くときには、その人が自分をどうとらえているかとか、どういうふうに自己を定義しているかとか、そういったことに影響を受けやすい部分があると思っています。そうなると必然、そこに反応する脳も大きく変わってきてしまうのかなと思います。その問題を解決するのが次のステップになるんじゃないかなと個人的には思っていて、自身のチャプターで書いていた部分でもあったんですけど。何かその糸口についてのお考えがあったりしますか？

金山　いや、そんなに明確なものはないです。簡単にお話しすると、やはり今言ったような、誰しも同じ反応する部分に特徴的に出てくる反応と、そうじゃなくてブレやすいところで出てくる反応っていうのはやはり切り分けられるはずです。時間的にとか周波数的にとか。そういうものをデータをたくさん集めて、どの成分だったらどっちに使えるみたいなものはできるはずなんですよね。私は頭皮上脳波が主なので、その話ですけど。そういうものを作っていくという方向も、可能性はあると思ってます。

弘光　共通項を探っていくということですね。そのときに、慣習的にはたとえば一〇人とかとって平均して、それをまず見てみましょうっていう感じがあるんですが、何か今さらになってですけど、一人ひとりのデータがどういう振る舞いになってるかを、脳のですね、見るということもすごく大事かなと。

田中　いいでしょうか？　今の弘光さんの発言の裏には、おそらく「履歴」ということが意識されていると思います。「履歴」というのは、要は私たちの身体も一定の時間性のなかでさまざまな習慣を蓄積しながらでき上がっていて、一人ひとりの個別の脳も実際にはこの習慣を蓄積した身体によってチューニングされている次元がきっとあるわけです。それを「自己」に対応させて考えると、ナラティブ・セルフが持っている時間性や歴史性や、個別に蓄積している記憶という問題に関わってくるのだろうと思います。この点は、現状の科学に対応する仕方でうまく形式化できないポイントを多々含んでいるような気がします。脳を扱うにしても、身体を扱うにしても、物理的な次元で人間を扱う時って、データを平均化する必要性が必ず出てきてしまうわけです。ですが、平均化できないものとして、個別の人の生の履歴をどう考えればいいのでしょうか。この点は私自身もまだ考え切れていないのですが、一方で、今後の自己研究を考えるうえでとても重要な論点だとも思います。ミニマルとナラティブをつなぐという意味でもそうですし、あるいは、単純に脳計測で分かったことだけから自己について分かった風なことを言わないようにするためにも重要な点だと思うんです。この辺りは皆さんと議論したかったことでもあります。

弘光　個人的には……いいですか？　「履歴」に関連するところとして、単一症例研究があると思います。私はこれまで神経心理学に携わらせてもらっていて、単一症例研究って日本の神経心理学では非常に多いんですが、世界的に見るとすごく少数なんですよね。日本人って単一症例研究しかやってないっていわれるぐらい多いんですけど。エビデンスレベルとしては、やはり一例なので低いわけです。そこはもちろんそうなんですが、ただ、教科書的な症状と必ずしも一致しないことも多いので、単一症例研究として成り立っている側面もあるわけです。

たとえば、その人特有の症状を事細かに、それこそ現象学に親和性が高いと思うんですが、インタビューをずっと、一回だけではなくて、ずっと追ってみるとどういう症状が出ているのか、そういう追い方をしていきながら、なおかつ集団レベルで見てもどこか一貫するところがないのかっていうすり合わせをしていくのが一つのやり方なのかなと思います。実際ここ二〜三年の間にネイチャーに載るような研究でも、解離症の状態をある特定の単一症例で見ているんですが、それを実際に複数例や動物でも検証するっていうような研究が出てきていたりもするので。方法論としては非常に大変なんですけど、糸口にはなるかなと思っています。

浅井　平均主義っていう言葉がありますが、それは揶揄する意味で使われることが多いわけです。だから平均主義の問題って割と深刻で、何で深刻かっていうと、統計的な有意性に依存している状況が深刻なんだと思うんですよね。ほんとに集団レベルじゃないと物を言っちゃいけないのかっていう話です。一人分のデータが駄目で、何で集団レベルだったらいいのかって。プラクティカルに何が違うかっていうと、一人分のデータって統計的検定ができないので、統計的な意味で白か黒か結論がつかないので、集団レベルの話に必然的になってしまいます。一人分だと一般化できないという問題もありますし。そうすると一人分のデータだと科学的な議論の土俵にそもそも上がれないみたいな慣習があるという意味で割と深刻に思います。つまり統計的検定の問題って、今、自然科学でも大問題になってるので、ほんとに検定がどれぐらい必須なのか考える必要があります。僕らが何か言うためには、検定として有意じゃなきゃ駄目なのか、それ以外は何か主張できる方法はないのかなってことだと思うんですけど。だけど、一般的ではないにしても、平均主義をやめようみたいなムーブメントっていうのかな、思想を持った人は少なからずいるようなので、古い問題だとは思うんですけどね。僕らが信じ込まされている科学になんなくなっちゃうっていう、本質的な問題ではあります。

田中　まさに自己を問うことが、どうすれば科学になるのかっていう問題ですね。

浅井　科学にする必要があるのかっていうのもありますしね。

弘光　そうですよね。基準が個人ごとにぶれるなら科学でやらないほうがよいという方向性もありますよね。

浅井　僕らが今住んでる世界で言うところの科学というものが、すごい特殊な世界だって自覚するのも一つだと思います。まったく絶対的なものでも何でもないし、一つの考え方にしかすぎない。そのなかで僕ら研究者は生活してるんで、そこから出るのは現実的には難しいんですけど、少なくともある思想に縛られた世界ではあると思うんですよね。

田中　私たちが「自己」として扱っている現象のうちに、平均化したほうがその現象の特徴をうまく見られるようなものもあれば、先ほどの神経心理学の例のように一例に特化して見ていくほうが、逆に浮かび上がってくる人間の特性みたいなものがある可能性もあるということになるでしょうか。科学の枠組みを崩さないでデータを平均化することで白黒はっきりさせないといけない問題点もあれば、一例を緻密に描いていくことで初めて分かってくるような問題点もあるという風な切り分けができるかどうか、考えてみる必要がありそうですね。

浅井　ちょうど田中さんもスライドに書かれていましたけど、平均主義で見えやすいのっていわゆる形式的な側面だと思うんですよね。それで消えてしまう部分はまさにその内容的なところで。もう少し自然科学の言葉でいうと、そもそも連続的に生々しくあるものって、現代の僕らがそれをそのまま扱うってすごい難しい。なので、ある種の離散化をして分かりやすくして扱っちゃうんですよね。で、平均的なところだけとってきてしまうので、もともとあった膨大なデータ量っていうのは消えちゃっています。それが線形的な科学と非線形的な科学の境目にもなってると思うので。だから自己の問題だけじゃなくて、現代科学全体が割と同じような立ち位置にいるんだと思います。もともとは簡略化できないような生々しい非線形のダイナミクスがその実体としてあるはずなんですが。

それをそのまま扱うのがすごい難しいので、単純化というか形式化して簡単な量に落とすことを当たり前のように僕らやるんですけど。それで失われてるものが膨大にあるんだけど、なかなかそれをそのまま扱うっていうのは難しい。だからその方法論が自己研究だけじゃなくて、今後必要になってくる視点になるということはあると思います。

具体的な面では、すごい素朴だけど、そういうVR環境のように感覚を置き換えていった時に感じる体験って新鮮ですよね。頭では分かってるけど、アバターみたいなキャラクターと握手できたりとか。ほんとにそのアバターがいるような感じがするので、あながち捨てたもんじゃないなと思ってはいます。だけどそういう体験をうまく扱う方法って、たぶん僕らまだ持ってないですよね。すぐ何かの指標とか、質問紙とかにしちゃうんですけど。いきなりそこにいかなくても、もうちょっとその生々しい体験を扱う方法ってないのかなって思ったりします。

もうちょっとサイエンティフィックな自分の問題意識も絡めていうと、主観を扱う時に主観体験のAと、主観体験のBっていうのがあったとします。それで、脳反応を見た時にAとBの違いっていうのは必ずなければいけないのかっていう問いを考えます。仮にそのAとBに対応する脳反応の違いがないとすると、それは僕らの技術とか測定の問題で見えてきてないだけであって、本質的には必ず違いはなきゃいけないのか。もちろん脳だけじゃなくて、身体的な反応に関してもAとBに対応する違いは必ず何かなきゃいけないのか。現代の常識だとおそらく必ず違ってないといけないと思うんですよ、特に脳反応の場合は。主観体験が違ったら脳反応でも必ず何かしらの対応する違いがあるって思うんだろうけど本当にあるべきなのか。つまり、主観AとBを反映する別のソースって、脳以外にはあり得ないのかっていうのは、ちゃんと考える余地のある問題なんじゃないかなって思うんですよね。要は、心身脳のループの外側みたいなものを考えることに、自分の理解ではつながるんですけど。

弘光　たとえば、脳を損傷したときにそういう主観が出てこないとか、手をけがしたらそういう主観が出てくるとか、そういう見方も一つかなと。

金山　ちょっと細かい点からのコメントで恐縮ですけど。絶対に違いがなくてはいけないのかっていうところを厳密に突き詰めていくと、逆にいえば、絶対違う、違いがないなんてことがありえないんですよね。

金山　なぜかというと、体験が一回性なので。どんなに同じ刺激を繰り返し提示しても、同じ体験は二度と出てこないので、絶対に脳の働きもわずかにせよ、はっきりにせよ、違ってしまうんですよね。同じってことにはできなくて。逆にいうと、そこがもう限界なので。

浅井　思考実験でやるしかないって感じになりますよね。

金山　そうなんですよ。実はだから脳ではなくてもいいんですけど、何らかの生体反応を計測してる時点で、同じ反応が出たっていうことはもうあり得ないので。そこをいかに平滑化できるかというところが技術だとは思うんですけれども。その意味でいうと、やっぱり一回その時に感じたというのがいかに、特にたぶん自己研究には重要だし、その人がその文脈でどういうふうに心が変動してきているのかっていうのをとらえる術がどうしても必要になるんですかね。明確なアイデアはないんですけど。

これからの研究を展望する

田中　そういう意味では、自己について科学的に研究するということは、もともと科学が持っている方法の限界をすごく集約して表現していると思うんですよね。厳密に見れば、自然現象だってもしかすると一回しか起きない、一回性のものであって、反復する現象は何もないのかもしれないですし。あたかも反復しているように見える部分だけ、人間の目で観察して切り出して測定して法則化するということをやっているだけかもしれない。

一回しか起こらないということが、主観的な経験ではすごく実感もしやすいほとんど自明のことにも思えるのに、自然現象だとそれがあたかも繰り返し起きるように見えてしまうので、だから自然科学は科学として成功しやすかったという部分があるわけですよね。逆に、そういう科学の枠組みを「自己」という現象に持ち込もうとすると、あらためて科学に備わっていた矛盾がすべて露呈してきてしまうポイントが一回性に関連して存在するんだなと思います。ただ、そうは言っても心理学もすでに一五〇年以上の歴史があって。主観的経験を科学するということに何度も失敗しながらも挑戦を続け、それなりの成果を上げてきているわけですよね。ですから、自己研究をめぐってあらためて皆さんの持っている希望的な展望を最後にうかがえるといいかなと思うんですけれども。

金山　私としてはさきほどもお話したような。無駄になるかもしれないですけど、とにかく生理指標を研いでいくしかないなと思っています。そこから何か別の糸口を見つけられるようなことを探すのだと思っています。

浅井　今回、自分として自覚したのは、研究者の多くは自分ができることしかしてないってよく言われるんですよね。そして自己研究って僕らにとってできないことですよね。で、できないことだって認識できたことが、まず大事だったと思います。できないことにもかかわらず、何か適当な方向でできてるふりをしてきた二〇年だったじゃないかっていう気もしているので、だからこの先どこにつながっていくかだと思います。自己の外側にいくってどうやってできるのかっていうことだと思うので。あんまりVRに頼るっていうのも、僕としては安易でいまいちなんですけど、特殊な意識体験とか、ちょいちょい議論に出るじゃないですか。麻酔下とか瞑想中、睡眠中、何かそういう特殊な意識体験、無自我に関わるような意識体験のところにもう少し注目してやってくっていうのも、現実的なアプローチだったりするのかなと思いました。

弘光　私としては、直前の話に関連するところとして、浅井さんのスライドの「自己について考えた瞬間だけ、ゾンビは『私』に収束する」っていうのが限界点を表しつつ、展望も含むまとめのように感じに受けとれたんですけど。

たとえば自己のようなものは実体としてはないんですけど、自己が自己のなかに閉じている限りはそこに自己があるっていう意味になると思いますが、そうすると、さっきの平均化の話じゃないですけど、いろんな人たちに同じことを聞いても、同じ答えは返ってこないので、自己のなかに閉じている自己を、とりあえずはいまある生理指標とか言語報告とかで聞くしか他人が知るすべはないと思います。その限界点を理解しつつ精緻に整理するというのが、今すぐにできることの一つなのかなとは思います。そういう意味で、私は脳を損傷した方に関わる機会があったりもするので、脳との関わりからどのように自己が変容するのか、という切り口から自己が何たるかに迫れるのかと思っています。

今泉　私が持っている展望は四点あります。まず、ギャラガーが整理してくれた自己のとらえ方に対して、最適な光の当て方、つまりミニマル・セルフとナラティブ・セルフの関係性をさらに探っていくことです。このためには、仮説検証型研究に加えて、現象学やインタビューを取り入れた質的研究など仮説生成型研究も進めていくべきだと思います。二つめは、自己研究にフィットしそうだがまだ巻き込まれてない分野の研究者もいるはずです。ナラティヴについて言えば、言語学者などが挙げられます。こうした方々も参入すれば、自己のより深い理解が期待できそうです。三つめは、自己研究で行き詰まった際に、学生や一般の方々の発想や発見がヒントになるかもしれません。たとえばVRのヘビーユーザーのほうが私よりよほど鋭い視点を持っているでしょう。こうした人びとからのアイデアも取り込めるチャネルがあるといいのかもしれませんね。最後に、測定の問題が本日の議論にあがったように、自己研究における測定方法の限界をそのままにしておくのではなく、それを超えるための研究も進められるとよいと思いました。

田中　ありがとうございます。

浅井　最後、田中さんに締めてもらって。

田中　何か、もう言いたいことを全部言ってもらった感じがあります……。すでに冒頭で言ったことの繰り返しになるかもしれませんが、今回第1章の原稿を「自己研究の体系的な進化のために」というタイトルでまとめてみて、これまでの自己研究をもっと未来に開かれたものにしたい、かつ、今まで行き届かなかったところまで手を届かせたいっていうふうに思って原稿を書きました。ただ、書き上げたときにあらためて、自己にある種の階層性があるということ、しかも、どこまでいっても完結しない構造を持っているということに強く気づかされました。ミニマル・セルフから初めて、反省的自己、言語的自己、ナラティブ・セルフと続く梯子を登っていったときに、ナラティブ・セルフで完成するような構造には全くなっていない。むしろその向こうに「無自己」(仏教的に言うと「無我」)と呼ばれてきたような経験なり現象なりが控えているのだなということが、自分なりにはっきりと見えてきました。ですから、「自己」についての本を書きながらも、かえって「無自己」を見つけてしまったという衝撃がいまだに残っています。そういう意味では、自己がなくなるとは一体どのような経験なのだろうということをあらためて考察してみたいという願望があります。逆にこの点を記述できると、自己が立ち上がってくるときの形式や条件をあらためて明確にできるのではないかと思います。矛盾しているように聞こえるかもしれませんが、「自己」と私たちが呼ぶものがどのようにして最初に立ち上がってくるのか、その最初の立ち上がりの場面を見きわめてみたいなと考え始めたところです。

あとがき

本書の執筆メンバー全員で議論するようになって長い時間が経つ。「自他表象研究会」という名称のもと、この五人で最初に集まったのは二〇一五年一一月のことだった。初回の話題提供は今泉さんで、身体運動とそれにともなう主体感・自己感について、当時実施していた実験をもとに報告してくれた。実験の細部のことから自己感という大きな主題まで議論が尽きず、あっという間に三時間ほど過ぎてしまった。その時の熱が冷めやらず、翌月に弘光さんの話題提供で再度開催したのだが、このときもやはり尽きることなく遅くまで議論していた。こうして月一回同じメンバーで集まり、時にはゲストスピーカーに話題提供をしてもらいながら、研究会としての活動をほぼ休みなく今まで継続している。

考えてみれば不思議である。同じ研究室の出身者で集まったわけでもないし、研究費を獲得するために集まったわけでもない。とにかく、心・身体・脳、そして自己と他者をめぐる科学的研究に関心があり、集まって議論を始めてみたら白熱して止まらなくなってしまった、というのが実態に近い。世に生きる多くの職業研究者にとって、この種の議論の場はほとんど無駄なものに見えるかもしれない。好きが高じて議論を続けているだけで、研究会の活動として目に見える成果があるとは言い難いからである。

だが、このような研究会だからこそ、「創造性の熱」と呼べるような何かがメンバー間で共有されるのも確かである。研究会という単位での成果は乏しいが、個別の研究者として見れば論文の刊行件数も多く、多産なメンバーばかりである。皆それぞれに、この研究会での議論に触発されて各自の仕事を精力的に進めているし、個別メンバー間での共同研究の成果として発表されている論文も多い。通り一遍の議論に飽き足らない研究者が集まって本音をぶつけあっているのだから、その場に参加することで得られる着想も多いのである。

一方で、研究会でいつも味わっている「創造性の熱」がどのくらい公の意味を持つのか試す意味もあって、特定のメンバーが企画者となり、過去に何度か公開イベントを開催してきた。改めてふり返ると次の通りである。

- シンポジウム「基礎研究を臨床現場に伝える――認知・身体・運動研究の最前線」(二〇一六年八月六日、東京大学)
- 日本心理学会・公募シンポジウム「自己感と身体・空間との相関およびその神経機構」(二〇一七年九月二一日、久留米大学)
- International Symposium: Body Schema and Body Image(二〇一八年三月二四〜二五日、東京大学)
- シンポジウム「自己研究の此岸と彼岸――「身体×モデル×制御」から「抽象×メタ×エナジー」へ」(二〇二一年九月一一日、東京大学・ハイブリッド開催)

また、個別メンバーと縁のある広島大学の中尾敬先生や高知工科大学の繁桝博昭先生とは、合同ゼミのような形で研究会を開催させていただいたこともある。記して感謝申し上げたい。本書の第Ⅱ部も、二〇二二年一〇月に中尾先生を訪ねて広島で合同研究会を開催した翌日に、いつものメンバーに戻って行ったディスカッションを収録したものである。

こうしたイベントや合同研究会の際には、参加者の方々からかなり突っ込んだ質問をいただく。特に、研究の基礎的な方法論や、当然の前提となっている物の見方に関連して、素朴な疑問や批判的なコメントが寄せられることが多いように思う。答えに窮するような問いも中にはあるが、この研究会ではそうした議論そのものが普段のスタイルに近いので、むしろ自分たちの熱が伝わったことの証しのように感じられてうれしい。

本書は、これら数多くの議論を経て生まれたものである。自己をめぐるミニマル・セルフとナラティブ・セルフの観点、意識や心の問題を考えるうえでの「心身脳問題」という観点、これら二つの観点を中心にして全体の議論をとりまとめてある。

詳細は本文に譲るが、一九九〇年代に脳研究の進歩をうけて「意識科学」と呼ばれる分野が成立した後、二〇〇〇年代に入るとその副産物のようにして「自己の科学」が生まれた。自己の科学では、身体所有感や運動主体感に沿ってミニマル・セルフに関連する研究が進展したものの、ナラティブ・セルフをめぐる研究との間には方法論や着眼点をめぐっていまだ大きな開きがある。第Ⅰ部の第1章から第3章までは、この点について理論的な整理を加えるとともに、科学的研究のこれまでを確認し今後の方向を模索するものである。「意識」にしても「自己」にしても、そこには「主観性」という扱いがたい性質が伴う。これがどこまで科学的研究の対象になりうるのかという根源的な問いは残るものの、ミニマルからナラティブに向けて研究が広がりつつある現状を読者に伝える内容になっている。

第Ⅰ部後半の第4章と第5章は、「心身脳問題」という今までになかった議論の枠組みに関係している。デカルトの残した「心身問題」も、二〇世紀以降議論されてきた「心脳問題」も、「心とは何か」という根本問題が二項間の関係として問われる設定になっている。心は身体との関係から読み解くこともできるし、脳との関係から読み解くこともできる。ただ、「心は脳に還元できるかどうか」と問えば第三項の身体が後で問題になって現れるし、「心と身体は別々の実体かどうか」と問うと脳の果たす役割がこんどは第三項として問題となる。最初から三項間の問題として心を考え直すべきではないかというのが第5章の（そして本書の）提案である。哲学上の議論に決着がつくかどうかは別にして、個別の研究では、「心身脳」のうち第三項に追いやられるものが盲点となってつきまとうことが理解できるだろう。

第Ⅱ部は、第Ⅰ部で各執筆者が最も言いたかったことを互いに確認したうえで、自己研究をめぐるフリーディスカッションを行った記録である。「自己」という現象にどのような概念から切り込むのか、実験における主観報告は信頼できるのか、個別事例にどこまで注目すべきかなど、議論の流れに乗って読み進めていただければ、「自己」というテーマを掲げて研究を行うことの面白さと難しさを読者にも実感していただけるものと思う。この面白さと難しさを伝えたくて、本書のタイトルを最終的に『自己の科学は可能か』としたのだった。

ところで、本書の原稿の最初のとりまとめが終わった二〇二二年の暮れに、とある高校生から問い合わせを受けた。離人症において経験される脱身体化された自己感に関するもので、実験デザインについて助言を求める内容だった。今どきの高校生は自ら心理学に関連する研究を行うことがあるのか……と思って感心したのだが、それはともかく、本書はこの高校生のような人まで含めて、自己というテーマについて発展的な関心を寄せる多くの一般読者に届けることを目的に編まれたものである。本書の議論に触れることで、一人でも多くの方が「創造性の熱」をそれぞれの場所で展開してくれることを願っている。

本書を世に出す過程では、新曜社の大谷裕子氏に大いにお世話になった。深くお礼申し上げたい。

編者　田中彰吾

編者・執筆者一覧

編者

田中彰吾（たなか しょうご）

東海大学文化社会学部教授／文明研究所所長。理化学研究所客員研究員。博士（学術）。専門は現象学的心理学、身体性哲学。これまで一貫して、身体性の観点から心の科学の基礎理論を刷新する研究に取り組んできた。本書は、身体性に深い関心を寄せつつ心の科学を探究する研究仲間との議論を取りまとめた初の書籍となる。単著に『生きられた〈私〉をもとめて —— 身体・意識・他者』（2017，北大路書房）、『自己と他者 —— 身体性のパースペクティヴから』（2022，東京大学出版会）など。

執筆者

田中彰吾（前掲）［序，第１章］

今泉 修（いまいずみ しゅう）［第２章］

お茶の水女子大学人間発達教育科学研究所准教授。博士（学術）。専門は実験心理学、認知心理学。身体運動と認知の関係に関心を持ち、特に主体感・時間知覚・記憶について研究している。主要論文に「主体感の認知神経機構」『精神医学』*61*(5), 541-549，2019（共著）など。

金山範明（かなやま のりあき）［第３章］

産業技術総合研究所（AIST）主任研究員。博士（心理学）。専門は生理心理学。頭皮上脳波を用いた主観的状態の計測方法を研究している。主著に『脳波解析入門 —— EEGLAB と SPM を使いこなす』（2016，東京大学出版会，共編著）など。

弘光健太郎（ひろみつ けんたろう）［第４章］

国際電気通信基礎技術研究所（ATR）研究員（執筆時所属：日本学術振興会特別研究員 PD（東京大学））。博士（心理学）。専門は神経心理学、実験心理学、認知神経科学。脳損傷者における自己の障害の研究や非侵襲的脳刺激法による脳機能介入研究に従事。主要論文に Measuring the sense of self in brain-damaged patients: A STROBE-compliant article. *Medicine, 97*(36), e12156, 2018（共著）など。

浅井智久（あさい ともひさ）［第５章］

国際電気通信基礎技術研究所（ATR）主任研究員。博士（学術）。専門は実験心理学、認知神経科学、精神病理学。ブレイン・マシン・インターフェースやニューロフィードバック技術などの研究開発を行う一方で、行動実験や脳計測を駆使して私たちの「主観」をどう取り出せるかについても長らく苦闘中。主要論文に「主観主義的精神病理学 —— 自己と世界と幻覚・妄想」『心理学評論』*62*(1)，5-15，2019（単著）など。

人名索引

事項索引

■さ行

■た行

■な行

■は行

■ま行

■や行

■ら行

引用文献

序

Scoville, W. M., Milner, B. (1957) Loss of recent memory after bilateral hippocampal lesions. *Journal of Neurology, Neurosurgery, and Psychiatry, 20*, 11–21.

士郎正宗（1991）『攻殻機動隊』講談社

第 1 章　自己研究の体系的な深化のために

Amsterdam, B. (1972) Mirror self-image reactions before age two. *Developmental Psychobiology, 5*, 297– 305.

Ben David, A., & Ataria, Y. (2021) The body image–body schema/ownership–agency model for pathologies: Four case studies. In Y. Ataria, S. Tanaka, & S. Gallagher (Eds.), *Body schema and body image: New directions*. Oxford University Press.

Blakemore, S–J., Oakley, D. A., & Frith, C. D. (2003) Delusions of alien control in the normal brain. *Neuropsychologia, 41*, 1058–1067.

Botvinick, M., & Cohen, J. (1998) Rubber hands 'feel' touch that eyes see. *Nature, 391*(6669), 756.

ブルーナー，J. ／田中一彦（訳）（1998）『可能世界の心理』みすず書房

David, N., Stenzel, A., Schneider, T. R., & Engell, A. K. (2011) The feeling of agency: Empirical indicators for a pre–reflective level of action awareness. *Frontiers in Psychology, 2*, 149.

Ehrsson, H. H., Spence, C., & Passingham, R. E. (2004) That's my hand! Activity in premotor cortex reflects feeling of ownership of a limb. *Science, 305*, 875–877.

榎本博明（1999）『〈私〉の心理学的探求 ―― 物語としての自己の視点から』有斐閣

Fuchs, T. (2018) *Ecology of the brain: The phenomenology and biology of the embodied mind*. Oxford University Press.

Gallagher, S. (2000) Philosophical conceptions of the self: Implications for cognitive science. *Trends in Cognitive Sciences, 4*, 14–21

ギャラガー，S.・ザハヴィ，D. ／石原孝二・宮原克典・池田喬・朴嵩哲（訳）（2011）『現象学的な心 ―― 心の哲学と認知科学入門』勁草書房

Haggard, P., Clark, S., & Kalogeras, J. (2002) Voluntary action and conscious awareness. *Nature Neuroscience, 5*, 382–385.

ハーマンス，H.・ケンペン，H. ／森岡正芳・溝上慎一・水間玲子（訳）（2006）『対話的自己 ―― デカルト／ジェームズ／ミードを超えて』新曜社

フッサール，E. ／渡辺二郎（訳）（1979，1984）『イデーン I – I・II 純粋現象学と現象学的哲学のための諸構想 ―― 純粋現象学への全般的序論』みすず書房

ジェームズ，W. ／今田寛（訳）（1992）『心理学（上・下）』岩波文庫

Kanayama, N., Morandi, A., Hiraki, K., & Pavani, F. (2017) Causal dynamics of scalp electroencephalography oscillation during the rubber hand illusion. *Brain Topography, 30*, 122–135.

Meltzoff, A. N. (1995) Understanding the intentions of others: Re–enactment of intended acts by 18–month–olde children. *Developmental Psychology, 31*, 838–850.

Merleau-Ponty, M. (1945) *Phénoménologie de la perception*. Gallimard.（本文では原著を参照したが邦訳は以下：メルロ＝ポンティ，M. ／中島盛夫（訳）（2015）『知覚の現象学』法政大学出

版局）
Reddy, V. (2008) *How infants know minds*. Harvard University Press.
Ricoeur, P. (1991) Narrative identity. *Philosophy Today, 35*, 73–81.
リクール，P.／久米博（訳）（1996）『他者のような自己自身』法政大学出版局
Rizzolatti, G., Scandolara, C., Matelli, M., & Gentilucci, M. (1981) Afferent properties of periarcuate neurons in macaque monkeys. II. Visual responses. *Behavioural Brain Research, 2*, 147–163.
Roese, N. J. (1997) Counterfactual thinking. *Psychological Bulletin, 121*, 133–148.
ロフタス，E. F.・ケッチャム，K.／仲真紀子（訳）（2000）『抑圧された記憶の神話 —— 偽りの性的虐待の記憶をめぐって』誠信書房
シェーラー，M.／亀井裕・山本達（訳）（2012）『宇宙における人間の地位』白水社
田中彰吾 (2017)『生きられた〈私〉をもとめて —— 身体・意識・他者』北大路書房
Tanaka, S. (2019a) Bodily origin of self-reflection and its socially extended aspects. In W. J. Silva-Filho & L. Tateo (Eds.) *Thinking about oneself: The place and value of reflection in philosophy and psychology*. Springer.
Tanaka, S. (2019b) Reconnecting the self to the divine: The role of the lived body in spontaneous religious experiences. In O. Louchakova-Schwartz (Ed.) *The problem of religious experience* (pp.27–38). Springer Nature.
トマセロ，M.／松井智子・岩田彩志（訳）（2013）『コミュニケーションの起源を探る』勁草書房
Trevarthen, C., & Hubley, P. (1978) Secondary intersubjectivity: Confidence, confiding and acts of meaning in the first year. In A. Lock (Ed.) *Action, gesture, and symbol. The emergence of language* (pp.183–229). Academic Press.
ヴィゴツキー，L. S.／柴田義松（訳）（2001）『思考と言語（新訳版）』新読書社
Zahavi, D. (2005) *Subjectivity and selfhood: Investigating the first-person perspective*. MIT Press.

第２章　身体性と物語性の架け橋

Abdulkarim, Z., Hayatou, Z., & Ehrsson, H. H. (2021) Sustained rubber hand illusion after the end of visuotactile stimulation with a similar time course for the reduction of subjective ownership and proprioceptive drift. *Experimental Brain Research, 239*(12), 3471–3486.
Asai, T., & Tanno, Y. (2013) Why must we attribute our own action to ourselves? Auditory hallucination like-experiences as the results both from the explicit self-other attribution and implicit regulation in speech. *Psychiatry Research, 207*(3), 179–188.
Bergouignan, L., Nyberg, L., & Ehrsson, H. H. (2014) Out-of-body-induced hippocampal amnesia. *Proceedings of the National Academy of Sciences of the United States of America, 111*(12), 4421–4426.
Botvinick, M., & Cohen, J. (1998) Rubber hands 'feel' touch that eyes see. *Nature, 391*(6669), 756.
Buehner, M. J. (2012) Understanding the past, predicting the future: Causation, not intentional action, is the root of temporal binding. *Psychological Science, 23*(12), 1490–1497.
Cohen, R. L. (1989) Memory for action events: The power of enactment. *Educational Psychology Review, 1*(1), 57–80.
Daprati, E., Franck, N., Georgieff, N., Proust, J., Pacherie, E., Dalery, J., & Jeannerod, M. (1997) Looking for the agent: An investigation into consciousness of action and self-consciousness in schizophrenic patients. *Cognition, 65*(1), 71–86.
Ehrsson, H. H. (2007) The experimental induction of out-of-body experiences. *Science, 317*(5841), 1048.

Fausey, C. M., Long, B. L., Inamori, A., & Boroditsky, L. (2010) Constructing agency: The role of language. *Frontiers in Psychology, 1*, 162.
Fereday, R., & Buehner, M. J. (2017) Temporal binding and internal clocks: No evidence for general pacemaker slowing. *Journal of Experimental Psychology: Human Perception and Performance, 43*(5), 971–985.
Gallagher, S. (2000) Philosophical conceptions of the self: Implications for cognitive science. *Trends in Cognitive Sciences, 4*(1), 14–21.
Haggard, P. (2017) Sense of agency in the human brain. *Nature Reviews Neuroscience, 18*(4), 196–207.
Haggard, P., Clark, S., & Kalogeras, J. (2002) Voluntary action and conscious awareness. *Nature Neuroscience, 5*(4), 382–385.
Hon, N., & Yeo, N. (2021) Having a sense of agency can improve memory. *Psychonomic Bulletin & Review, 28*(3), 946–952.
Imaizumi, S., & Tanno, Y. (2019) Intentional binding coincides with explicit sense of agency. *Consciousness and Cognition, 67*, 1–15.
Imaizumi, S., Tanno, Y., & Imamizu, H. (2019) Compress global, dilate local: Intentional binding in action–outcome alternations. *Consciousness and Cognition, 73*, 102768.
Libet, B., Gleason, C. A., Wright, E. W., & Pearl, D. K. (1983) Time of conscious intention to act in relation to onset of cerebral activity (readiness–potential): The unconscious initiation of a freely voluntary act. *Brain, 106*(3), 623–642.
Lush, P. (2020) Demand characteristics confound the rubber hand illusion. *Collabra: Psychology, 6*(1), 22.
Maister, L., Sebanz, N., Knoblich, G., & Tsakiris, M. (2013) Experiencing ownership over a dark–skinned body reduces implicit racial bias. *Cognition, 128*(2), 170–178.
Morrone, M. C., Ross, J., & Burr, D. (2005) Saccadic eye movements cause compression of time as well as space. *Nature Neuroscience, 8*(7), 950–954.
Oren, E., Friedmann, N., & Dar, R. (2016) Things happen: Individuals with high obsessive–compulsive tendencies omit agency in their spoken language. *Consciousness and Cognition, 42*, 125–134.
Prebble, S. C., Addis, D. R., & Tippett, L. J. (2013) Autobiographical memory and sense of self. *Psychological Bulletin, 139*(4), 815–840.
Raffard, S., D'Argembeau, A., Lardi, C., Bayard, S., Boulenger, J. P., & Van der Linden, M. (2010) Narrative identity in schizophrenia. *Consciousness and Cognition, 19*(1), 328–340.
Schacter, D. L., Addis, D. R., & Buckner, R. L. (2007) Remembering the past to imagine the future: The prospective brain. *Nature Reviews Neuroscience, 8*(9), 657–661.
Sugimori, E., & Asai, T. (2015) Attribution of movement: Potential links between subjective reports of agency and output monitoring. *Quarterly Journal of Experimental Psychology, 68*(5), 900–916.
Suzuki, K., Lush, P., Seth, A. K., & Roseboom, W. (2019) Intentional binding without intentional action. *Psychological Science, 30*(6), 842–853.
Tacikowski, P., Fust, J., & Ehrsson, H. H. (2020a) Fluidity of gender identity induced by illusory body–sex change. *Scientific Reports, 10*(1), 14385.
Tacikowski, P., Weijs, M. L., & Ehrsson, H. H. (2020b) Perception of our own body influences self–concept and self–incoherence impairs episodic memory. *iScience, 23*(9), 101429.
Wegner, D. M. (2003) The mind's best trick: How we experience conscious will. *Trends in Cognitive*

Sciences, 7(2), 65–69.
Winawer, J., Witthoft, N., Frank, M. C., Wu, L., Wade, A. R., & Boroditsky, L. (2007) Russian blues reveal effects of language on color discrimination. *Proceedings of the National Academy of Sciences of the United States of America, 104*(19), 7780–7785.
Wolpe, N., Haggard, P., Siebner, H. R., & Rowe, J. B. (2013) Cue integration and the perception of action in intentional binding. *Experimental Brain Research, 229*(3), 467–474.
Yabe, Y., Dave, H., & Goodale, M. A. (2017) Temporal distortion in the perception of actions and events. *Cognition, 158*, 1–9.
Yoon, G., & Vargas, P. T. (2014) Know thy avatar: The unintended effect of virtual-self representation on behavior. *Psychological Science, 25*(4), 1043–1045.

第３章　自己の証明を脳内に見つける苦闘とその失敗

Anderson, M. C., & Green, C. (2001) Suppressing unwanted memories by executive control. *Nature, 410*(6826), 366–369.
American Psychiatric Association. (1980) *Diagnostic and statistical manual of mental disorders* (3rd ed.). American Psychiatric Association.（アメリカ精神医学会／高橋三郎（訳）（1982）『DSM-Ⅲ 精神障害の分類と診断の手引』医学書院）
American Psychiatric Association. (2013) *Diagnostic and statistical manual of mental disorders* (5th ed.). American Psychiatric Association.（アメリカ精神医学会／高橋三郎・大野裕（監訳）（2014）『DSM-5 精神疾患の分類と診断の手引』医学書院）
Botvinick, M., & Cohen, J. (1998) Rubber hands ‘feel’ touch that eyes see. *Nature, 391*(6669), 756.
Buckner, R. L., Andrews-Hanna, J. R., & Schacter, D. L. (2008) The brain’s default network: anatomy, function, and relevance to disease. *Annals of the New York Academy of Sciences, 1124*, 1–38.
Ehrsson, H. H. (2007) The Experimental Induction of Out-of-Body Experiences. *Science, 317*(5841), 1048–1048.
Eich, E., Weingartner, H., Stillman, R. C., & Gillin, J. C. (1975) State-dependent accessibility of retrieval cues in the retention of a categorized list. *Journal of Verbal Learning and Verbal Behavior, 14*, 408–417.
Eich, E. (1980) The cue-dependent nature of state-dependent retrieval. *Memory and Cognition, 8*(2), 157–173.
Eich, E., & Birnbaum, I. M. (1982) Repetition, cuing, and state-dependent memory. *Memory and Cognition, 10*(2), 103–114.
Eich, E. (1995a) Mood as mediator of place dependent memory. *Journal of Experimental Psychology: General, 124*(3), 293–308.
Eich, E. (1995b) Searching for mood dependent memory. *Psychological Science, 6*(2), 67–75.
Eich, E., Macaulay, D., & Ryan, L. (1994) Mood dependent memory for events of the personal past. *Journal of Experimental Psychology: General, 123*(2), 201–215.
Eich, E., Macaulay, D., & Lam, R. W. (1997) Mania, depression, and mood dependent memory. *Cognition and Emotion, 11*, 607–618.
Graziano, M. S. A. (1999) Where is my arm? The relative role of vision and proprioception in the neuronal representation of limb position. *Proceedings of the National Academy of Sciences of the United States of America, 96*(18), 10418–10421.
Guzowski, J. F., McNaughton, B. L., Barnes, C. A., & Worley, P. F. (1999) Environment-specific expression of the immediate-early gene Arc in hippocampal neuronal ensembles. *Nature*

Neuroscience, 2, 1120–1124.
Herrmann, C. S., Grigutsch, M., & Busch, N. A. (2004) EEG oscillations and wavelet analysis. In C. Todd & T. C. Handy (Eds.) *Event-related potentials: A methods handbook* (pp.229-261). MIT Press.
Iriki, A., Tanaka, M., & Iwamura, Y. (1996) Coding of modified body schema during tool use by macaque postcentral neurons. *Neuroreport, 7*(14), 2325–2330.
金山範明・大隅尚広・飯村理沙・余語真夫・大平英樹（2008）「感情鈍磨現象の 2 様態 ―― 離人症状とサイコパシーにおける感情鈍磨現象の検討」『パーソナリティ研究』*17*(1), 104–107.
金山範明・大隅尚広・大平英樹（2007）「現実世界からの逃走 ―― 離人症状の分類と回避傾向の関連について」『パーソナリティ研究』*15*(3), 362–365.
金山範明・佐藤徳（2004）「解離性障害における状態依存記憶について」『パーソナリティ研究』*13*(1), 102–104.
Kanayama, N., Sato, A., & Ohira, H. (2007) Crossmodal effect with rubber hand illusion and gamma-band activity. *Psychophysiology, 44*(3), 392–402.
Kanayama, N., Sato, A., & Ohira, H. (2008) Dissociative experience and mood-dependent memory. *Cognition and Emotion, 22*(5), 881–896.
Kanayama, N., Sato, A., & Ohira, H. (2009) The role of gamma band oscillations and synchrony on rubber hand illusion and crossmodal integration. *Brain and Cognition, 69*(1), 19–29.
金山範明 , van Elk, M., Romano, D., Herbelin, B., & Blanke, O.（2014）「エンフェイスメント効果の神経基盤の検討」『認知科学』*21*(4), 499–502.
Keyes, D. (1981) *The Minds of Billy Milligan*. Random House.（キイス／堀内静子（訳）（1999）『24 人のビリー・ミリガン』早川書房）
Lachaux, J. P., Rodriguez, E., Martinerie, J., & Varela, F. J. (1999) Measuring phase synchrony in brain signals. *Human Brain Mapping, 8*, 194–208.
Legrand, D., & Ruby, P. (2009) What is self-specific? Theoretical investigation and critical review of neuroimaging results. *Psychological Review, 116*(1), 252–282.
Lenggenhager, B., Tadi, T., Metzinger, T., & Blanke, O. (2007) Video Ergo Sum: Manipulating Bodily Self-Consciousness. *Science, 317*(5841), 1096–1099.
Maravita, A., & Iriki, A. (2004) Tools for the body (schema) *Trends in Cognitive Sciences, 8*, 79–86.
Markus, H. (1977) Self-schemata and processing information about the self. *Journal of Personality and Social Psychology, 35*(2), 63–78.
松本敦・飯高哲也・金山範明・宮腰誠・南哲人・小野田慶一・沖田庸嵩（2006）「時間周波数解析による脳波研究の新展開（ワークショップ話題提供）」『日本心理学会第 70 回大会』（九州大学, 11 月）
Nathan, D. (2011) *Sybil exposed: The extraordinary story behind the famous multiple personality case*. Free Press.
Pavani, F., Spence, C., & Driver, J. (2000) Visual capture of touch: Out-of-the-body experiences with rubber gloves. *Psychological Science, 11*(5), 353–359.
Putnam, F. W. (1997) *Dissociation in children and adolescents: A developmental perspective*. Guilford Press.（パトナム／中井久夫（訳）（2001）『解離』みすず書房）
Raichle, M. E., MacLeod, A. M., Snyder. A. Z., Powers, W. J., Gusnard, D. A., & Shulman, G. L. (2001) A default mode of brain function. *Proceedings of the National Academy of Sciences of the United States of America, 98*, 676–682.
Rizzolatti, G., & Craighero, L. (2004) The Mirror-Neuron System. *Annual Review of Neuroscience, 27*(1), 169–192.

Rodriguez, E., George, N., Lachaux, J. P., Martinerie, J., Renault, B., & Varela, F. J. (1999) Perception's shadow: Long-distance synchronization of human brain activity. *Nature, 397*(6718), 430–433.

Schreiber, F. R. (1973) *Sybil: The true story of a woman possessed by sixteen separate personalities.* Henry Regnery Company.（シュライバー／巻正平（訳）（1978）『失われた私』早川書房）

Serino, A., Sforza, A. L., Kanayama, N., van Elk, M., Kaliuzhna, M., Herbelin, B., & Blanke, O. (2015) Tuning of temporo-occipital activity by frontal oscillations during virtual mirror exposure causes erroneous self-recognition. *European Journal of Neuroscience, 42*(8), 2515–2526.

Sforza, A., Bufalari, I., Haggard, P., & Agouti, S. M. (2010) My face in yours: Visuo–tactile facial stimulation influences sense of identity. *Social Neuroscience, 5*(2), 148–162.

Sierra, M., Baker, D., Medford, N., & David, A. S. (2005) Unpacking the depersonalization syndrome: an exploratory factor analysis on the Cambridge Depersonalization Scale. *Psychological Medicine, 35*(10), 1523–1532.

Sierra, M., & Berrios, G. E. (2000) The Cambridge Depersonalisation Scale: a new instrument for the measurement of depersonalisation. *Psychiatry Research, 93*(2), 153–164.

Sierra, M., Lopera, F., Lambert, M. V, Phillips, M. L., & David, A. S. (2002) Separating depersonalisation and derealisation: the relevance of the "lesion method". *Journal of Neurology, Neurosurgery, and Psychiatry, 72*(4), 530–532.

Simeon, D., Guralnik, O., Hazlett, E. A., Spiegel-Cohen, J., Hollander, E., & Buchsbaum, M. S. (2000) Feeling unreal: A PET study of depersonalization disorder. *American Journal of Psychiatry, 157*(11), 1782 1788.

Singer, W., & Gray, C. (1995) Visual feature integration and the temporal correlation hypothesis. *Annual Review of Neuroscience, 18*, 555–586.

Varela, F., Lachaux, J.–P., Rodriguez, E., & Martinerie, J. (2001) The brainweb: Phase synchronization and large–scale integration. *Nature Reviews Neuroscience, 2*(4), 229–239.

第４章　自己は本当に脳が作り出すのか

Amsterdam, B. (1972) Mirror self-image reactions before age two. *Developmental Psychobiology, 5*(4), 297–305.

浅井智久（2019）「主観主義的精神病理学――自己と世界と幻覚・妄想」『心理学評論』*62*(1)，5–15.

Barack, D. L., & Krakauer, J. W. (2021) Two views on the cognitive brain. *Nature Reviews Neuroscience, 22*(6), 359–371.

Bergouignan, L., Nyberg, L., & Ehrsson, H. H. (2014) Out–of–body–induced hippocampal amnesia. *Proceedings of the National Academy of Sciences of the United States of America, 111*(12), 4421–4426.

Corcoran, D. W. J. (1977) The phenomena of the disembodied eye or is it a matter of personal geography? *Perception, 6*(3), 247–253.

Creem, S. H., Downs, T. H., Wraga, M., Harrington, G. S., Proffitt, D. R., & Downs, J. H. (2001) An fMRI study of imagined self-rotation. *Cognitive, Affective & Behavioral Neuroscience, 1*(3), 239–249.

Feinberg, T. E., & Roane, D. M. (2005) Delusional misidentification. *The Psychiatric Clinics of North America, 28*(3), 665–683.

Fotopoulou, A., Jenkinson, P. M., Tsakiris, M., Haggard, P., Rudd, A., & Kopelman, M. D. (2011) Mirror-view reverses somatoparaphrenia: dissociation between first- and third-person

perspectives on body ownership. *Neuropsychologia, 49*(14), 3946–3955.
Gazzaniga, M. S. (2011) *Who's in charge?: Free will and the science of the brain*. HarperCollins.
Hiromitsu, K., Shinoura, N., Yamada, R., & Midorikawa, A. (2020) Dissociation of the subjective and objective bodies: Out-of-body experiences following the development of a posterior cingulate lesion. *Journal of Neuropsychology, 14*(1), 183–192.
Kessler, K., & Thomson, L. A. (2010) The embodied nature of spatial perspective taking: embodied transformation versus sensorimotor interference. *Cognition, 114*(1), 72–88.
Kliemann, D., Adolphs, R., Tyszka, J. M., Fischl, B., Yeo, B. T. T., Nair, R., Dubois, J., & Paul, L. K. (2019) Intrinsic functional connectivity of the brain in adults with a single cerebral hemisphere. *Cell Reports, 29*(8), 2398–2407.e4.
Limanowski, J., & Hecht, H. (2011) Where do we stand on locating the self? *Psychology, 2*(4), 312–317.
Medaglia, J. D., Zurn, P., Sinnott-Armstrong, W., & Bassett, D. S. (2017) Mind control as a guide for the mind. *Nature Human Behaviour, 1*, 0119.
Miyazaki, M., & Hiraki, K. (2006) Delayed intermodal contingency affects young children's recognition of their current self. *Child Development, 77*(3), 736–750.
Mulcare, J. L., Nicolson, S. E., Bisen, V. S., & Sostre, S. O. (2012) The mirror sign: A reflection of cognitive decline? *Psychosomatics, 53*(2), 188–192.
能登真一・杉原浩・網本和・二木淑子（1998）「長期に持続した身体パラフレニア（somatoparaphrenia）の 2 症例」『神経心理学』*14*(3)，188–196.
Parsons, L. M., & Shimojo, S. (1987) Perceived spatial organization of cutaneous patterns on surfaces of the human body in various positions. *Journal of Experimental Psychology. Human Perception and Performance, 13*(3), 488–504.
Putnam, H. (1981) *Reason, truth and history*. Cambridge University Press.
Sekiyama, K. (1991) Importance of head axes in perception of cutaneous patterns drawn on vertical body surfaces. *Perception & Psychophysics, 49*(5), 481–492.
Shimojo, S., Sasaki, M., Parsons, L. M., & Torii, S. (1989) Mirror reversal by blind subjects in cutaneous perception and motor production of letters and numbers. *Perception & Psychophysics, 45*(2), 145–152.
Solms, M. (2013) The conscious Id. *Neuropsychoanalysis, 15*(1), 5–19.
Vallar, G., & Ronchi, R. (2009) Somatoparaphrenia: A body delusion. A review of the neuropsychological literature. *Experimental Brain Research. Experimentelle Hirnforschung. Experimentation Cerebrale, 192*(3), 533–551.
Vogeley, K., & Fink, G. R. (2003) Neural correlates of the first-person-perspective. *Trends in Cognitive Sciences, 7*(1), 38–42.
渡部雅之（2013）「空間的視点取得の脳内機序と生涯発達」『心理学評論』*56*(3)，357–375.
Wraga, M., Shephard, J. M., Church, J. A., Inati, S., & Kosslyn, S. M. (2005) Imagined rotations of self versus objects: an fMRI study. *Neuropsychologia, 43*(9), 1351–1361.

第 5 章　「かたち」と「わたし」── 現実からの脱身体化と抽象空間での具象化

青山拓央・柏端達也（監修）（2020）『自由意志 ── スキナー／デネット／リベット』岩波書店
Apps, M. A. J., & Tsakiris, M. (2014) The free-energy self: a predictive coding account of self-recognition. *Neuroscience and Biobehavioral Reviews, 41*, 85–97.
浅井智久（2019）「主観主義的精神病理学 ── 自己と世界と幻覚・妄想」『心理学評論』*62*(1)，5–15.

Asai, T., Sugimori, E., & Tanno, Y. (2010) Two agents in the brain: Motor control of unimanual and bimanual reaching movements. *PloS ONE, 5*(4), e10086.
Barack, D. L., & Krakauer, J. W. (2021) Two views on the cognitive brain. *Nature Reviews Neuroscience, 22*, 359-371.
Bear, A., Fortgang, R. G., Bronstein, M. V., & Cannon, T. D. (2017) Mistiming of thought and perception predicts delusionality. *Proceedings of the National Academy of Sciences of the United States of America, 114*(40), 10791–10796.
ベルクソン，H.／原章二（訳）(2020)『精神のエネルギー』平凡社
Conant, R. C., & Ross Ashby, W. (1970) Every good regulator of a system must be a model of that system. *International Journal of Systems Science, 1*(2), 89–97.
デカルト，R.／谷川多佳子（訳）(1997)『方法序説』岩波文庫
エーデルマン，G. M.／冬樹純子・豊嶋良一・小山毅・高畑圭輔（訳）(2006)『脳は空より広いか ――「私」という現象を考える』草思社
Evans, N., Gale, S., Schurger, A., & Blanke, O. (2015) Visual Feedback Dominates the Sense of Agency for Brain–Machine Actions. *PloS One, 10*(6), e0130019.
Friston, K. (2020) Dynamics versus dualism: Comment on "Is temporo–spatial dynamics the 'common currency' of brain and mind?" by Georg Northoff et al. *Physics of Life Reviews, 33*, 70–72.
ホフマン，D.／高橋洋（訳）(2020)『世界はありのままに見ることができない ―― なぜ進化は私たちを真実から遠ざけたのか』青土社
ジェインズ，J.／柴田裕之（訳）(2005)『神々の沈黙 ―― 意識の誕生と文明の興亡』紀伊國屋書店
カフカ，D.／中井正文（訳）(2006)『変身』角川文庫
加藤文元 (2019)『宇宙と宇宙をつなぐ数学 ―― IUT 理論の衝撃』角川書店
カンブシュネル，D.／津崎良典（訳）(2021)『デカルトはそんなこと言ってない』晶文社
Picard, F., & Friston, K. (2014) Predictions, perception, and a sense of self. *Neurology, 83*(12), 1112–1118.
Shipp, S., Adams, R. A., & Friston, K. J. (2013) Reflections on agranular architecture: predictive coding in the motor cortex. *Trends in Neurosciences, 36*(12), 706–716.
シュレーディンガー, E.／岡小天・鎮目恭夫（訳）(2008)『生命とは何か ―― 物理的にみた生細胞』岩波文庫
シュレーディンガー，E.／河辺六男（訳）(1991)『自然とギリシャ人 ―― 原子論をめぐる古代と現代の対話』工作舎
田中彰吾・浅井智久・金山範明・今泉修・弘光健太郎 (2019)「心身脳問題 ―― からだを巡る冒険」『心理学研究』*90*，520–539.
ワトソン，J. B.／安田一郎（訳）(2017)『行動主義の心理学』ちとせプレス
Wolpert, D. M., Miall, R. C., & Kawato, M. (1998) Internal models in the cerebellum. *Trends in Cognitive Sciences, 2*(9), 338–347.

新曜社
自己の科学は可能か
心身脳問題として考える

初版第1刷発行　2023年12月30日

編著者　田中彰吾
著　者　今泉 修・金山範明・弘光健太郎・浅井智久
発行者　塩浦　暲
発行所　株式会社　新曜社
101-0051　東京都千代田区神田神保町3-9
電話 (03)3264-4973(代)・FAX (03)3239-2958
e-mail : info@shin-yo-sha.co.jp
URL : https://www.shin-yo-sha.co.jp
組　版　Katzen House
印　刷　新日本印刷
製　本　積信堂

ISBN978-4-7885-1831-5 C1011

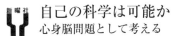

新曜社の本

感じる認知科学
「認知科学のススメ」シリーズ
日本認知科学会 監修
横澤一彦 著・内村直之 ファシリテータ
四六判126頁
本体1600円

生命を問いなおす
科学・芸術・記号
日本記号学会 編
A5判260頁
本体2900円

生物に世界はどう見えるか
感覚と意識の階層進化
実重重実
四六判224頁
本体2400円

感覚が生物を進化させた
探索の階層進化でみる生物史
実重重実
四六判272頁
本体2500円

細胞はどう身体をつくったか
発生と認識の階層進化
実重重実
四六判296頁
本体2700円

より良い世界のためのデザイン
意味、持続可能性、人間性中心
D・A・ノーマン
安村通晃・伊賀聡一郎・岡本明 訳
四六判480頁
本体3600円

科学としての心理学
科学的・統計的推測入門
ゾルタン・ディエネス
石井敬子・清河幸子 訳
A5判280頁
本体3200円

洞察の起源
動物からヒトへ、状況を理解し他者を読む心の進化
R・W・バーン
小山高正・田淵朋香・小山久美子 訳
四六判336頁
本体3600円

ワードマップ科学技術社会学（STS）
テクノサイエンス時代を航行するために
日比野愛子・鈴木舞・福島真人 編
四六判200頁
本体2300円

＊表示価格は消費税を含みません。